帝者，生物之主，兴益之宗。

《国学经典文库》丛书编委会◎编著

康熙

清圣祖

中国出版集团 现代出版社

图书在版编目（CIP）数据

清圣祖康熙 /《国学经典文库》丛书编委会编著
. -- 北京 : 现代出版社 , 2018.6
ISBN 978-7-5143-7238-0

Ⅰ . ①清…　Ⅱ . ①国…　Ⅲ . ①康熙帝（1654–1722）
—传记　Ⅳ . ① K827=49

中国版本图书馆 CIP 数据核字（2018）第 143910 号

清圣祖康熙

作　　者　《国学经典文库》丛书编委会
责任编辑　李　鹏
出版发行　现代出版社
通讯地址　北京市安定门外安华里 504 号
邮政编码　100011
电　　话　010–64267325　64245264（传真）
网　　址　www.1980xd.com
电子邮箱　xiandai@vip.sina.com
印　　刷　天津文林印务有限公司
开　　本　710mm × 1000mm　1/16
印　　张　20
版　　次　2018 年 8 月第 1 版　2018 年 8 月第 1 次印刷
书　　号　ISBN 978-7-5143-7238-0
定　　价　39.80 元

前言

Foreword

历史的车轮渐渐前行，中国历史已有五千多年。自公元前 221 年秦王嬴政称皇帝始，到 1912 年“末代皇帝”溥仪退位，这两千多年的封建社会，朝代更迭，沧海桑田，但封建帝制从未间断。在中国封建社会的历史长河中，总共有四百九十五位皇帝（包括驾崩后追封者），其一直是国家的最高统治者，是专制集权统治的象征和代表。

在中国漫长的历史长河中，有的皇帝就如这条河流的顺风船，趁势前行；有的皇帝就如逆流中的航船，逆势而上；有的皇帝如漫漫散沙，无稳固根基；有的皇帝如中流砥柱，坚固牢靠。历朝历代的皇帝，不管是雄才伟略的英明之君，还是草菅人命的暴君，抑或苟延残喘的傀儡，他们举手投足、指点江山，无不牵动着百姓的神经，无不以独特的方式推动着历史的发展进程。

唐太宗说：“以史为鉴，可以知兴替。”这里所谓的“史”，正是经历时间积淀的历史。翻开历史，我们会发现，每一位皇帝即是每个时期的缩影，作为今人，史海钩沉，传述他们的治国方略、逸闻趣事，于今借鉴、增知、休闲，不无裨益。

本系列丛书重点选取了历朝历代最具代表性的十位皇帝，分别是秦始皇嬴政、汉武帝刘彻、唐太宗李世民、昭仪皇后武则天、宋太祖赵匡胤、元太祖孛儿只斤·铁木真、明太祖朱元璋、康熙帝爱新觉罗·玄烨、雍正帝爱新觉罗·胤禛、乾隆帝爱新觉罗·弘历。每一位皇帝都在中国历史上留下了深深的烙印，成为历史传奇。

此刻，让我们以历史发展的先后为序，共同来一睹为快，先知梗概，然后明细节。

秦皇汉武，雄才伟略，文治武功。秦始皇是中国历史上的第一位皇帝，素有“千古一帝”之誉。六国征战，诸侯争霸，中原大地的战火熊熊燃烧。是秦始皇纵横捭阖、叱咤风云，最终在中原大地上建立起了中央集权统一的国家。他在位期间，政治、经济、文化、思想渐趋完善，却又浮华奢侈，阿房宫、骊山墓、万里长城，耗尽了无数人的血汗，一生功过是非，只留后人品评。汉武帝刘彻堪称前无古人、后无来者的一位皇帝。他开疆拓土，击溃匈奴帝国、东臣朝鲜、南服百越、西逾葱岭、征服大宛，奠定了中华疆域的版图。他的雄才伟略、文治武功使汉朝成为当时世界上最强大的国家。

盛世唐朝，唐太宗与武则天都是典型代表。唐太宗选贤任能，重用文臣武将，休养生息、励精图治，开创“贞观之治”，建设出我国乃至当时世界上最鼎盛的封建王朝。武则天是中国历史上唯一的女皇帝，她在通往权力的道路上，不仅洒满血泪，还有超凡的智慧、勇气和卓越耐力，曾经倾权一时，最后却步履维艰。对于她传奇的一生，只留无字碑，让人遐想。

宋太祖和元太祖分别作为宋朝和元朝的开创者，前者鉴于唐朝后期藩镇割据的局面，集中兵权，加强了中央统治，将宋朝治理成为安定公平的社会，文学、哲学、美术、科技、教育等也比较发达，经济和文化达到了我国历史上的又一个高峰。后者人称“成吉思汗”，在他的率领和指挥下，开展对外征服战争，一时间，蒙古骑兵横扫千军，征服地域远达中亚和东欧的黑海之滨，建立起了中国有史以来疆域最大的一个王朝。

明太祖是中国历史上身份最为特殊的一位皇帝，真正出身于贫穷布衣之家。他从小只是最底层的放牛娃、四处要饭的小和尚，经过自身的不懈奋斗，逐渐成长为元末农民起义的领袖，再到明朝开国皇帝，人生经历堪称传奇。朱元璋是一位杀戮无数的皇帝，也极为关心民间疾苦，实行休养生息政策，推动了明朝社会的发展。

清朝作为中国最后一个封建王朝，出现了康熙帝、雍正帝、乾隆帝三位最具代表的皇帝。康熙帝少年承运，力挽狂澜，智擒鳌拜、裁撤三藩、亲征噶尔丹、收复台湾，在一系列军事行动中或御驾亲征，或决胜千里。他兢兢业业，辛苦经营六十一年，奠定了清朝几百年基业。雍正帝敢于革除旧弊，办事雷厉风行，是康乾盛世的有力推进者，是促进清朝历史发展的政治家，是可以肯定的历史人物。乾隆帝统治下的清朝，没有大刀阔斧进行改革，但是他平衡政权、平叛安邦、锐意进取也不容忽视。当然，他重用奸臣和珅、包容腐败、大兴文字狱，也为他的一生留下了污点。

每一位帝王都是一部信息资源庞大的史书，供今人探究；每一位皇帝都是一面能发人深省的明镜，供今人领悟。我们秉承“读正史，学真知”的宗旨，编写了这一系列丛书。以通俗化的语言、纪实的手法，真实地再现了每一位皇帝的生平事迹。

总而言之,本系列丛书史实性和趣味性兼具,相信广大读者在阅读之后,会领略诸多知识，也会用新的价值观去评判历史人物的是非功过，并通过历史去感悟自己的人生。

由于时间和水平原因，本书仍存在不足或欠妥之处，望广大读者朋友批评、指正。

目录

CONTENTS

第三章 / 巩固权力走向独裁

第四章 / 下定决心撤三藩

第五章 / 清朝政府对台湾的统一

第六章 / 以遗乱为鉴，再固皇权

第七章 / 取得的卓越功勋

第八章 / 铁血亲征噶尔丹

第九章 / 振兴格鲁派，进兵安藏

人物档案

康熙（爱新觉罗·玄烨，1654 年 5 月 4 日—1722 年 12 月 20 日），大清圣祖仁皇帝，顺治帝第三子，清朝第四位皇帝，也是清军入关以后第二位皇帝，年号“康熙”，人称“康熙帝”。他八岁登基，十四岁亲政。在位六十一年，是中国历史上在位时间最长的皇帝。他是中国统一的多民族国家的捍卫者，奠定了清朝兴盛的根基，开创出康乾盛世的大局面。

CHAPTER

第一章 1

志存高远的少年

爱新觉罗·玄烨集三种血缘于一身，童年命运波折。玄烨出身于帝王之家，却未能享受到父母的关爱，三岁出宫避痘，却没有逃过天花的侵袭，小小年纪就经历了与死神的擦肩而过。八岁丧父，十岁丧母，命运对这个孩子的考验的确非常残酷。小玄烨没有向命运低头，他刻苦读书，善待机遇，治理清朝的重担，就落在了他幼小的肩膀上。

第三皇子，玄烨的三种血缘

顺治帝十一年三月十八日（1654 年 5 月 4 日），北京紫禁城笼罩在一片祥和喜庆的气氛之中，十七岁的顺治帝喜添了第三个皇子，取名爱新觉罗・玄烨，玄烨的母亲佟佳氏这年十五岁，当时清朝迁都北京刚满十年。三皇子玄烨后来成为中国历史上赫赫有名的康熙大帝。

康熙出生在帝王之家，与普通的老百姓相比，实在是天大的幸运，但是康熙八年的皇子生涯并非想象中的锦衣玉食，无忧无虑。康熙的出身有个最大的与众不同之处，那就是他身上拥有满族、汉族和蒙古族三种血缘。

玄烨出身于爱新觉罗家族宗室，这是他的满族血统。在满洲，努尔哈赤的父亲塔克世的子孙为宗室，系黄腰带，与宗室不同的觉罗是努尔哈赤的父亲塔克世兄弟的子孙，系红腰带。清太祖努尔哈赤是康熙的曾祖父，清太宗皇太极是康熙的祖父，清世祖顺治帝是康熙的父亲，所以说，康熙是非常纯正的爱新觉罗宗室，身上流淌着满族的血液。

康 熙

康熙在童年的时候要跟随师傅学习满语和骑射，满族的森林文化和尚武精神影响着康熙的一生，也培养了他勇敢坚韧的品格。以至于后来康熙三次亲征塞外，木兰围场的秋狝根源也在于此。与汉族皇帝不同，康熙四岁就开始学习骑马射箭，康熙曾说：“崇祯尝试学骑马，需要两个人执辔，两个人捧镫，两个人扶瞅，摔下马来还要怪罪于马，如此举动，岂不令人发噱！”

康熙的祖母博尔济吉特氏，也就是孝庄太皇太后，蒙古族，是成吉思汗的后裔，所以康熙身上还有着八分之一的蒙古血统。孝庄太皇太后从小生长在蒙古科尔沁草原，信奉藏传佛教，康熙深受祖母的教诲。苏麻喇姑是孝庄太皇太后随嫁的贴身丫鬟，通晓蒙语、蒙古文，苏麻喇姑不仅照顾康熙的生活，还教他蒙语和蒙古文，让康熙了解蒙古习俗，熟悉草原文化，对他后来解决蒙古问题和缔造满蒙联盟打造北疆长城，有着重大而深远的影响。

康熙的母亲佟佳氏是汉人，幼年入宫，后来成为皇妃。佟氏家族也是辽东的望族，原住辽东开原，后来迁居抚顺，以经商为生。佟氏家族与康熙家族早在努尔哈赤时就有关系。当年佟氏的哥哥佟养性在明朝时期被缉拿入狱，脱狱后，佟氏全族投奔了努尔哈赤，在皇太极时期，佟养性受命在沈阳研制红衣大炮，组建炮兵，并成为第一任汉军都统。佟养性的女儿嫁给了克勤郡王，与皇家联姻。在佟养性死后，佟佳氏的父亲佟养正，也就是佟养性的哥哥被任命为游击，镇守江城。后来他的中军陈策率兵投明，佟养正和他的长子佟丰年被杀死，他的次子佟图赖继承了他的职位。

佟图赖就是佟佳氏的父亲，也就是康熙的外祖父。在清军入关时期，佟图赖任汉军正蓝旗都统，南征北战，屡立战功，曾任定南将军、礼部侍郎，加太子太保，后赠一等公爵。佟图赖死后，儿子佟国纲继承爵位，佟国纲在康熙第一次亲征噶尔丹时战死在乌兰布通。后来佟国纲的弟弟佟国维的女儿嫁给了康熙做妃子，佟氏家族与清朝紧紧地联系在了一起。佟姓在清朝政府做大官的人很多，民间有“佟半朝”的说法。

后来，康熙将母亲佟佳氏的家族抬入满洲镶黄旗，也开了皇太后家族抬旗的先河，慈禧太后就是将她的娘家由满洲镶蓝旗抬入满洲镶黄旗的。

康熙身体中流淌着三种血统，从小也接受着三种不同文化的熏陶，他继承了满族人的勇武与坚韧，有蒙古人的高远与大度，又有汉族人的仁爱与韬略。三种不同的血统，三种不同的文化融合在康熙一个人身上，三种不同的品格在康熙身上体现得淋漓尽致，既能像蒙古族一样驰骋于草原，又能像满族人征战于沙场，还有汉人的坚韧不拔，厚积薄发。这在中国皇帝王朝的两千多年的历史中，是空前绝后的。

在中华民族历史发展的长河中，各民族有着各自的特点，又有着共同的文化，彼此亲如兄弟，血浓于水，这在康熙身上得到了很好的体现。不同的文化相互融合，不同的性格相互统一，贯穿了康熙的一生。他用文治武功治国平天下，奠定了中国疆域的版图，为中华民族做出了不可磨灭的贡献。

父皇问志，善待经历与机遇

只有心存高远，才能善待自己的经历和机遇。康熙等皇子们集体去给父亲顺治帝请安，请安之余顺治帝问儿子们将来的志向。

孩子在小的时候几乎都经历过被问志向，皇家问志向完全不同，其中关系就复杂了很多。既然生来就拥有皇家尊贵的身份，这意味着他们只有两种选择，一种是做王爷，另一种是当皇上，再也没有别的职位用来争。在一般人看来做王爷是件美差，不愁吃不愁穿，更不用累死累活地工作，生活由国家来负责，什么负担都没有。但是处于不同地位上的人，想法自然是不同的。当老百姓的想当王爷，做王爷的当然想当皇上。

身为皇子的最大志向也就是做皇上了。但最终只能有一个人来做这个万人之上的皇帝。志向这一问怎么回答，就需要智慧了，要顾及其他人的感受，尤其是皇帝的感受。虽然是父亲，但是皇家的父子关系，与老百姓完全不同，因为皇家家长的位置，是天下权力的巅峰。

当时被问的有三位皇子：二皇子福全，三皇子玄烨，五皇子常宁。五皇子常宁刚刚三岁，什么事儿也不懂，就没参加考试。二皇子福全先回答：“愿为贤王。”福全的回答不会得罪人，而且很谦虚，要知道谦虚是一种美德。玄烨平静地回答：“待长而效法皇父，勉尽力。”就是努力工作，以父亲为榜样的意思。

康熙这句话所表达的意思非常深：首先，表达出父亲您是位好皇帝，是值得学习的榜样；其次，父亲放心，将来我会沿着您的路子走。康熙回答把握的时机非常好，二哥福全先回答，如果他已经先说想做皇帝，玄烨也说想做皇帝，那明摆着就是要争权夺势。二哥怎么想？父亲怎么想？可是二哥福全偏偏没有利用好先发言的时机，说自己想做王爷，这样一来，玄烨说想做皇帝就无可厚非了。不但不会得罪人，而且还显得很懂事，也很有魄力，好像在对父亲说：“父亲，别担心，二哥不愿当皇帝，还有我老三呢，将来我替您顶起大清朝的天。”

而且孩子把这话说得多委婉啊，不说想做皇帝，而是向父亲学习。一听玄烨的回答，顺治帝顿时很满意，夸玄烨有出息，玄烨终于引起了父亲的注意。

世事无常，顺治帝染了重病，他明白自己要挺不住了，于是开始思考继任的人选。顺治帝自己是六岁即位当皇帝，多尔衮把顺治帝和他母亲孝庄这一对孤儿寡母欺负得不善，最后母子俩下了很大功夫才扳倒多尔衮。现在自己膝下的儿子们最大的也才九岁。让小孩子登上皇位可不是闹着玩的，没准稀里糊涂又弄出个多尔衮来。一想到这点顺治帝手就发抖，考虑来考虑去他决定从自己兄弟里挑一个继任者。

睿亲王多尔衮

顺治帝的想法传到孝庄太后的耳朵里，她很是吃了一惊。千辛万苦夺来的皇位竟然要送给别人，孝庄明白自己必须阻止儿子的疯狂举动，因为顺治帝活着的五个兄弟里面没有一个是她的亲儿子。如果让他们其中一个上了位，将来自己还不知道落个什么下场。再说自己的亲孙子们就再也没机会当皇帝了。

这时候宗室也跳出来说话了。他们认为从皇帝的兄弟里面挑继承人，那这几个兄弟为了争权夺势，恐怕会发生内乱，为了不发生内部矛盾，还是从小皇子们中挑一个。

顺治帝去询问了他最信任的一个人。这个人是一个外国人，他的名字叫汤若望，顺治帝和这位汤先生的私交很好。别人提意见都是从俗人的角度出发，而这位汤先生是传教士，没有什么利益牵扯。而且从个人角度来说顺治帝比较信服他。

汤若望比较熟悉中国状态，他认为从小皇子中间选一个做皇帝才能保天下太平。除这一点之外，他还建议选择皇子玄烨坐上皇位，理由是这孩子得过天花，以后不会再出痘，死亡的可能性就很小了。

由于意见出自自己信赖的人之口，顺治帝终于把话听进去了。他也想，如果让别的孩子继位，没当几天皇帝，一出天花死掉了，又得重新挑人选，刚刚稳定的清政府经不起这样的折腾。而且，玄烨在顺治帝心中印象也非常不错。上天曾经用天花考验了玄烨，现在它又用天花送给他一份做梦也想不到的大礼。

顺治帝与孝庄太后商议后，她决定奋力一搏。然后她灵光一现，忽然想起来，在佟妃怀孕的时候，她隐隐约约看见她的肚子上好像盘卧着一条小龙。于是连神话传说也站到了玄烨的一边。不要以为这不是什么大力量，它可能唬不住顺治帝，唬不住那些聪明大臣的脑瓜，但是它绝对唬得住数也数不清的老百姓，而他们才是大清的基石。经历了与死神搏斗劫后余生的玄烨，终于迎来了命运之神的降临。

童年康熙，幸与不幸的交织

玄烨身为皇子，拥有常人所没有的荣耀与尊贵，但是，他失去了幼儿应当享受的母爱天伦。按照清朝的规矩，皇家子女生下来后，都要由保姆带走，交给乳母抚养。一个皇家子女通常要由四十个人来服侍，除八个保姆、八个乳母外，还有针线上人、浆洗上人、灯火上人、锅灶上人等。

玄烨也不例外，出生后就与生母分离，每隔几个月母子才能见上一面，见面之后生母也不允许随便逗孩子，在孩子学说话后，生母更是不允许随便与孩子说话。当时很多孩子因为感染了流行性天花而夭折，为了避免感染天花，玄烨就由乳母带着离开紫禁城，到北京西郊的一所寺庙中躲避天花。

当时，玄烨按照古老的办法，用天花病人的脓疮制成的粉末接种疫苗，将粉末吹进他的左鼻孔。按照正常反应，孩子在接种完这种疫苗后，就会发烧，并伴发轻微的水痘。不过这个法子在玄烨身上无效，玄烨仍然没有摆脱天花的侵袭。玄烨凭借顽强的生命力，从死神的手中挣脱，侥幸地活了下来，只是在脸上留下了许多麻点。这期间，玄烨度过了与父母长期分离的孤独时光，日后玄烨经常感慨："朕幼年时，由保姆护视，住在紫禁城外，未得一日承欢父母膝下。"

康熙八年的皇子生活，遭受了普通人难以想象的八个不幸。

第一个不幸是从小就离开母亲的怀抱，独住一处，不仅没有和父母同住，而且很难见到父亲与母亲一面。

第二个不幸是宫外避痘。世居山林的满洲人和蒙古人，来到中原后容易感染天花，而这种病在当时来说死亡率很高，又没有特效药，宫廷中也是谈痘色变，于是玄烨在两三岁的时候，就从皇宫中搬出去避痘了，直到四五岁出痘以后，才搬回皇宫。

第三个不幸是家庭关系复杂。顺治帝先后娶了十九位后妃，其中有满洲人、蒙古人、汉人，家庭关系十分复杂，孝庄为顺治帝选了五位博尔济吉特氏的蒙古后妃，但顺治帝并不喜欢她们，先是废掉了第一位皇后，又疏远了第二位皇后，冷落了另三位蒙古妃子，顺治帝和孝庄的关系也因此磕磕绊绊，而这些都是玄烨亲眼所见，亲身经历的。

第四个不幸是玄烨被父皇忽视。在玄烨二到七岁的时间里，顺治帝热恋董鄂氏；玄烨三岁时，董鄂氏入宫，成为皇贵妃；在玄烨四岁时，董鄂妃生下一个儿子，也就是皇四子，被顺治帝视为皇位的继承人；玄烨五岁时，皇四子夭折，追封荣亲王，顺治帝与董鄂妃悲痛欲绝；玄烨七岁时，董鄂妃病逝，顺治帝悲伤过度，寻死觅活，最后还要剃度出家，不久又身染重病，在玄烨成长的六年时间中，顺治帝根本无暇顾及他。

第五个不幸是出天花。天花一出，九死一生。当时又没有特效药，全靠着自身的抵抗力，玄烨在发烧、疼痛、恐惧中煎熬，在保姆和太监的悉心照料下，玄烨躲过一劫，小小年纪，就经历了一场生死的考验。

第六个不幸是脸上因为天花留下了麻子。对普通人来说，脸上留下麻子都是一种遗憾，更何况康熙。

第七个不幸是八岁痛失父亲。虽然被父皇冷落，但毕竟还有父皇的庇护，就在玄烨八岁的时候，他的父亲顺治帝就与世长辞了，年仅二十四岁，这给当时幼小的玄烨在心灵上造成了巨大的打击。

第八个不幸是十岁丧母。在玄烨十岁，也就是九周岁的时候，母亲佟佳氏也病死了。一个九周岁的孩子，在两年内父母双亡，这对玄烨来说是天崩地裂的灾难，是人生中最大的不幸。玄烨是在充满宫廷悲剧的忧患中度过童年的，很少享受家庭的亲情和温暖，是他一生中最大的遗憾，这个遗憾伴随了他的一生，直至晚年，他还一直耿耿于怀。

玄烨在不幸面前没有气馁、没有消沉、没有颓废，他勤奋学习，磨炼意志，培养了自强、自立、自信的意志。在他出宫避痘的时候，孝庄太皇太后经常派苏麻喇姑去照料他，苏麻喇姑是孝庄的陪嫁侍女，但是她精通满语，写得一手漂亮的满文，文化素养很高，而且为人厚道，可以说是玄烨的启蒙老师。苏麻喇姑有个习惯，每年的除夕夜，她都要将洗脚水澄清，放在碗里，一饮而尽。她说是为了敬神消灾，实际上体现了蒙古游牧民族对水的渴望和敬重，多年来富足的宫廷生活并没有令苏麻喇姑忘记过去，苏麻喇姑朴素的作风对玄烨产生了潜移默化的影响。苏麻喇姑是一位集仁、善、智、勇、美于一身的完美女性，她坚韧、乐观，一次又一次地用自己坚强的意志战胜了命运带给她的痛苦，赢得了五代四帝和皇家的尊敬。

玄烨五岁开始读书写字，他除要学习满洲语文、蒙古语文之外，还要学习汉语文。其中包括《三字经》《百家姓》《千字文》《大学》《中庸》《论语》《孟子》等，对他幼小的心灵产生了深刻的影响。玄烨学习汉族传统文化时，先朗读，后背诵，他给自己规定每一段、每一篇都要朗读一百二十遍，然后再背诵一百二十遍，直到滚瓜烂熟，融会于心。玄烨通过读书初步了解历史，了解经典，贯通古今，为他后来治国平天下奠定了坚实的基础。

玄烨童年因为出痘九死一生，也正是因为这个原因，对他继承皇位，起到了关键性的作用。顺治帝在临终前选择继承人时，把出过天花作为一项重要的条件，因为出过天花的人具有终身的免疫力，为了朝廷政局的稳定，玄烨因祸得福，成为皇位继承人。

功归祖母，命运之神的垂青

顺治帝十八年正月初七（1661 年 2 月 5 日），顺治帝驾崩了，顺治帝在临终前经过反复的权衡，最终选定三皇子玄烨作为他的皇位继承人。于是，当时只有八岁的玄烨即位，成为大清朝的皇帝。

玄烨的即位与他的祖父皇太极、父亲福临都不同，他的祖父皇太极是经过了复杂的宫廷斗争，击败各位竞争对手，才最后争得了皇位，而他的父亲顺治帝则是多尔衮与豪格对皇位相互争夺最后妥协的结果，而玄烨的即位就平稳了很多，只是顺治帝与孝庄太后相互商议的结果。

玄烨当时才八岁，无论如何也撑不起国家政局，顺治帝也考虑到这一点，于是为玄烨寻找辅政大臣，为了避免玄烨步自己当初的后尘，顺治帝与孝庄太后商量后决定，为玄烨选四位辅政大臣：首辅索尼，满洲正黄旗；第二位苏克萨哈，满洲正白旗；遏必隆，满洲镶黄旗；鳌拜，满洲镶黄旗。这四个人都属于满洲上三旗，个人实力相当，能够起到相互制衡的作用，只要哪家冒头，必然会遭到另外三家的联手打压。作为玄烨最为可靠、最能信任的支柱，他的祖母孝庄太皇太后帮他掌控大清政权的中枢，无论是资历还是阅历，孝庄都可以震慑满朝文武。

孝庄文皇后，博尔济吉特氏，名布木布泰，也作本布泰，意为“天降贵人”，蒙古科尔沁部贝勒寨桑的次女，孝端文皇后的侄女，敏惠恭和元妃的妹妹。出生于明万历四十一年（1613）二月初八日。天命十年（1625）嫁给努尔哈赤第八子皇太极为侧福晋，崇德元年（1636）皇太极在盛京称帝后，受封为永福宫庄妃，崇德三年生皇九子福临（顺治帝）。崇德八年（1643），顺治帝即位后，与其姑孝端文皇后两宫并尊，称圣母皇太后，顺治帝八年（1651）上徽号曰昭圣皇太后，康熙帝即位后尊为太皇太后。

孝庄文皇后一生历经天命、天聪、崇德、顺治帝、康熙五朝，历四帝，她不仅聪明美丽，还能忍辱负重，以政治家的才能、谋略帮助其夫皇太极，广纳人才，之后又帮助幼子福临继承大统，最终支持孙子玄烨登上皇帝大位。

即位后的玄烨，所能做的就是在祖母的教导下勤奋读书，观看和学习辅政大臣们如何处理朝政。当时，大清入关后，迁都北京才十几年，顺治帝留给玄烨的并非是一个太平帝国，而是国家财政吃紧，三藩割据，民族矛盾激发，反清势力此起彼伏，边疆战事不断，甚至一不小心，大清这条船就有翻船的危险。

顺治帝为玄烨准备的四辅臣也没有杜绝权臣专政的局面，鳌拜一家独大的局面，也是孝庄太后所没有意料到的，但是她用自己的智慧和坚韧，帮助小玄烨一步步坚实地成长。玄烨耳濡目染，不停地为自己蓄积着力量，只为机会来临时的一飞冲天，幼年的玄烨心中立志治国平天下，孝庄太皇太后给了玄烨深远的影响。

孝庄太皇太后生活俭朴，不喜奢华，在后来康熙平定三藩时，把宫廷节省下来的银两捐出犒赏出征士兵。每逢荒年歉岁，她总是把宫中积蓄拿出来赈济，全力配合、支持孙子的事业。她的表率行为，更使康熙对其增加十二分的敬意。康熙二十一年（1682）春，皇帝出巡盛京，沿途几乎每天派人驰书问候起居，报告自己行踪，并且把自己在河里捕捉的鲢鱼、鲫鱼脂封，派人送回京城给老祖母尝鲜，康熙二十二年（1683）秋，康熙陪祖母巡幸五台山，一到上坡处，皇帝每每下轿，亲自为祖母扶辇保护。

康熙二十六年（1687）十二月，昭圣太皇太后病危，康熙昼夜不离左右，亲奉汤药，并亲自率领王公大臣步行到天坛，祈告上苍，请求折损自己生命，增延祖母寿数。

CHAPTER

第二章 2

精心准备的除奸行动

在与死神的搏斗中取得胜利的康熙，终于得到了命运之神的眷顾，八岁的他坐上了象征天下权力巅峰的宝座。面对辅政大臣专权，康熙学会了隐忍，在忍耐中蓄积力量，积累知识，厚积薄发，最终用勇气和智慧扳倒了鳌拜这座大山；用惩重宽轻的平和手段瓦解了鳌拜集团的势力，最大限度地保证了中央政局的稳定，向世人展示出一代帝王的气质和胆魄。

幼年登基，辅臣专权令人忧

顺治帝觉得自己快要不行了，对于皇位继承人，他听取了自己最信任的一个人的建议，选择了皇子玄烨，这个人就是汤若望，一个外国传教士。

玄烨当时才八岁，幼小的肩膀怎么扛得起管理天下的担子。顺治帝就是六岁登基，被多尔衮操控，费尽心力才除掉多尔衮，他不想自己的儿子重复自己的命运。顺治帝和孝庄太后思来想去，最终决定选出四个辅政大臣，而不是一个人，这样四个人相互制衡，就很难有一个人出来兴风作浪了。

经过商议，最后定下的四个人分别是：索尼、苏克萨哈、遏必隆、鳌拜。

第一位的索尼是正黄旗人，索尼文武双全，曾经是努尔哈赤的一等侍卫，在一次北京之战中，豪格贝勒被包围，索尼左右冲杀，杀出重围，救了豪格贝勒一命。后来，索尼力挺豪格贝勒争夺皇位，后来见形势不对，立即支持福临做皇帝，排挤多尔衮。虽然后来福临登基，但当时由于多尔衮把持朝政，索尼被罢官发配，直到顺治帝除掉多尔衮亲政后，索尼才被平反，成为顺治帝顺治帝身边的重臣。

汤若望

第二位的苏克萨哈是正白旗人，五朝老臣，家族背景显赫。苏克萨哈原本是多尔衮身边的亲信，后来背叛了多尔衮，倒向顺治帝，赢得了顺治帝的欢心。在平定明末农民起义孙可望部时，六战六捷，立下大功，出任侍卫内大臣。

第三位的遏必隆是镶黄旗人，外祖父是努尔哈赤，父亲是开国五大功臣之一的额亦都，母亲是努尔哈赤的女儿和硕公主。在明军夜袭皇太极大营的松山大战中，守夜的遏必隆奋力杀敌，立下大功。因与多尔衮不和，曾经受到多尔衮多方打压，直至多尔衮倒台以后，才重新出头。

四位辅政大臣最末尾的是鳌拜，镶黄旗人，清朝开国五大功臣之一费英东的后人，虽然文不就，但是“武”可不是一般的厉害。在皮岛战争初期，鳌拜冲入明军之中，直接与敌人肉搏，一时之间勇不可当，直接将明军打泄气了，受到振奋的清军一举拿下皮岛。这一战，鳌拜被授予“巴图鲁”的称号，后来更是屡立战功，曾一箭杀死张献忠。由于与豪格贝勒走得亲近，也被多尔衮打压得不轻。时任议政大臣、领侍卫内大臣。

顺治帝选择这四个人作为辅政大臣，是做过多方面考虑的。首先，这四个人都很厉害，能够镇住局面，而且他们都是皇亲国戚，但又不与皇家同姓。与皇家太近，容易篡权，历史上这样的事比比皆是，他们又都与皇家沾边，这样就能震慑住那些搬弄是非的人。其次，这四个人都属于八旗中的上三旗，也就是镶黄旗、正黄旗和正白旗，在八旗中地位较高，威信也足够，另外他们分别属于这三旗，有助于平衡势力。最后，他们还有一个共同点，那就是都被多尔衮打压过，是顺治帝将他们一手提拔上来的，顺治帝对他们有知遇之恩。虽然苏克萨哈曾经是多尔衮的手下，但是毕竟背叛过多尔衮一次，如果再背叛玄烨，被天下人的唾沫淹都淹死了。

顺治帝和孝庄经历过权力争斗的大风大浪，怎么就会相信恩情的可靠性呢？或许出于心理安慰，但毕竟没有更好的办法，这已经是顺治帝能想出的万全之策了。从另外一个方面来看，当初多尔衮拉拢过他们，他们没被拉下水，后来多尔衮来硬的，他们也没屈服，就说明他们还是尊重皇权和情谊的人物。

满族人与汉族人的权力格局不同，皇上不是大权独揽，说什么都算，当时清朝皇权要受到两种权力的制约：一种是宗权，也就是满族宗室贵族集团的权力；另一种是旗权，也就是八旗贵族的权力。顺治帝一反传统，没有经过与诸王、贝勒和文武大臣的商议，就决定了四个辅政大臣。

即使这样，玄烨还少一个绝对可靠的人来撑腰，能为玄烨撑腰，就必须要有能力、有实力、有背景、有权威，还必须是玄烨的至亲。玄烨很幸运，大清朝当时还真就有那么一个人，这个人就是——孝庄太后。

当顺治帝颁布遗诏后，四个辅政大臣首先想到的不是高兴，而是害怕。四个辅政大臣接到任命后，首先做的就是跪告诸王、贝勒等说："皇上遗诏，任命我们四个辅佐少主，向来国家政务都是由宗室协助办理，索尼等都是异姓臣子，怎么能越权，请求与诸王和贝勒共同担任！"以此来推测诸王和贝勒对此事的态度。

诸王与贝勒回复："皇上深知你们四个大臣的忠心，所以才委以重任，你们要好好干，谁敢干预，你们四位不得谦让！"得到诸王与贝勒的态度，四个辅政大臣禀明太后，在顺治帝灵位前发誓尽心竭力辅政。四个辅政大臣在一定程度上代行皇帝权力，一切军政命令均以"辅臣称旨"的名义让诸王、贝勒和大臣们遵行。但真正把持大权的是孝庄太后。

孝庄太后

孝庄太皇太后代表皇权，对四个辅政大臣进行监督，这样的体制看起来完美无缺，天衣无缝，康熙也在太皇太后的支持和培养下成长，积累知识，丰富经验，增长见识，为以后的亲政做着准备。

四个辅政大臣就像四只老虎，权力是任何老虎都不想拒绝的肉食，一旦吃上瘾就很难戒掉了。顺治帝当初正因为明白这个道理，才安排了四只老虎，相互争食，又能相互牵制，但他绝对没有想过，会有一只老虎抢食的本领特别强，最后壮得可以灭掉其他三只老虎。四辅臣辅政，也给小康熙埋下了严重的隐患。

孤儿寡母，初露野心的鳌拜

1661年春季的一天，肃静的皇宫被阴霾覆盖，顺治帝在失去爱妃董小宛的打击下告病身亡。顺治帝在驾崩之前，立三皇子玄烨为太子，一个八岁的孩子，从此成了九五之尊，万民之首。

在外人看来，这是多少强悍的人一辈子都无法企及的位置，事实上，顺治帝留给八岁康熙的是一个烂摊子。清朝入主中原时间还短，连年的战争将清政府的家底也折腾得差不多了，再加上各地起义造反的英雄豪杰层出不穷，注定了康熙的日子会过得很艰难。

多尔衮掌权的时期，扩大纳税的范围，将汉人当作牲畜。明末的贪腐已经令百姓苦不堪言，加上连年的战争，老百姓身上哪里还有什么油水，多尔衮的做法令汉人对满人政权充满了仇恨，一再地加大赋税力度，只能造成一种结果——有英雄登高一呼，百姓揭竿而起，让大清皇室打包走人。

清朝入关之初，多尔衮为了减少阻力，迅速地夺取天下，让那些投降的明朝官员官复原职。虽然动机很好，但是明朝的灭亡已经说明了这些官员已经烂到家了，那些有骨气的官员又不会投靠清政府。于是，徇私舞弊、贪污受贿这种带有传染性的行为迅速地在那些原本单纯的满族官员中传播开来，发展势头还很迅猛，满族官员认识到这种行为是快速发家致富的不二手段。

董小宛

都说穷人的孩子早当家，康熙八岁就得当家了。八岁的孩子当家，还是太早了，更何况是要当大清朝的家，面对这堆烂摊子，康熙能做什么呢？他决定埋头苦读，其他事只能交给辅政大臣来做。

顺治帝选四个辅政大臣的决策看起来是正确的，就像养了四只大老虎，不仅能帮助康熙维持朝政，而且在权力方面又能相互制衡。然而天不遂人愿，顺治帝恐怕做梦都想不到，在他死后很短的时间内，其中一只老虎就变得越来越壮实，越来越强大，打破了这种权力均衡。甚至这只大老虎强壮到可以随时灭掉另外的三只老虎，甚至威胁到了皇权，这个人就是鳌拜。

四位辅政大臣中，苏克萨哈当初是靠背叛多尔衮才有了今天的地位，所以不被看好，遏必隆软弱，索尼年老，很多事都放到了正值壮年的鳌拜身上。鳌拜是个狠人，也很有能力，在惩治贪污腐败上，他仅一年内就查办了五百六十三名官员，同时他还进行了一系列的改革措施，提高了政府工作效率，并且大力发展农业、整顿经济，且一举砍断了清朝中的宦官势力，避免了宦官干政。

这个曾经勇猛的“巴图鲁”已经不知不觉地成为智勇双全的辅政“第一人”了，遏必隆唯他马首是瞻，索尼明哲保身，只剩下一个苏克萨哈还在与他作对，但势单力孤的苏克萨哈已经不能对他构成威胁了。

时间一长，鳌拜就开始陶醉了，脾气和胆子都越来越大，越来越专横跋扈，即使是在康熙面前也毫不避讳。很多事情的发生都不是鳌拜蓄谋已久的，而是在条件不知不觉地成熟、自然而然地具备时，巨大的诱惑和机会就会从天而降，砸在他的头上，一切看起来就仿佛是水到渠成。

就像顺治帝没有想到鳌拜会一家独大，把握朝政一样，此时的鳌拜也决不会想到，眼前的小孩子不久后会将他置于死地。可以运筹帷幄之中，统率千军万马，决胜千里之外的满洲第一勇士“巴图鲁”怎么可能会怕一个孩子，鳌拜随着手中权力越来越大，越来越不将这个孩子放在眼里。很不幸的是，他招惹的这个孩子的名号叫康熙。这也就注定了他的命运。

隐忍退让，保护帝师斗权臣

自古以来，功高盖主，即使没有野心都将面临着被除掉的危险，更何况鳌拜这样无法无天的做法。康熙心中早就埋下要除去鳌拜的种子，迟迟不下手，主要是因为与鳌拜的实力相差太过悬殊。

聪明的康熙没有失去理智与鳌拜硬碰硬，而是选择了隐忍。康熙这种隐忍并不是一味地忍气吞声，而是在暗中蓄积力量，虽然经常被鳌拜气得浑身发抖，但他都能及时压下怒火，刻苦读书，学习各方面的知识，为日后的爆发积攒能量。

表面上，康熙表现出事事依赖鳌拜，听从他，给鳌拜一种自己害怕他的假象。康熙心里清楚，只有隐忍才能保住性命，只有先保住性命才能做其他的事，否则命都没了，就什么都没了。在朝堂上鳌拜顶撞康熙是家常便饭，只要心情不好，就要大声呵斥令他不顺心的大臣，贺新年之时，鳌拜竟然黄袍加身，挑战皇家的威严。

这也是鳌拜对康熙的一种试探，他可不是个省油的灯，不停地试探康熙，考验康熙的耐力，一次次地向康熙发飙。隐忍有一定的限度，鳌拜要试探康熙的底线，而对于隐忍中的康熙来说，绝对是一生中最艰难的事。

鳌拜还不敢拿康熙下手，就把手伸向了康熙身边的人。出身正白旗的费扬古与他有仇，费扬古的大儿子倭赫正好在宫中当差，鳌拜竟然将倭赫当作刺客杀死在康熙面前。

面对康熙的质疑，鳌拜皮笑肉不笑地说道："皇上，知人知面不知心。工部尚书费扬古哪里是什么忠良之臣，他早就包藏祸心，只是碍于先皇英明神武，才不得不隐藏起真面目。先皇驾崩，皇上即位，费扬古觉得机会来了，狗急跳墙派倭赫行刺皇上。他的如意算盘是，只要倭赫阴谋得逞，那先皇钦定的四位辅政大臣就形同虚设了，费扬古就可以权倾朝野。费扬古本来就是个野心勃勃的小人，皇上怎么就没看出来呢？”

欲加之罪，何患无辞。没两天，鳌拜强行替康熙宣旨，声称：“现在的圣旨都必须经过皇上才能宣吗？”将费扬古和他的两个儿子在午门外斩首。除掉了费扬古，鳌拜将费扬古的家财送给了他弟弟。

康熙很憋屈，鳌拜很痛快。但是鳌拜并没有就此收手，很快将目标瞄准了洋人汤若望，汤若望是康熙的老师，鳌拜此举就是要在太岁头上动土。当初荣亲王死后，是汤若望给算的卦，算哪一天下葬好，但是汤若望不懂中国习俗，就按照自己国家的历法算了个日子。鳌拜正好抓住了这个小辫子，指使一个小人物杨光先，诬陷汤若望算的日子给顺治帝皇帝带来了晦气，才使他们过早地去世。这个罪名可就大了，主审汤若望的正是鳌拜，汤若望被鳌拜判了绞刑。

这次鳌拜要杀的可是自己的老师啊！康熙坐不住了，为了救老师，他想了个办法，要求做个实验，看看到底是谁的历法推算得准。实验的内容就是推算日食的准确时间，这次动静闹得很大，老百姓成了见证者，最后以汤若望的西洋历法胜出而结束。事情既然弄清楚了，就该没事了吧？

鳌拜再一次展示了他的蛮横，汤若望不用绞死了，而是罪加一等，改为凌迟了！受到屈辱的康熙咬了咬牙，只能选择忍气吞声。然而，就在汤若望行刑的当天，北京发生了地震，天上出现彗星，宫里还发生了火灾，似乎预示着皇帝能忍，上天都不能忍了。

此时孝庄太皇太后站了出来，要求鳌拜重审此案，鳌拜此时心里也有些发毛，孝庄太皇太后的面子还是要给的，汤若望得以无罪释放。几天之后，重病的汤若望在悲伤和失望中离开了人世。

夜间，康熙到了慈宁宫。当小康熙跟着祖母走进一间内室，内室中只有他与祖母博尔济吉特氏（孝庄太皇太后）后，才抑制不住地哭出声来。孝庄太皇太后一边抚慰康熙，一边给他讲述了顺治帝从六岁登基时的故事。随后，孝庄太皇太后抓起一支巨笔，笔走龙蛇般写下了一个沉甸甸的“忍”字。

小康熙仔细地想了想，明白了皇祖母的意思，这个“忍”字是告诉他要向父皇当年除去多尔衮那样，从隐忍中蓄积力量，一击奏效。康熙清楚自己的脖子上被别人架了一把刀，他必须往后退，向前冲只有死路一条，明哲保身是一步好棋。但是想要取得最终的胜利，他还需要磨一把锋利的、足够将敌人置于死地的尖刀。

生死博弈，抢夺有利的筹码

顺治帝安排了四只老虎玩一场游戏，但这场游戏现在玩过火了，他现在是不需要操这份心了，此时孝庄为了康熙和清王朝却不得不把这场游戏玩到底。鳌拜现在已经无法无天了，完全不将皇族放在眼中。

平时的隐忍不代表什么都可以隐忍，该出手的时候还是要出手的，只是在出手时机的选择上没有任何把握。给康熙和孝庄留下的时间已经不是太多了，按照这个形势发展下去，恐怕鳌拜就会忍不住先出手了。

康熙和孝庄心中清楚，必须在鳌拜出手之前，为自己抢夺更多有利的筹码。这就是一场谁都输不起的博弈。目前的状况是康熙、孝庄与鳌拜对敌，其他三个辅政大臣坐山观虎斗。孝庄分析了当前的形势，三个辅政大臣，索尼势力最为雄厚，但他害怕搅入这潭浑水中无法脱身，遏必隆与鳌拜穿一条裤子，苏克萨哈与鳌拜一直为敌。康熙和孝庄要对目前现状进行改变的话，就必须拉索尼下水。

到底索尼会不会下水呢？孝庄认为索尼一定会下水的，如果索尼不下水，就会得罪皇帝，如果将来皇帝在这场博弈中获胜，索尼的后果会很严重，如果将来鳌拜获胜了，以索尼的性子也不会投靠鳌拜，结果就是被鳌拜收拾掉。所以孝庄认定索尼会下水，索尼下了水，就必须竭尽全力帮助皇上除掉鳌拜，否则还是会被鳌拜收拾掉。

既然横竖都是被收拾掉的结果，索尼一定会投奔皇帝一方，皇帝获胜好处自然少不了他的。怎样才能把索尼拉下水呢？康熙和孝庄选择了一个让索尼无法拒绝的理由，那就是婚姻。康熙迎娶索尼的孙女做老婆，还不是一般的老婆，而是后宫之主——皇后。

这个条件索尼接受也得接受，不接受也得接受。如果索尼提出哪怕半点意见，那就是瞧不起当今的皇帝了。虽然索尼是个老狐狸，但面对康熙和孝庄的这个计划，也只能拼了老命去帮小皇帝除掉鳌拜。同时，康熙和孝庄用同一招迎娶了遏必隆的女儿为妃子。

此计可谓一箭双雕，皇帝大婚就意味着皇帝已经成人，可以亲政掌控大权，鳌拜再大权独揽就是叛逆了，为天下所不齿，康熙和孝庄首先占据了道义的高地。孝庄给孩子们选结婚对象都是从老家博尔济吉特部落选，此次跳出这个规矩，鳌拜哪里还不明白，这明摆着就是为了对付他。

于是鳌拜立即上书表示反对，说这么大的事不与群臣商量是不对的。但是很可惜，他的上书没人搭理，你都大权独揽了，人家皇帝娶老婆你也插手，这就不应该了。这次婚姻使得博弈形势发生了微妙的变化，也使鳌拜产生了警惕之心。

康熙清楚，现在虽然拉拢了索尼，但是自己一方的力量依然不足以和鳌拜对抗，康熙决定更加努力地在鳌拜心中树立无能小儿的形象，麻痹鳌拜。按道理说，康熙大婚这步棋都走了，以鳌拜的聪明才智就不可能再上当了，可偏在康熙逼真的演绎下，鳌拜又上当了。

据说有一次，鳌拜装病没有上朝，康熙立即亲自前往探望。

鳌拜表现出努力地从床上爬起，康熙走进去，连忙说道："爱卿！爱卿千万不要起身。"

"多谢皇上挂念，有劳皇上亲自探望，微臣深感惶恐！"鳌拜假惺惺地说道。康熙微笑着说道："爱卿你这么说就见外了，你身体怎么样啦？你就是太操劳了，让国事累坏了，以后可要注意休息，像你这样的国之栋梁，朕如果没有你，那是万万不行的啊！”

就在这个时候，有人喊道：“皇上小心，鳌拜这小子藏了刀！”

皇帝探望鳌拜，鳌拜却在床下藏刀，这罪可不轻。在紧张的气氛中，康熙轻松笑笑，说道：“刀不离身是满洲故俗，不用大惊小怪！”

虽然出了鳌拜府，康熙被气得浑身发抖，但因为藏刀事件康熙为鳌拜找借口脱了干系，使鳌拜放松了警惕，认为自己有点想多了，而且刺杀康熙风险是巨大的。既然小皇帝对自己暂时没有威胁，自己也就没有必要着急下手了。

然而，在藏刀事件中，康熙看到了杀机。这把刀令康熙夜不能寐，仿佛在对他说：“你不杀我，我就要杀了你！”此事也加快了康熙除掉鳌拜的步伐，只是还没有找到除去鳌拜的办法，盲目行事很容易造成大乱，给这个还不稳固的清朝廷带来致命的打击。

当时，做这些事、思考这些问题的康熙，还只是一个十二岁的孩子。

忍辱负重，刻骨铭心的仇恨

康熙虽然做梦都想除掉鳌拜，可惜实力不够，没有给鳌拜致命一击的办法，康熙只能选择继续忍辱负重。康熙后退一步，鳌拜就逼近一步，愈加地得寸进尺，康熙恨得牙根痒痒，但他心里清楚，这是选择忍耐必须付出的代价。

自信是好事，但是自信过了头，就容易栽跟头了，鳌拜的所作所为在他自己看来是无比正确的。鳌拜此时疯狂地寻求一切可以壮大自己势力的机会，为了达到目的，他什么事都干得出来，可以说是无所不用其极，兴高采烈地继续着他作死的大业。

清朝入关，论功行赏。清政府根据努尔哈赤和皇太极确定的原则，开始大量圈地分封给那些出生入死的八旗将士。当时，正黄旗、镶黄旗为八旗左右翼之首，按照原则应该得到肥沃的土地。但是手握大权的多尔衮，自然而然地要为自己的正白旗考虑，下令将拨给镶黄旗的肥沃土地（今河北卢龙）圈给了正白旗，把正白旗差些的土地（属于保定、河间等地）分给了镶黄旗。正白旗的将士非常高兴，但是镶黄旗的将士就高兴不起来了，意见很大。鳌拜就是镶黄旗里面意见很大的一个。但是当时摄政王多尔衮权倾朝野，鳌拜有意见也不敢说，只能忍着。

三十年河东，三十年河西。多尔衮倒台，憋着一口气的鳌拜早就想将这口气撒出去，此时不出手更待何时？而且鳌拜从中还看到了大量的油水可捞，最重要的是此事他占着理啊！说干就干，鳌拜立即上书要求纠正当年的错误，把正白旗和镶黄旗的地再重新换过来。

从原则上来说，鳌拜的建议是没错的，纠正了当时的错误。只是目前政府已经停止圈地行为，无论是正白旗的人还是镶黄旗的人，都已经在自己的土地上扎了根，大量人口搬迁可不是搬家那么简单，搞不好要闹出事情的。

鳌拜也清楚这件事劳民伤财，对国家来说没有好处，为了堵住大臣和皇上的嘴，他搬出了“祖制”，打出老祖宗努尔哈赤的旗号，强烈要求恢复祖制。在祖制和鳌拜大棒的威压之下，康熙和大臣无力驳回，康熙只能下旨让镶黄旗和正白旗互换圈地，由户部及直隶总督、直隶巡抚办理这件事。

鳌拜得逞了，高兴了。很多人就不高兴了，苏克萨哈就是其中的一个，因为苏克萨哈是正白旗的。如果没权、没实力的人不高兴也就躲起来发发牢骚，偏偏苏克萨哈是有实力的那个，而且非常有实力，虽然不是鳌拜的对手，但是鳌拜想要扳倒苏克萨哈也不容易做到。

此时鳌拜哪还管你苏克萨哈高不高兴，说起鳌拜和苏克萨哈两人本是儿女亲家，两人却闹得最欢，都是不干掉对方誓不罢休的气势，圈地事件加重了两家的仇恨。

鳌拜高兴了没两天，更换圈地的工作停止了。负责办理这件工作的三个大臣竟然不干了，不仅自己回到京城，还将负责更换圈地工作的官员都招了回来。鳌拜非常生气。鳌拜心里清楚，没有皇帝的指令，这三位大臣怎敢私自回京。于是鳌拜决定要让皇帝和跟他作对的大臣明白，让他鳌拜生气的后果是很严重的。

逮捕康熙？鳌拜是不敢的，于是鳌拜下令逮捕了办理此事的三位大臣。事情闹得有点大，康熙见事超出掌控，连忙召集群臣商议，希望有回旋的余地。

遏必隆为人软弱圆滑，为了利益他站在了强大的鳌拜一边，索尼憋着一肚子苦水倒不出来，虽然苏克萨哈支持康熙，面对三对一的局势，他也知道自己的意见起不到任何作用，所以也不去得罪不好惹的鳌拜。康熙失败了，三个大臣被绞死了。

此事对康熙打击很大，直到十年后康熙提起此事，依旧气不打一处来，怒斥鳌拜残杀三个忠臣，可见康熙对鳌拜只能用“恨之入骨”四个字来形容了。当时的鳌拜可不这样想，他觉得自己在按祖制办事，按规矩处理，按照规定，康熙尚未亲政，朝中大事只要四个辅政大臣中三个通过，就算决定了。

鳌拜没有意识到，看似软弱的小康熙会对他的仇恨如此强烈。鳌拜将眼前这个柔弱的小皇帝当作绵羊，即使是披着羊皮的狼，鳌拜这只斑斓猛虎也不会害怕。可是他绝没有想到，披着羊皮的不是狼，也不是蛇，而是一条在浅水中等待机会一飞冲天的巨龙，这也就注定了这位“巴图鲁”未来的命运了。

康熙亲政，用忍耐麻痹鳌拜

苏克萨哈靠着背叛多尔衮起家，但是在和鳌拜这个可怕的亲家对抗上，丝毫不软弱，于是朝中出现了这样一种情况：康熙、索尼、遏必隆向鳌拜妥协，鳌拜和苏克萨哈死掐。而这意味着苏克萨哈的命运就看鳌拜究竟能够忍多久了。

索尼年纪越来越大，自己也感觉到身体每况愈下，意识到自己随时都有可能驾鹤西游，不能为皇上做点什么，他不甘心啊！于是，索尼决定在死前为康熙出一把力。按照清朝习惯，虚岁十四岁的康熙已经是成年人了。当年，先帝福临就是十四岁时亲政的。

康熙六年正月，首辅大臣索尼领衔上奏，请求皇帝亲政。此议一出，众大臣赶紧附和。鳌拜心里很不是滋味，他蛮横霸道，但在此事上他找不到反驳的理由，他心里清楚，干涉皇帝亲政，谋逆的帽子是逃不掉的。更何况亲政不过只是个形式，无兵无权。鳌拜认为如果皇帝敢拿他怎么样，他再摊牌也不迟。

索尼这件事做得很及时，当年的六月他就真的西去了。

七月初七，亲政大典。康熙一步步迈向那把神圣而熟悉的龙椅，内心百感交集。站在龙椅前，并没有飘飘然，他清楚地知道没有实权，眼前的龙椅和普通的椅子没有任何的区别，在内心不停告诫自己，要继续克制，继续忍耐。亲政后，康熙为了迷惑鳌拜，对他百般抚慰，朝政完全偏向鳌拜，经常教训那些与鳌拜不合的官员，面对鳌拜之时，康熙总是笑容满面。

皇帝一旦亲政，辅政大臣就应该放弃自己的特权，把“辅政”两字去掉。索尼已经死了，剩下的三个辅政大臣只能“乖乖地”提出归政的请求。孝庄太皇太后将这个请求驳回，说道：“皇帝现在还太小，没有处理朝政的经验，很容易办错事，如果没有三位经验丰富的老臣辅助，是要出乱子的，所以你们不要怕辛苦，再教导皇帝两年，到时候看情况再议。”

皇帝坐的龙椅

太皇太后这话表达的意思太明确了，第一层意思是说给鳌拜听的，免得让他感受到威胁，把他逼反了；另外一层意思是说给另两位听的，不是不想将权力收回皇家，而是怕鳌拜造反。偏偏苏克萨哈就没有转过这个弯来，对孝庄的处理方法十分不理解。辅政这些年，苏克萨哈一直冒着风险和鳌拜明争暗斗，现在他累了，烦了，也怕了，过的真不是人过的日子。现在皇帝终于亲政了，让苏克萨哈觉得难熬的日子总算过去了，他想尽快将这烫手的山芋扔出去，孝庄偏偏又将这山芋扔了回来。

为了让皇帝得到大权，苏克萨哈决定拼命了，孝庄太皇太后是指望不上了，苏克萨哈单独给皇帝奏疏："这两年臣身体的毛病越来越多，精神也不太好，难以为皇帝效劳了，皇帝现在亲政，又拥有大智慧，完全有能力独自撑起天下来，乞求皇上准许我去为先帝守陵，'如线余生，得以生全'。"

康熙明白苏克萨哈的苦心，知道他为了让自己掌握大权做出的牺牲，但是他同样清楚太皇太后的良苦用心。"不是我不想大权独揽，只是敌人太强大了啊！"康熙心中感慨，但是年轻的冲动让他决定冒险试一下，万一成功了呢？

康熙谨言慎行地将此事进行了进一步讨论，虽然没有暴露内心真实的想法和目的，却给鳌拜坚定了除去苏克萨哈的决心。最终商议的结论是，苏克萨哈心怀不轨，必须逮捕治罪。而鳌拜的理由是，皇帝还小，正在皇帝需要人帮助的时候，你苏克萨哈在此时撂挑子了，就是想利用此事逼迫皇上给你更大的权力。康熙痛苦地说："这样处理不妥当，朕不同意。"

据清代官方史书记载，当时鳌拜听皇帝这么说，做出了骇人听闻的事：他在朝堂当着文武百官的面，举起胳膊捋起袖子，指着康熙大吼大叫，像呵斥孙子一样呵斥大清皇帝，竟足足闹腾了一天！

无奈的康熙能够做到的只是把凌迟处死改成了绞刑，其他所有只能依照鳌拜的意思办。与鳌拜争斗了一生的苏克萨哈最终没能逃脱鳌拜的魔掌，两人间的争斗最终以苏克萨哈的死告终。如果这次不是苏克萨哈触动了鳌拜的权力禁忌，鳌拜也下不了决心扳倒这棵大树。苏克萨哈一家被鳌拜早已准备好的二十四款罪名送上了奈何桥。

苦心经营，制订锄奸的计划

康熙这一次的试探又以失败而告终，这次赔上的是辅政大臣苏克萨哈一家。堂堂清政府辅政大臣无缘无故地就被杀死，原因是鳌拜高兴。这件事让康熙震惊的同时，变得更加清醒了，这个世界上，还有他鳌拜不敢杀的人吗？

苏克萨哈死后，四个辅政大臣就剩下了鳌拜和遏必隆，鳌拜更加肆无忌惮，把持了六部以及议政王大臣会议的实权，随心所欲地行使康熙的权力。有了苏克萨哈的前车之鉴，朝中大臣都是敢怒而不敢言，无人异议。

康熙意识到，必须尽快杀掉鳌拜，否则下一个死的很可能就是自己，但是目前又不能跟鳌拜来硬的，以免将他逼急了，毕竟鳌拜手中掌控兵权，杀他困难重重，从实力上比较，自己与鳌拜相差太大，根本不是鳌拜的对手。

四个辅政大臣把持朝政多年，皇权被极度削弱，十六岁的康熙已经明显地感觉到鳌拜另有所图了，虽然他凭借聪明才智采取了许多制度，收拢属于自己的权力，比如说重开科考，但是鳌拜这颗毒瘤不除，皇权就一天无法收回。可是怎样才能除掉鳌拜？这可是困扰了康熙很久的问题。康熙多次以下棋的名义召索尼的第三个儿子索额图进宫商议，他要杀的是鳌拜，就没有必要面对鳌拜的千军万马，意识到这一点，问题似乎就变得简单了。

一个计划逐渐在康熙的脑海中形成，结果证明，这是一个看似幼稚却简单有效的计划。

康熙继续在鳌拜面前演戏。在鳌拜眼里，康熙还真越来越有傀儡样了。康熙命索额图邀请来了一群和自己同龄，身强力壮的少年天天陪着他练习布库，布库是满洲的一种角力游戏，从此不再认真上朝了，也不避讳鳌拜。康熙玩上了瘾鳌拜很高兴，康熙也很高兴。

但是任鳌拜千想万想也想不到这些少年是康熙准备用来对付他的，估计就算是别人告诉鳌拜，皇帝准备了些小孩子准备对付他，他都得将这个人打死，这不是开玩笑嘛！很不幸的是，康熙还真是打算跟他开这个玩笑。

康熙知道鳌拜是多么厉害，虽然鳌拜现在年纪也不小了，但是鳌拜容不得任何人轻视。鳌拜膀大腰圆，智勇双全。当年的“巴图鲁”鳌拜是三朝元老，当初为清朝江山立下赫赫战功，勇武无双。这些年虽然没有战事，但是他平时依然勤加练习，还是十分厉害的。用一群十几岁的少年杀死这个莽汉，不能出现任何差错，要一击中的，否则后果不堪设想。

此事必须做到万无一失，康熙进行了周密的思考和计划。

首先，在地点的选择上。鳌拜的势力非常大、爪牙多，在逮捕的过程中一旦秘密泄露，后果不堪设想。最佳的地方就是在内廷进行，一旦发动，就不能让他逃出去，康熙最后定下的地点是武英殿。其次，避免鳌拜事先警觉，就不能动用太多人马，只用布库少年才能让鳌拜毫无防备。最后，出手要做到稳、准、狠、快，干净利索，避免横生枝节。

为此，康熙做足了前戏，平时他就喜欢见见鳌太傅，鳌拜高兴的时候还会教这些布库少年几招，所以康熙召见鳌拜，即使是看到这些布库少年，鳌拜也不会有任何的疑心。在实行计划之前，康熙尽量将鳌拜的党羽以各种理由派出京城，由于之前的麻痹效果做得太好了，鳌拜也没有任何的怀疑。

在这看似简单的计划中，倾注了康熙全部的心血和期待，为此，康熙付出了太多忍耐和屈辱，这是一个不成功便成仁的计划，只要这个计划一旦实施，康熙等于斩断了自己所有的后路，在做这个计划的时候，康熙就已经下定决心，就算自己拼死，也不能让鳌拜逃出宫。

智擒鳌拜，博大胸怀容天下

万事俱备，只待动手。康熙一再告诫自己，杀鳌拜容易，动他的千军万马难，更何况鳌拜党羽遍布朝野，大量军队就在京城附近，一旦逼急了，那自己就危险了。在1669年5月，康熙陆续将鳌拜的亲信派往各地，用自己的亲信掌握北京的卫戍权。虽然这样做风险很大，康熙也是断了自己的退路。

接着，康熙将自己的布库少年聚集起来，问他们："你们是听我的，还是听鳌拜的？"所有人异口同声说道："当然听皇上的！"他们都是少年，在心中，皇帝才是他们的主子，至于鳌拜再厉害，也是臣子，是可以超越的对象，皇帝才是天，是不可超越的存在。这也是康熙当初制订这个计划的初衷，这些小伙子，天天在皇帝身边，受到皇帝的厚爱，大大地刺激了他们的信心和勇气，都浑身是胆，无所畏惧，当得知皇帝终于要实施这个计划时，不仅没人害怕，只有行事前的兴奋，因为他们要为皇帝实现伟大的事业，只要成功，他们今后一定会走在所有人的前面。

关键的时候到了，康熙召鳌拜进宫商议国家大事。鳌拜想也没想就进宫了，这在平常是很正常的事，康熙经常召他进宫。鳌拜走到武英殿门口，值班的是康熙的一个贴身侍卫，这个侍卫对鳌拜说："如今皇帝已经大了，请您稍微尊重下皇帝，就不要带刀进去了。"

鳌拜想了想，也就把刀放下了，自大惯了的他认为，带不带刀也没啥区别，难道不带刀，皇上还能打过他不成。于是鳌拜就这样进去了，坐在康熙为他精心准备的瘸腿椅子上，身后站了个专门伺候他的"太监"。康熙像往常一样，先温和地聊聊家常，随后康熙递了个眼色，另一个"太监"端着茶走到鳌拜面前，恭恭敬敬地将茶水递给他。鳌拜接过茶碗，猛地被烫了一下，"啪"的一下将茶碗给摔了。

鳌拜可不知道，这个茶碗可是煮了又煮的，不烫才怪，他只觉得有些丢人，下意识地俯下身去捡那个茶碗，就在他俯下身的时候，身体重心发生偏移，被锯折了的椅子腿“啪”的一下折断，猝不及防的鳌拜栽倒在地上。

就在这时，前后两个“太监”大叫一声：“鳌中堂摔倒了，快扶！”这是事先商量好的暗号，这个暗号设计得也足够聪明，话音未落，一群布库少年蜂拥而上，鳌拜甚至还没反应过来，就被摁在地上，捆绑得结结实实，此时的康熙也是长出了一口气。

多年来的忍辱负重，处心积虑，现在已成定局。鳌拜，这个不可一世，骑在自己头上作威作福的巨头终于完蛋了，现在，他在自己面前颤颤巍巍，竟然露出可怜相。康熙从座位上走下来，挥手扇了鳌拜几个大耳光，直到打得自己筋疲力尽，又让手下上去暴揍这个老家伙，直到鳌拜还剩下一口气。

鳌拜用惊恐的眼神望着康熙，鳌拜戎马一生，血雨腥风，张献忠被他杀死了，多尔衮也没有将他踩扁，无数的人在他面前发抖，如今，面对十六岁的康熙，鳌拜从心底里害怕了。他清楚，一个人需要怎样的胸襟才能在仇恨面前保持一贯的容忍和平静，如今康熙所做的一切，让他看清了这个少年皇帝是如此的深藏不露，可惜，他看清得太晚了。

康熙亲自审讯鳌拜，并宣布了鳌拜的三十大罪状，问鳌拜：“你有何话说？”此时，不可一世的鳌拜变成了一个普通老人，他解开上衣，露出自己身上在与敌人无数次作战时留下的伤疤，其中还有搭救皇太极御驾时留下的刀伤，请求皇上念在昔日情分上，饶他一命。康熙平静地说道：“免你死刑，终身监禁。”

康熙并没有被仇恨蒙蔽双眼，他很想杀掉鳌拜，但是他知道鳌拜不能杀。因为鳌拜不是一个人，而是一个集团，虽然鳌拜已经落网，稳定鳌拜背后的这个集团更是重中之重。现在杀了鳌拜，他们觉得自己没有了后路，被逼急了，容易造反。

康熙没有杀鳌拜，而且只是下令严惩了鳌拜的一些死党，并没有对其他人下手，对一直与鳌拜相亲的遏必隆，也只是罢免了太师的职位，不过又封了公爵。这令遏必隆羞愤难当。就连鳌拜的亲戚，没有罪行的给予宽大处理，被议政王大臣议定处死的，康熙也都宽大地免予死刑，康熙用和平的手段将激流暗涌的形势镇住，转为风平浪静，让人们再一次见识到这位少年帝王的智慧和手段。

随后，康熙开始为被鳌拜诬陷的人平反，其中最重要的四个案件是：费扬古案件、汤若望案件、三位办理互换圈地大臣的案件、苏克萨哈案件。康熙昭告天下，为受冤的大臣恢复名誉，寻找他们的亲人加官晋爵，大大恩赐一番。

在智斗鳌拜和处理鳌拜专权案中，康熙机智、沉着、勇敢。鳌拜是司马昭之心——路人皆知，人们都认为皇帝与鳌拜的争斗必将是血雨腥风，就在鳌拜被擒拿治罪时，京城被暗流笼罩，就在人们等待皇上大开杀戒的时候，康熙的做法就像一只温柔的大手抚过京城的天空，就这样云消雾散见晴空了。

这令康熙在天下人心中树立起有胆有识、智勇双全的高大形象，制服鳌拜，他没有用杀人的方式来解气，而是迅速地平反冤案，这样一位冷静、睿智的皇帝，让天下臣子和百姓心服口服。康熙在他缔造未来的伟业中，迈出了坚实的第一步。

CHAPTER

第三章 3

巩固权力走向独裁

满族政权与汉族政权不同，皇帝并没有至高无上的权力，初期的清朝政府，依然是贵族大臣专政。鳌拜与三藩的事令年轻的康熙认识到权力的重要性，只有将大权握在自己手中，才能将自己的意志变成国家意志。

励精图治，赢取汉人的支持

康熙亲政两年后，凭借智慧与勇气擒拿鳌拜，掌握了全部中央政权。康熙采取一系列措施，清楚鳌拜多年造成的各种严重后果，以一个真正的皇帝身份开始统治这个强大的封建帝国。

康熙也真正体会到了“孤家寡人”这个称呼其实很可悲。虽然天下都是他一个人的，可是天下人和他身边那些大臣们的笑脸怎么看都是那么假。康熙掌权后发现，自己好像更惨，参照历史，虽然其他皇帝与百姓和大臣也假情假意，但是至少面子上也过得去。但是他掌权后，百姓和大臣对他更多的是一种畏惧，丝毫没有一点热情，甚至故意冷落他。尤其是汉人，名义上服从他这个皇帝，内心中更多的是仇恨这个满族人。

这种仇恨让康熙非常苦恼，虽然满族人和大臣们对他还不错，但是天下人口以汉人为重，满族人相对汉人的人口来说，实在是太少了。康熙深信“水能载舟，亦能覆舟”这句千古名言，天下人民才是承载着自己这个皇帝、大清这条船的水，如果一天不能得到汉人的心，大清这条船就随时都有倾覆的危险。

为了改变这个现状，康熙从三个方面开始着手。

第一，文治武功，兴国安邦。国家想要安定，就必须让老百姓过上好日子。大清从入关后，满族人就很看不起被打垮的汉人，平日里趾高气扬，这使得汉人对满族人憋了一肚子的气，虽然现在不敢表现得很激烈，但如果哪天大清朝发生点什么事，这些人绝对会第一个站出来，把大清的人踢回老家。康熙认为，一个朝廷能不能赢得老百姓的心，就看这个朝廷能不能让老百姓过上安稳的好日子，而不是看这个朝廷是满人统治还是汉人统治。如果自己的朝廷能让老百姓吃好、喝好，口袋鼓起来，想让老百姓不支持都难。

第二，重视儒道，重视汉籍读书人。读书人是汉人的精神基础，是儒家文化的继承者，正是因为这些读书人讨厌大清，才影响到老百姓的思维，让老百姓觉得也应该讨厌大清。康熙觉得自己必须讨好这些读书人，让他们为自己所用，老百姓也就安稳了。更何况汉人中的读书人可是一笔巨大的财富，要想大清朝走向兴盛，就必须将读书人拉拢过来。

第三，励精图治，做一个百姓心中的好皇帝。康熙从来不认为自己有多么英明神武，只要有闲暇时间，就用来读书学习。天下是他的，也是老百姓的，康熙很清楚自己该怎么做，百姓都看在眼里，只有自己做得好，才能在老百姓的心里树立好形象，只要民心所向，那天下就没什么可怕的了。老百姓的心要是散了，觉得你这个皇帝是个昏君，那天下就容易出乱子了。

竭心尽力，民生为国之大计

大清建立新政权后，中原尤其是南方人对满族人的新政权非常冷漠。朝廷的大量工作无法开展，处处受阻。在顺治帝后期，虽然顺治帝皇帝采取了一些怀柔政策，让矛盾暂时有所缓解，但治标不治本。也就在这个时期，西南的吴三桂开始网罗人才、屯粮招兵，势力逐渐壮大，很多野心家开始依葫芦画瓢，蠢蠢欲动。康熙决心不走这条老路，他要用“武功”从根上拔除这些毒刺，以武力解决吴三桂来稳定国家的统治和政治根基。

吴三桂

康熙认为好的“武功”可不单单是个军

事强国，给老百姓安全很重要，让老百姓过上好日子更重要。老百姓吃不饱、穿不暖就容易生变，如果连当强盗都抢不到吃的，他这个皇帝也就当到头了。

因此，康熙制定了一系列的措施。

首先，康熙停止了圈地，禁止强迫买卖汉人为奴。老百姓过日子最重要的是什么？就是土地。土地是老百姓的命，没有了地，他们就什么都没有了。大清入关以后，很多满人贵族看见谁家的地好就抢过来，就这样抢走了汉人很多的地。

还有一些满洲贵族将汉人抢过来给自己干活，或者卖给其他贵族。他们为此而高兴，以为替自己的皇帝分了忧，这样这些老百姓有活儿干，就不用闲着了，也就不会滋生事端了。他们觉得皇上应该赏给自己点东西。康熙很果断地赏给他们一个“大巴掌”。谁说这样汉人就不滋事啦？原本人家自己种地养活自己，虽然不富裕，但最起码能够生活下去，至少能活得自由，现在倒好，地没了，还得给别人干活，干活也就罢了，吃不好、穿不好，到头来还没有钱，这简直就是逼着老百姓造反啊！康熙为此专门下命，严禁卖良民为奴。

其次，针对乌七八糟的税收，康熙颁布了地丁粮制。简单地说就是政府收税只有地、丁两项，其他杂税一概免除，税收直达中央。原来税收花样层出不穷，乱七八糟的一大堆，老百姓的油水被榨干了，但国库也不见有任何收入增加。地方的官员一层层地截流国家税收，还偷偷摸摸地增加税收的花样，坑害老百姓。现在好了，就剩下两种税收了，老百姓看得懂，再想坑皇帝和老百姓，就难了。

最后，在地方发生灾害的时候，免税三年。康熙认为一个政权如果在老百姓受灾的时候都不能帮助他们渡过难关，就没有脸管理人民，收人民的税了。同时，康熙鼓励垦荒，推广改良后的粮食品种。增加可耕地的面积，既能安置因战争等原因造成的流民，又能减轻国家负担，推广丰产作物，例如两季水稻、土豆、高粱等，使得粮食产量大幅度提高。老百姓的日子好过了，就不会闲着干些掉脑袋的事了。

黄河是华夏的母亲河，只是这个母亲脾气不大好，时常闹情绪。黄河水患是历朝历代皇帝的心腹大患。黄河一旦出现问题，就会影响到淮河、永定河、大运河，造成延绵南北的大灾难。受灾地区颗粒无收不说，国家税收也会跟着减少，而且粮食无法通过漕运运到北方。一旦饥民泛滥，就会形成可怕的隐患。老百姓吃不饱肚子，情绪就不容易控制了！

康熙同样为治理黄河下了大功夫，花费了大量人力财力，不但派出了得力人手如明珠、于成龙等常年治理，并且自己还亲自去，而且还不是去一趟两趟，康熙一生光黄河就去了六次，而且他的治理也不是十年八年，而是五十年！

康熙为国为民，尽心尽力，五十年如一日，就不相信老百姓不对他死心塌地！

制造舆论，令学子文人归心

汉人对满人意见很大，尤其是南方人，康熙就认真地研究了一番。汉人认为自己是中华民族的主要力量，应该是汉人统治少数民族，而不是倒过来被少数民族统治。汉族这么多的人口，这么灿烂的文化，反而被一个少数民族统治着，让他们感觉这是一种羞辱。

读书人认为自己是民族的脊梁和精神支柱，决不能屈服，自己屈服了，民族的脊梁就弯了。并且满人入关后的暴力行为给汉人造成了很大的精神和物质伤害，他们憎恨满人就不足为奇了。另外，满洲人除用暴力手段压制汉人外，还宣布了自己拥有特权，不把汉人当人看。然而，随便翻开一本桌上放的书，汉族文化都是几千年中华文明传承中的一部分，这是无法改变的。

康熙认为，只要将儒家文化、尊严和明朝对汉人的遗爱这三个方面的问题解决了，就能解决天下读书人的问题。

首先，“儒家文化”在中原读书人心中是神圣的，如果大清朝同样尊儒家为正宗，同时在行为准则上也要遵循儒家思想，那些读书人就一定能认可大清。康熙通过这个手段，制造出这样一种景象：满洲人统治了汉人的土地，而汉人用文化征服了满洲人的精神，这下让汉人失去的面子和尊严又回来了。既然大清也被我们汉人的文化所折服，遵循儒家教诲，帮忙治理一下国家，就不算是丢人的事了。

真正实施起来，康熙自己先做了个好的儒家弟子，四书五经样样精通，比汉人中的佼佼者也丝毫不差。然后重用“名人”，也就是读书人群体中的领头人，他们是这个群体的精神支柱，这些领头人都为大清效力了，其他人也就会纷纷效仿。同时，康熙将科举考试的内容更改为程朱理学的儒家经典，这样一来举国上下还是以儒家文化作为教育内容，迎合了天下士子之心，康熙还令人搜集、整理、编订、出版了大量两宋时期的理学经典著作。

康熙二十三年第一次南巡的时候，不顾天气寒冷，亲自去孔庙朝拜。孔子在士人心目中的地位就是圣人啊，康熙对孔子尊崇有加，与历代君王相比有过之而无不及，除了孔子，康熙还抬高了另一位受士人爱戴的人——理学正宗大师朱熹。这让康熙在士子们心中的形象有了很大的转变。

其次，中国士子心中有句话叫“士可杀不可辱”，大清入关，满人看不起汉人，自然而然地就对汉人中的士子也捎带着看不起。得罪了一群将尊严看得比命还重要的人，那可不是一般方法能够解决的。你们满人占了天下，还想让我们将你们供起来，这简直就是做梦啊！我们读书为了当官不假，但是让我们当奴才，那就对不起了，我们不适合伺候人。

朱 熹

面对这样的情况，满人中意识

到问题严重性的人已经开始后悔了，但后悔也没有办法，造成的隔阂不是像哄小孩儿一样哄一哄就皆大欢喜了。康熙知道要想让这些读书人回心转意要花大力气，要让他们切实地感觉到自己的诚意才能融化他们心中的坚冰。

大清政府一开始举行科举根本没几个人来，后来康熙下令对来考试的考生态度要特别好，而且补贴要丰厚，凡是有名的、有地位的人只要来考试，不论考卷上写什么都要让他们高中。有些有名望的人来了也不好好考试，随意涂鸦，却不想就高中了，高中了不去当官又不合适，那可是不给皇上面子，当今的皇上可不是个好得罪的主儿。当了官以后，发现这个皇帝还不错，礼贤下士，没多久就被感动了。情绪激动了，就要在朋友中说道说道，然后一件事就慢慢传开了："康熙是个好皇帝啊！"

最后，"明朝遗爱"这个问题比较棘手，也很敏感，尤其是新老政权交替，对政权感情上都是很复杂的，尤其是少数民族掌控政权统治整个国家，康熙也觉得非常难办，对明朝政权表示尊重吧，这个度就不好把握，虽然可以笼络人心，但是一不小心就会产生误会。

于是康熙决定反其道而行之，六下江南时五次拜谒明太祖朱元璋的孝陵，并行三跪九叩大礼。康熙这样做，主要是因为明太祖朱元璋是明朝开国皇帝，而且是个很厉害的人物，值得尊敬，这样做让他收拢了人心。同时，康熙也通过这件事表明了他的态度，那就是我只佩服朱元璋，其他人就不好意思了，除非你们能找出比朱元璋还厉害的人物，如果你们还继续反清复明，那很抱歉，我杀你们也不会手软。

尊崇儒家文化、保护士人的尊严、理解士子们对明朝的怀念，凭着这三张牌，康熙解决了那些读书人认死理的问题。

严于律己，立志做个好皇帝

康熙执政后，深刻地认识到做一个好皇帝，说起来容易，做起来太难了。但正因为难，所以做到以后，才会令人钦佩。

明朝灭亡的一个重要原因就是皇室生活奢侈糜烂，官员也跟着糜烂，士人们也学着糜烂，最后国家就烂没了，所以康熙非常厌恶奢靡。皇家奢侈就必然多收税，官员奢侈就必然贪污腐败，士人们奢侈也必然要动坏心眼。不但如此，在康熙看来，奢侈的生活不但是物质或者生活的问题，关键是会影响到人的心态，不管是对待生活还是工作的态度都会有所变化。“人欲泛滥”的下一个词往往是“生活堕落”，接下来便是做事不谨慎、权力腐败、政治懈怠等一连串的问题就都会冒出来。皇帝一个人这样就够可怕的了，问题是皇上只要开了这个头，那些当官的就更加忍不住了。

立志做个好皇帝的他决定从自己入手，做一个朴素的榜样。他的家具、装修朴素无华，衣服、生活用品也比较简单。虽然康熙比较喜欢南巡，但每次都下了死命令，一切从简，不得劳民伤财。

康熙先拿自己开刀，对自己狠，对自己手下的大臣们也狠，从中央到地方，财务账目管理非常严格，哪怕是最底层的官员要用几个小钱，也得层层报账。皇上这么节俭，下面的大臣也只能老老实实的，官员们节俭，老百姓看了心里就会很舒服。

另外，当一个好皇帝，还要处理好和臣子、百姓的关系。儒家文化的精髓是“仁”，做一个好皇帝就要做一个“仁君”。康熙明白，要想别人对你死心塌地，靠武力恐吓是不行的，而是需要真心实意的尊重和钦慕。

在君臣之间，“仁”体现为君臣一体。古代的政治思想里，君臣关系的类型主要有两种：一种是儒家推崇的君臣一体论。当皇上的如同河流的源头和主流，当臣子的如同大小支流。皇上不能以大欺小，以大压小，对待手下应讲究“义”，臣子对待皇上讲究“忠”，你对我好，我对你好。皇上和臣子同心同德，劲儿才能往一处使。另一种是法家提出来的君臣虎狼论。当皇上的之所以要大臣，就是要利用人家。大臣们之所以为皇上服务，就是图钱图地位。所以当皇上的也甭玩儿那些虚的，只需要用利益来引诱，用暴力来吓唬，就可以把那些大臣搞定。至于那些义啊、忠啊都是胡扯，显得太幼稚了。

康熙可不认为那些忠义是胡扯。在权力运行中，康熙一边集大权于一身，一边营造君臣之间宽容、融洽的环境，尊重大臣们的意见和想法，允许他们表达各自的见解。这样一来，大臣们高兴了，还拉近了他们之间的关系，听取到不同的见解，康熙自己又能集思广益，尽可能地纠正自己的错误。所以康熙即使听到一两句不好听的话，他也忍，甚至和颜悦色地好好说话。康熙和群臣朝夕相处的过程中，每天都会拿出一部分时间来和大臣们聊天，虽然大部分是公事，但这样也让君臣的感情有了很大的增进。

对于老百姓而言，只要统治者不残暴，偶尔还能关怀下老百姓，那就很满意了。毕竟皇上再想亲自亲近老百姓，也无法整天出宫到老百姓家里拉家常，所以康熙在全国实行教化为先、德主刑辅的“宽缓政策”。

政权更替，连年战争让汉人老百姓的生活本来就苦不堪言，再加上满人的欺压，汉人心中充满怨气是很正常的事，心情激动之下，就容易做出一些出格的事。犯了错误用武力镇压是一种手段，但是康熙意识到，用武力手段打压会越压事越大，总有压不住的一天，只要不是太严重的错误，康熙认为能拉回来的还是要拉回来，人心本善，没有什么人是拉不回来的。

康熙坚持以柔克刚，不制造冤狱，不冤枉百姓，对百姓宽容，让百姓感觉到大家都是一家人，一家人就不能像仇人一样相互面对，等到大家成为一家人了，他这个家主才算稳当了。康熙坚持讨好天下人，只有成为百姓心中的“仁君”，才能让老百姓死心塌地跟着自己。老百姓是什么？那是帝位的基石。跟老百姓为敌，就是与天下为敌，再有能耐也要死无葬身之地。

大权独揽，掌控权力的核心

康熙认为“皇帝”就是一个独裁者，必须大权独揽。他这样理解，也希望他的所有大臣、所有子民也是这样去理解。鳌拜不这样认为，或者说他也这样认为，但是没有将康熙与皇帝画上等号，所以鳌拜完蛋了。如果谁不这样理解，或者像鳌拜一样将等号画错了位置，结局就要与鳌拜画等号了。

吴三桂、耿精忠、尚可喜三人手握重兵，盘踞云南、广州、福建，成为康熙的心腹大患，他们正在走鳌拜的老路。康熙非常想快点解决掉他们，大清现在虽然稳定了下来，但元气还没有完全恢复，而这三个人这些年很享福，养得兵强马壮。康熙很能忍，在扳倒鳌拜的时候就表现得淋漓尽致，没有绝对的把握，就不轻易出手。

耿精忠

康熙不出手，不代表这三个人就安全了，被康熙惦记上，结局也就注定了。吴三桂等三人现在还得继续养着，康熙已经开始研究自己身边的人了，要想自己的意志能够顺畅地化为中央意志，并顺利地下达到地方，那就必须集权，对身边的臣子要有绝对的控制力。唯有这样，自己的旨意才能不打折扣。

大臣里面，有一些是明里讨好皇上，不论皇上说什么都恭维称赞，马屁拍得震天响，暗地里却不将皇上当回事，对皇上说的话也没什么执行力，康熙知道这些背地里搞鬼的才最可怕。另外一些大臣，性格倔强，他们觉得自己是国家、朝廷的栋梁，就应该对国家、朝廷负责，皇上说的话，对就是对，不对就是不对。皇上的命令只执行他们认为对的，只要他们认为不对的，就是杀了他们也别想让他们执行。而且，他们认为对的，就会不达目的誓不罢休。

这两种大臣绝对可怕，但毕竟还属于单人作战。康熙知道如果这两种可怕的大臣形成团体，那就更难对付了，毕竟身边就这些人，能拿他们怎么办？一锅端，都处理掉是不行的，都处理了就没人给皇上干活了。如果所有大臣团结一致了，处理了一个就等于捅了马蜂窝。所以康熙下手毫不犹豫，该处理的立即处理掉，跟自己合得来的该提拔就提拔上来，这样一来，跟自己合得来的就多了。

身边的大臣们虽然可怕，但是看得见摸得着，那些地方上的官员皇上无法直接控制他们，而他们又不用直接面对皇上，只需要应付好上级就行了。所以地方官员更难控制。皇上的旨意到了地方上是会变味儿的。上有政策下有对策，皇上只有一个，就是拼了老命，也根本管不过来那么多的事。

地方官员对付皇上的办法可就多了，真把事犯到皇上手里，也有的是办法推卸责任，实在推不了的话就找个替罪羊来解决问题。康熙清楚自己这个皇帝一手遮不了天，管理这些地方官员只能一层层地管理，如果中间环节的这些官员不配合，就是再好的政策也落实不下去。所以要治理好百姓、治理好天下，将大权完全掌控在手里，首先就要对这些官员下手。

设南书房，巧建权力的中枢

想要独揽大权，并不是杀几个人，处理几个大臣就能做到的。官员不听话，旨意落实不下去，作为皇上就得处理吧，处理得轻了，这些官员会依旧我行我素。都杀了吧，没人干活了，江山就得乱。

满洲政权与汉族政权还不同，皇帝的权力不是至高无上的。在清朝初期是贵族大臣专权，大事都要议政王大臣会议上由满洲贵族和八旗首脑讨论才能决定，甚至皇帝由谁家来当，都是从这里讨论决定的，顺治帝皇帝就是这些满洲贵族权力争夺过程中，为了权力平衡被推上帝位的。

康熙熟读四书五经，深刻体会到中原文化和中原统治思想的魅力，皇帝就是要一言九鼎，什么事都你们说了算，自己这个皇帝算什么？所以，“大权独揽”就被康熙提上了日程。康熙觉得这样做是对的，但是满族那些贵族和八旗首领们可不认为这样做是正确的。我们拼死拼活帮你们爱新觉罗家打下天下，你想卸磨杀驴，不但不给我们更大的权力，反而想把我们手中的权力夺走！不行，这事绝对不行，没得商量。

康熙清楚这些人跟鳌拜不同，是惹不起的。“篡权”这个词本身就是人们心中最大的忌讳，所以当初康熙扳倒鳌拜的时候，不但没有引起骚动，反而是皆大欢喜。这些满族大臣、贵族就完全不同了，首先这些人没犯错，也没做出格的事，都安分守己的，只是手里握着的权力比较大，康熙知道，如果硬要下手去抢，后果估计很严重。

这些满洲贵族可不是说罢官就能罢官的，把他们惹怒了，就不是罢工这么简单了，换句话说，在这些满洲贵族眼里，天下不仅是你康熙一个人的，也是我们的。最大的问题是，八旗首领手里，可是握着重兵的。

不把权力收到自己手中又不是康熙的性格，康熙决定从暗中把他们的权力架空。很快，大臣们就得知皇上开了个南书房，一开始这个南书房在大臣们心中的印象就是皇帝找了一群读书人陪他玩儿，这个印象正是康熙的目的。但是这些大臣都忘记了，鳌拜当年也是这样看待康熙和他的布库少年的。康熙就这样在那群贵族眼皮子底下成立了这个完全由自己控制的政治团体，同时还能让这些贵族不会有别的想法，毕竟内阁、议政王大臣会议的大权还在他们手中。

谈经论道的地方只是南书房为掩人耳目的伪装，直到所有人被麻痹，没有人再把目光关注到南书房时，南书房才显露真容。有一天，康熙突然抓住刚刚还在和自己闲聊之人的手说：“你给我写个秘密奏折吧！”

南书房

南书房是康熙打造机要秘书的机构，天下最重要的政事在这里商议、裁决，最机密的召见在这里进行，影响天下的诏令、圣旨在这里起草，南书房成为康熙王朝时期天下的心脏，权力的中心。虽然内阁、议政王大臣会议康熙不敢撤，但是康熙神不知鬼不觉地架空了他们的权力，让他们成了摆设，康熙建立了一个完全由自己掌控的议政机构，在南书房里没有一个是满人贵族和八旗的人，基本上都是汉人。

有了南书房和一群为自己办事的臣子，康熙提拔这些人在朝廷中的权力，掌握住了朝廷中所有的大臣。康熙用他的智慧成功绕开了满人贵族的权力掣肘，自立门户，实现了将权力集中到自己手里的目的。

康熙建立这样一个机构，还有另一个目的，那就是笼络汉人大臣的心，尤其是江南的那些士大夫。大清入关之初冷落汉人大臣，不但让汉人不满，还造成了严重的人才浪费。虽然汉人是失败的一方，这是很多原因造成的，并不代表汉人中没有能人。虽然多尔衮也比较注重团结汉人地主，但是他对北方地主比较偏爱，对南方地主就看不上眼了，这深深地伤害了南方人民的心，使南方的士大夫们对清朝政府非常不满。

康熙希望可以弥补这个错误，真正地让汉人大臣，尤其是南方士大夫真心真意地为大清效力。这样不但能解决民族矛盾，还能为自己笼络人才，将南书房打造成自己储存人才的基地。

南书房成为汉人，尤其是江南士大夫与康熙沟通、议事的地方，也成为汉族官员光宗耀祖的阶梯。只要挤进南书房，成为南书房翰林，只要不犯错误被治罪，这一生就什么都不用愁了。南书房也让汉人进入大清朝的权力中枢，介入管理天下的层面，这样就使汉人对大清的态度发生了转变。一个南书房，将康熙的智慧体现得淋漓尽致。

密折制度，完善的监察体制

架空了满洲贵族的权力，通过南书房建立起自己的权力中枢，掌控了大多数的朝中大臣，此时，康熙就开始琢磨着整顿那些距离自己比较远的地方大臣和基层官员了。

如何管理地方官员的问题可不只是令康熙一个人头疼，以往的历任皇帝都在思考解决这个问题。今天有了个好主意，下一道圣旨，结果旨意还没出京城就开始变味了，这是任何一个皇帝都不愿意看到的情况，监督机构就显得尤为重要了。当皇帝的说上两句厉害话就走了，从此也见不着、摸不到，谁又会怕皇上呢。监督机构就相当于皇帝的眼睛，如果皇帝的眼睛到处都是，鞭子随时可能抽到那些作奸犯科的人身上，事情就不同了。

那个时候的监督体制主要有两种：第一种是官员自上而下的权力监督。简单说就是上级管理下级，保证权力金字塔最顶端的皇帝能够将权力和意志贯彻到最下级。第二种是御史监察制度。就是在第一种权力监督之外专门建立的一个独立的监督机构，这个机构充当皇帝个人的耳目。

第一种方法是必须存在的，这个方法贯彻古今，但是在没有其他独立监督机构的情况下，上下级就很容易勾结到一块，狼狈为奸，这种情况不胜枚举。监督系统是一项复杂的工程，所以第二种方法也是必须存在的。但是在康熙看来这第二种也不健全，作为监督部门的官员也是人，即使看上去服从命令，听从指挥，相对很独立，但事实他们也会渴望利用手中的权力谋取利益，改善下生活状况。明政府晚期官员勾结受贿、不听政令所达到的可怕程度就是鲜活的例子，令康熙感到震惊和恐怖，下决心治国就要先治吏。

既然督御史这个监督机构也靠不住，那就找一个最靠得住的。而这个世界上最靠得住的只有自己，所以康熙决定打破历代监察御史一家监督的线性监督体制，建立一套以皇帝为核心的监察体制。也就是传说中的密折制度，这样一来各级官员就可以把自己的想法、发现的情况直接送达康熙。

明朝时期，官员的公文都要一级一级地往上递，必须经过六部和内阁，这就造成了在上递的过程中，一些大臣把折子里的内容全看见了。众多官员要是想跟皇上说说谁的坏话了，就要先打听清楚现在都有谁在六部和内阁，本来想给别人找点事，结果自己摊上大事了，那就非常冤枉了，这就造成了大多数想告状的人最终选择放弃。

鉴于这种情况，康熙决定不通过六部、内阁，直接自己来做这件事。下面的官员有什么事想对康熙说，就自己写封奏折，然后交给自己信得过的手下直接送入宫中。为此，康熙还为路途远的官员考虑，命各地专门养着两匹快马，供官员使用。奏折到了宫门的时候，御前大臣、侍卫或者太监要立即转交给康熙（之后专门设了奏事官）。皇上给对方写的回信也必须直接送到当事人的手中，中间环节绝对不允许出现第二个人。

此类奏折的批复完全由康熙一个人完成，从来不让别人代替，所有奏折都锁在一个专用的匣子里，功能类似于现在的保险箱。康熙写这类批示的时候从来不打草稿，也不留底稿，保证不会走漏风声。康熙认为谨慎是对当事人负责，也是对他自己负责，更是对国家负责。

在康熙统治下，当贪官干坏事真的很不容易。首先要管住知道自己干坏事人的嘴，一旦他们想揭自己老底，没准儿自己到死都不知道是谁干的。这些人的嘴可不容易管，就算大家可能是一条绳上的蚂蚱，但也保不住哪天被自己骂上两句，得罪他一下，然后一道奏折就出现在皇帝的桌前。

康熙觉得这样做很好，很满意，但是他手下的某些官员就如坐针毡了。他们不理解康熙为什么要这么拼命工作，毕竟都是皇帝了，享享清福也是应该的。本来操心的事情够多的了，竟然还专门抽出大把的时间来看这些告状的密折，那些屁股不太干净的大臣，心里就每天都在打鼓了。康熙虽然操劳了些，但是对这份工作做得很尽心，他不好酒色，很注重保养自己的身体，用他的话说就是：我要当个长寿的皇帝，有我在，就不会有你们这些专干坏事的官的好日子！

御门听政，勤劳谨慎始如一

康熙一生勤劳谨慎，晚年疾病缠身，在右手已经不能动的情况下，不但没有放弃看奏章，更没有放弃亲自写批语，右手不能动就用左手写。“御门听政”是康熙一生的工作写照。

“御门”指的是乾清门，乾清门就是乾清宫前面的大门，乾清门是分割前朝和后廷的界线。康熙平时就住在乾清宫，为的就是去乾清门办公方便，出门就是。“御门听政”就是指康熙在这里亲自主持的朝廷会议。

会议上，大臣们要把自己手下正在处理的、需要禀报的大事都跟康熙做汇报，然后大家再一起商议，做出判断。最后由康熙决断，发布旨意，由大臣们贯彻执行。

御门听政有五个环节：奏、听、议、决、行。康熙通过大臣奏事了解天下现在的情况，有哪些大事发生，再通过“听”和“议”了解臣子们的想法，集思广益，而“决”保证了皇帝对天下大事的决断权、控制权，最后“行”用来保证皇帝的旨意能够顺利执行。康熙要的是自己的话不仅要在中央大臣这里管用，在地方大臣、基层官员那里也要管用。这样才能保证他的旨意变成现实，

乾清门

让老百姓感受到皇上的恩泽和圣明，达到最终的目的。康熙“御门听政”的目的总结起来概括为两点：一是治理国家，尽量把国家大事都处理好；二是把天下大权揽到自己手里，避免夺权。

皇上上朝这事不是什么新鲜事，但是像康熙这样天天上朝的根本没有。历史上的皇帝一般都是隔几天上朝议事一次，上朝议事的制度也比较松散，有些并没有规定皇上必须亲自主持朝政，也没有规定皇上几天之内必须上一次朝。在康熙看来，他们松散的“朝会”是导致这些政权灭亡的根本原因。

皇帝不上朝，会诱发很多状况：首先，既然皇上累得慌，那就别跟皇上他老人家说了。我们这些当大臣的就应该替皇上分忧，自己处理吧。其次，大臣们把大事拿出来讨论，因为皇帝不在，谁也不敢给皇帝做这个主，做得好，皇上说你越权了，做得不好，那就很可能掉脑袋了。再次，就算有大臣大着胆子决定了，但是没有皇帝的旨意，就没人愿意执行，大家都是大臣，你的决定，我不服。最后，就算是执行了也没有什么效果，很多时候替皇帝做决定的人是比较强势、有权威的人，所以执行的人也需要给他点面子，但是皇上都懒得监督了，没人监督怎么可能会干好事情呢。

松散的朝会还容易导致一个可怕的事情，那就是“篡权”。皇上自己不去上朝开会，必然就要找人代替做这件事情，替皇上做决断。这样，某些野心家就会觉得有机可乘，历史上这种野心家比比皆是，并且身份繁多，例如外戚、后宫、宗室、宦官、佞臣等，皇权是天下权力的巅峰，长期在皇帝身边，就容易被这巨大的权力诱惑，在有机可乘的前提下，不是野心家也会被熏陶成野心家。

康熙认为天下并不是他的天下，天下是老百姓的，他只是替老百姓管理这个天下，哪天他懈怠了，疏忽了，就要被老百姓踹下去。康熙不想重蹈覆辙，所以他决定天天上朝，而且把天天上朝立为一种不可更改的制度。直到清朝灭亡，这个制度也没有改变。

在长达五十五年的皇帝生涯中，除去重大祭日、宫中出现大事、三大节气、病得爬不起来等极特殊情况，康熙没有耽误过一次上朝。坚持上个两三年也许很容易，但是坚持一辈子，直到去世，这在中国历史上，康熙是第一个。作为皇帝，偶尔纵容下自己也不算过分，但是康熙一次也没有纵容自己，直到死前，他都没有，始终保持着理智的头脑。

康熙对上朝这件事从时间到态度上都非常认真，康熙曾经对大臣说："诏书是皇帝的尊严，是国家的尊严，绝对开不得半点玩笑。如果有一个字觉得不对劲，都不能放过。哪怕一遍一遍地改，也要改到满意为止。"关键是康熙非常严格地要求自己，让自己成为臣子的榜样。皇帝都这么拼命工作了，作为臣子，哪里还敢有半点懈怠。

朝中的一些大臣觉得自己的皇上实在是太累了，曾经上书请求康熙"五日一听政"。在他们看来，即使是五天一上朝，政权也不会出问题，国事也足以处理得井井有条。但是康熙并没有同意。

御门听政，让天下大事的裁决都渗透着康熙的意志，康熙通过御门听政、密折制度、南书房，将天下大权牢牢握在自己的手中。

CHAPTER

第四章

下定决心撤三藩

4

吴三桂、尚可喜、耿仲明三位割地为王，开支浩大，给这个新建立不久的清政府带来了沉重的负担。康熙在扳倒鳌拜，亲掌大权后，解决三藩问题成为康熙心中重中之重的大事。三藩经过多年休养生息，已是兵强马壮，势力壮大似国，成为清朝政权最大的隐患。“撤亦反，不撤亦反！”是康熙对三藩的看法，于是康熙决定，长痛不如短痛，下定决心撤藩。

尾大不掉，藩地势力大如国

除掉鳌拜，清理朝廷内部夺权势力，亲政后的康熙一步步将大权掌控在了自己的手中。但是三藩一直是康熙的心病，扳倒鳌拜后，康熙就写了一幅字挂在宫中的柱子上，上面写着三个词：三藩、河务、漕运。

三藩可是由来已久了，康熙的祖父皇太极征战天下的时候，明朝将军袁崇焕有个手下叫毛文龙，这两个人在当时都是腐朽明朝的顶梁柱。袁崇焕在一次政治阴谋中杀了毛文龙，孔有德、耿仲明、尚可喜是毛文龙的得力部下，在他们看来，自己的前途一片黑暗，于是投靠了实力越来越强大的大清朝。后来又有个叫吴三桂的汉臣，觉得他们走的这条路是条星光大道，于是他也加入进来，凑成了清政府中的汉人“四王”。

这汉人“四王”可都是有故事的人。

明末名将袁崇焕

首先来说尚可喜。尚可喜（1604—1676），字元吉，号震阳，祖籍山西洪洞，他的祖父尚继官于公元1576年举家迁往辽东海州（今辽宁海城）。尚可喜戎马一生，身经百战，转战数万里，曾经为大清王朝的建立立下了汗马功劳，在清代历史上写下了浓重的一笔，在康熙年间被晋封为平南亲王，平南亲王尚可喜于康熙十五年十月二十九日去世，享年七十三岁。

第二个藩王耿仲明。耿仲明（1604—

1649），字云台，1604 年出生于辽东盖州卫，是毛文龙的旧部。早些年跟随明朝总兵毛文龙，在毛文龙被袁崇焕杀掉后，耿仲明逃到山东登州投奔巡抚孙元化，与孔有德在一起做事。1631 年，耿仲明和孔有德出兵抵御后金，由于粮饷迟迟不到，产生了怨愤，于是孔有德在河北吴桥兵变，随后孔有德率领军队攻打登州，耿仲明成为孔有德的内应。1633 年 5 月，耿仲明跟从孔有德渡海来到辽东归降大清朝，皇太极特别优待他们，授予他总兵官的职务，并且称呼他的军队为“天祐兵”。

1636 年，皇太极称帝，封耿仲明为怀顺王，皇太极屡次出兵讨伐明朝，以及攻打朝鲜的时候，耿仲明都跟随着他。1644 年，耿仲明跟随睿亲王多尔衮率军入关，后来又跟随豫亲王多铎向西进入陕西征讨李自成的残部，不久率军南下平定江南。顺治帝六年（1649），耿仲明被封为靖南王，并得到金册金印的赏赐。后来因为部署隐匿逃人，畏罪自杀。

顺治帝八年（1651）清政府令他的儿子耿继茂承袭靖南王爵位，镇守福建等地。他的儿子耿精忠被赐予一等子爵，康熙十年（1671），耿继茂因病，长子耿精忠代治藩政。不久后，耿继茂死，耿精忠承袭为靖南王。

最大的一个藩王就要数平西王吴三桂了。吴三桂（1612 年 6 月 8 日—1678 年 10 月 2 日），字长伯，一字月所，明朝辽东人，祖籍江南高邮（今江苏高邮），明崇祯时为辽东总兵，封平西伯，镇守山海关。

崇祯十七年（1644）初，濒临灭亡的明朝将赌注押在了关外拥有重兵的吴三桂身上。崇祯诏征天下兵勤王，于 3 月 5 日加封吴三桂为平西伯，命吴三桂火速领兵入京护驾。3 月 19 日吴三桂率军到达山海关，向京城进发。然而在 22 日，吴三桂大军行至玉田一带的时候得知京城沦陷，崇祯皇帝自缢身亡。明朝灭亡了，吴三桂突然失去了依靠，此后一个多月，吴三桂急忙在各种政治势力之间周旋，寻找出路。

当时李自成多次招降，吴三桂也再三犹豫，曾一度有投降李自成的念头，毕竟李自成大势已成。据传说，吴三桂听说自己的爱妾陈圆圆被李自成部下掳去送给了李自成，因此含恨在心。但是，当时吴三桂两面受敌，对内实力不如李自成，对外打不过多尔衮。陈圆圆和亲人又被李自成控制在手中，当作了人质。为保全家人性命，吴三桂只能答应与李自成议和，为防李自成有诈，又私下以黄河南北分治为条件向多尔衮求助。

4月13日，李自成亲自率六万大军奔向山海关。被年初以来的一系列胜利冲昏了头脑的李自成，对当时军事形势的严重性估计不足。吴三桂得知李自成亲自率军东征的消息后，立即派山海关士绅、儒生李友松、谭邃寰、刘泰临、刘台山、黄镇庵、高选六人在北京东面不远的三河县迎候李自成的大军，以投降的名义拖延时日，等待清军。在派赴清军求援的使者携带多尔衮的回信返回山海关后，吴三桂马上又致书多尔衮，请求多尔衮大军火速赶往山海关。当李自成快要到达关门之时，吴三桂派去接洽投降的代表意图脱逃，李自成才发现吴三桂是假投降，但是为时已晚，贻误夺取关门的有利时机。

而多尔衮却在接到吴三桂的二次求援信后，经过一昼夜的强行军，于4月21日抵达关门十五里之外，多尔衮利用吴三桂所处的危急局面，逼迫吴三桂放弃联清击李的政策而彻底投降清朝。4月22日，吴三桂初战败北，与李自成谈判，多尔衮将计就计，趁吴三桂与李自成谈判之际，突然向李自成发动攻击，在一片石战役中，李自成被吴三桂联合清军击溃。

清军入关后，攻入北京，多尔衮把年幼的顺治帝以及朝廷由东北的盛京迁都至北京，封吴三桂为平西王。顺治帝十六年（1659），吴三桂攻下云南后，清政府准许他开藩设府，镇守云南，总管军民事务。

而定南王孔有德在广西桂林被李定国包围的时候自杀，因为没有子嗣继承爵位，他的部下由他的女婿孙延龄继续统领。

清朝在中原站住脚后，主要的敌人都退缩到了云南、广东、福建等地，这些地方形势比较复杂，清政府也不想动用大量军队进行清缴。但是派人镇守还是必须的，那些满洲贵族和八旗军都不愿意到这些偏远地区，正好将这三位汉

“王”打发过去。

几经调整，三藩的格局也就清晰明了了：平西王吴三桂镇守云南、平南王尚可喜镇守广东、靖南王耿继茂（耿仲明之子）镇守福建。此时，定南王孔有德已经死了。1662 年吴三桂打到了缅甸，抓住了可怜的永历皇帝，清朝政府为了奖励吴三桂，晋封吴三桂为平西亲王，而且将贵州也划给了他。

虽然只是多加了一个“亲”字，意义可就不一样了，这就表明称兄道弟，关系不一般了，是在告诉天下人，虽然他只是个汉人，但决不是外人。事实真的是这样吗？清政府的真实想法肯定不是这样，而是惦记着哪天就把他办了。

清政府下旨云贵督抚全部听命吴三桂的指挥，人事安排也由他决定，而吴三桂本人也没跟清政府客气，不管真的假的，先都捞过来再说。吴三桂实在是没有浪费清政府的美意，迅速在各处安插人手，圈占土地，拥兵自重，甚至私自铸钱、设立税卡，很快就在云贵地区建立起自己的王国。而当地的百姓看吴三桂也跟看皇帝没啥区别。

三藩养着大量的军队，尚、耿二藩各有绿营兵七千人左右，吴三桂更是养兵一万多人，当然，这只是他们向上面汇报的数目，他们自己也不知道养了多少人。虽然他们在短时间内发了横财，赚了数不尽的财宝，但是他们养兵、购置军事器械的钱却不是自己掏的腰包，而是向朝廷伸手要的。

于是，三藩越养越肥。在三藩中，尚可喜对清政府是比较忠诚的，但是他的儿子尚之信可就不一样了，横征暴敛，拉党结派，招兵买马。虽然三藩在军队编制、驻防地区以及军官调任方面，要报清政府兵部批准，但实际上现在变成了一种形式，真正说了算的还是藩王。在军队中任职的也都是自己的亲信。平西王吴三桂手下的都统吴应期是他的侄子，都统夏国相、胡国柱以及后来留守云南的郭壮图都是他的女婿，另外一些将领则是他在辽西的旧部，吴三桂通过这些亲信控制着属下的军队。正是因为三藩拥有并操纵着庞大的军事力量及任其指挥、调动的军权，才得以实现地方割据。

另外，三藩还拥有管理地方的行政权力，广东布政使胡章曾经上疏：“臣听闻靖南王耿继茂、平南王尚可喜属下的兵将抢掠妇女，擅自处置官吏。”其中吴三桂管辖的地区和权力最大。康熙二年（1663）吴三桂向政府提出，把云贵地区的总督、巡抚的管理权给他。清政府经过兵部商议，同意了吴三桂的要求，批复“听王节制”四个字。1664 年 11 月，清政府兵部发布命令，说贵州与云南接壤，形势复杂，与云南情况差不多，所以当地的各项事务都以云南为准，由平西王说了算。1666 年 2 月，吴三桂又提出云贵总督驻贵阳比较合适，清政府又同意了。

吴三桂不但操纵着云贵地方官员的调动和升迁大权，而且朝庭还任其调迁别省官员来云贵任职。在 1660 年 12 月，经吴三桂提名，由朝廷同意，从湖南、四川、陕西、北京、山东、安徽、江苏等地调来胡允等九名官员来到云南充任行政、监察、交通、水利等职，而且在这过程中，不论这些官员同吴三桂的关系如何，都不能对调任产生影响，这件事也反映出吴三桂在用人方面具有超越吏、兵两部的权力。

魏源《圣武纪》说：“其所除授号曰西选，西选之官几满天下。”四川御史杨素蕴上奏章说：“臣阅读邸报，看到平西王对任用官员的奏疏，将胡允等十几个官员，都提升到云南的各个职位，臣十分震惊。任命人事是国家的大权，只有朝廷才能行使这样的权力，这样的事，古往今来都没有过。此事，有辱国体，自古以来，原本就没有什么忠臣奸臣之分，只不过是一念之间，这些藩王应该识大体，这些藩王从封疆起，未必就没有别的用心，不得不防啊！”

吴三桂得知杨素蕴弹劾他，立即上疏反驳，清朝廷明知杨素蕴的奏疏是完全从维护中央集权出发的，也是符合实际的，但不仅不敢开罪吴三桂，反而借杨素蕴回奏“含糊巧饰之名”，将他解职，调往别处任职。杨素蕴一气之下，回了陕西宜君故乡，十几年闭门不出，直到平叛吴三桂后，才被重新起用，可见吴三桂当时权势之大。

不仅如此，吴三桂这个暴发户广散钱财，招募人才，笼络人心，培植自己的核心势力，他不仅以重金赠给士人、同僚、部属、师友等人，并且还用重金收买官员，把这些官员变成自己忠实的走狗。在当时，前来上任的新任官员，必须先到王府拜谒，吴三桂都要亲自接见，细问家世履历。才智方面卓著的，他都要想尽办法收罗到麾下，变成自己的私有力量，更令人发指的是，这些人必须还要签订卖身契。

楚雄府的知府冯某签下的卖身契这样写道："立卖身婚书楚雄府知府冯某，本籍浙江临海县人，今同母某氏，卖到平西王藩下，当日受身价银一万七千两。"签署人是吴三桂的亲信、都统胡国柱。这些投身到平西王藩下的官员，与吴三桂结成了主仆关系。同时，他们都称胡国柱为老师。所以说，"滇中有三好，吴三桂好为人主，士大夫好为人奴，胡国柱好为人师"。

吴三桂就利用清政府给予的这些独特的行政权力，培植了一大批追随他的士子和文武官员，这些人对他忠心耿耿，让吴三桂稳稳地把持着云贵地区的政治局面。耿、尚二藩同样操纵着其藩属地区的政治，只是与吴三桂相比，差距还不是一般的大。

在经济上，三藩更是大肆搜刮。他们霸占关津，私设商税，垄断工贸，放债牟利，拼命增加藩属财富，扩大地盘，用以巩固自身的统治基础。

1667 年，左都御史王熙揭露闽广、江西、湖广等省的官员"或自贸货场，售于属下，或巨舸连樯，装载他方市易，行同商贾，不顾官箴，甚者指称藩下，挟势横行，假借营兵，放债取利"。尽管清政府对王公以下文武大小官员与家人"强占关津要地，不容商人贸易"等非法行径，做出按不同等级处以不同刑罚的规定，如纵容家人的藩王，就得罚银一万两，而实际上藩王及其所属官员家人照样我行我素，权比法大。

福建盛产渔盐，利润是天下最高的，百姓靠此谋生。耿藩命令他的部下私自充当盐商，横征盐课，垄断盐利，潜行海外，肆行无忌。并且横征暴敛，抽税称之为总牙,每一处的市镇关隘所在,米每担一分,柴半分,果子、丝、布、纸、竹、木料、棕、油等类,照例交税。乡间山县,挑一二担杂货,不交税都不让通行。当铺、牙行、盐商等各个店铺的买卖,都有藩王的一份。藩下所属私市私税,每年所获银两,不下数百万。另外掠夺的土地,买卖的女子,都不知道有多少。三藩在当时可以说是富甲天下。

其中平西王吴三桂的经济活动范围则更加广泛。他以云南地方荒残为借口,为自己圈地,事实上,在1667年,清政府就早已停止了圈地,但是为了解决平西王藩下兵丁的口粮问题,清政府特允许吴三桂在云南圈占土地。于是藩下官兵侵占民田,据为己有。致使当地老百姓被逼迫着迁徙流亡,生活无着落。

这就造成了云南大批拥有土地的农民沦为了藩下官兵的佃户。吴三桂还私自铸钱,一方面停铸云南厘字钱,另一方面按康熙钱的式样,铸行汉字制钱。当新制的样钱刚颁发,云南刚刚兴起鼓铸的时候,清朝政府就命令其停铸。吴三桂立即向清政府提出,云南市场交易只相信这种钱,没有这种钱,非常不方便。于是,他又得到鼓铸新钱的权力。同耿、尚二藩一样,吴三桂也遣"其藩下旗员多领资贸易四方",或贩卖私盐,大发横财。

并且三藩的俸禄和兵饷开支浩大,成为清政府最为沉重的负担。在顺治帝末、康熙初,国内的战争主要集中在云贵和闽浙地区,军费开支猛增,尤其以云南最为突出。这里聚集着大量清兵,除吴三桂的军队之外,还有满洲兵、绿旗兵,复屯数万。尤其是云南地区偏僻,经历数省,路途遥远,运输困难,费用昂贵,导致该地区米价每石二十多两。

吴三桂"功最高,兵最强,受朝廷恩礼亦最多",在用钱方面,朝廷就对他采取"户部不得稽迟"的优容态度。康熙在儿时就经常听父亲顺治帝不经意间在他面前说,这三位藩王太能花钱了。在顺治帝后期,清政府给三藩的钱几乎占去了全国税收的一半。

康熙作为一国之主,过日子从来不奢侈,能节省的就节省,跟三位藩王富得流油的日子完全没法比。而三藩跟朝廷要钱的理由也极为简单，那就是要打仗，打仗这种事本来就不好说，而且是个无底洞。云南地处偏僻，山高皇帝远，具体打没打仗，皇帝也不清楚，所以吴三桂那里是经常战争状况很严重，情况很紧急，你朝廷得给钱、给权。

三藩用起国家的钱，一点儿也不客气。康熙扳倒鳌拜后，经过一系列的措施整顿，人民的生活水平提高了不少，给三藩的钱也不那么大方了，但是仍然占去全国税收的五分之一。如果给钱能够解决问题倒也罢了，康熙算是看明白了，这是拿着国家的钱养了一群狼，将这群狼喂饱了，反过来就会咬自己一口。长期这么下去，国家一旦发生灾情等特殊状况，国库根本拿不出钱，到时候再去剥削老百姓，就可能将老百姓逼得造反，甚至刚刚稳定下来的大清朝很有可能被赶回关外。

这个“后果到底有多严重”在康熙的心中分量很重，甚至令康熙感到害怕。国家用钱养了一群狼，最终很可能被逼反，用国家的钱武装起来的人马和武器反过来咬自己一口，康熙在心中问自己，如果不逼吴三桂他们，他们能不反吗？这个问题在康熙心中的回答只有三个字：“不可能！”

三藩位尊权重，他们拥有军事、政治、经济方面的种种特权，长期专制一方，逐步形成同中央相对抗的封建割据势力，同时，三藩的倒行逆施，也给社会带来不安定因素。既然三藩一定会造反，现在他们已经具备了这个实力，配备了大量的军队和先进武器，大量储备粮草也反映出他们的野心，一场国内的动乱是不可避免了。既然这一切不能避免，康熙决定先发制人。

将计就计，顺势下达“撤藩”令

平南王尚可喜在广东，靖南王耿精忠在福建，都手握重兵、独霸一方。三藩之中势力最大的是平西王吴三桂，他坐镇云南，虎视中原，私自煮盐铸钱，四处招兵买马，又用“西选官”的名义把心腹派往云贵川陕各省，触角直伸到康熙的鼻子底下。

康熙目睹三藩势力逐渐形成尾大不掉的态势，鉴于历代都有藩镇势力强大，屡屡作乱的先例，这引起了康熙的高度重视。他一直把解决三藩问题当作头等大事，为此绞尽脑汁。康熙五年（1666），清政府裁除三藩用人替补的权限，云贵、广东、福建文武官吏的升降、调度一概归吏部和兵部两部管理，在财政方面，康熙也开始给予一定的限制，虽然每年还要像以前一样拨款，但是从数额上减少了很多。

为了牵制三藩的权力，康熙在亲政以后，委派大吏出任云、贵、广东、广西和福建等地的总督、巡抚。康熙限制藩王的意图很明显，吴三桂为了麻痹康熙对他的戒备，曾以“眼睛出了问题”为借口，要求清政府解除他云、贵两省的事务。康熙也立即下旨表彰他功勋业绩，并对他日夜操劳表示了深切的慰问。

康熙一方面安插人手，将部分的行政、军政的权力从三藩手中收归到中央，另一方面又竭力做出信任三藩的样子，笼络他们，康熙七年（1668），将吴三桂的儿子吴应熊提拔为少傅兼太子太傅，另外耿聚忠、尚之隆也被提拔为太子太傅，同时，康熙还派遣吴应熊回云南探视他的父亲吴三桂。

康熙下诏，命三位藩王于康熙九年新正之际，入京觐见。他准备按照伍次友给他留下的“撤藩”方略，先礼而后兵，彻底割掉这三颗毒瘤。

康熙同时召三藩觐见，本意是效法赵匡胤席前夺兵的故事，但吴三桂称病不来，康熙的夺兵计划便不能施行。他那热得发烫的心也只好凉了下来，代之而起的是难以压抑的愤懑。他忍着一肚子的气，在乾清门和颜悦色地接见了代父行礼的吴应熊，又赏银子又赐药，下诏慰谕“病”了的吴三桂。

中国历朝的开国史上，鸟尽弓藏、兔死狗烹的事不断地重演，三藩的心中也是阴影重重，为了保存自己，他们各有各的戒备，并有意地在一定的范围内做出交权的举动。尽管康熙努力地削弱三藩的权力，三藩也在不损害自己根本利益的情况下做出让步，但核心的军事问题没有真正地被触动。

以吴三桂为最的藩王管辖区，依旧是独立的王国，这对清政府的统一构成了严重的威胁，尤其是康熙看到国内存在着许多不安定的因素，如果不能尽快解决三藩问题，那么整个清政府就有可能被突发的状况搞得崩塌。

就在此时，尚可喜上疏，提出回辽东养老的请求。康熙接到尚可喜的奏疏心中大为高兴，立即批复，表彰了尚可喜为清政府立下的汗马功劳，表示甚是欣慰，同时，康熙表明广州大势已定，藩下的官兵家口如果做迁移，需要等到政府开会商议后才能决定。同时否定了尚可喜要求其子继承王爵的要求。

既然这是个机会，康熙不准备再忍下去了，然而会议并不顺利，“撤藩”的议题一扔出去，就引起了极大的争论。以索额图为代表的一部分大臣坚持用和平的方法来解决三藩问题，毕竟国家安定的时间还不长，需要休养生息，不能再打仗了。对这种想法，康熙很不认同：第一，人家不会送上门来等着你剥夺他们手中的权力；第二，尤以吴三桂为重的藩王实力越来越强大，难道他们所做的一切就是只为等着老死？显然这是不可能的。另有一小部分大臣是以明珠为首的主战派，在朝堂之上，主战派和主和派吵得不可开交。

康熙听着大臣的争吵，缓缓地说道：“撤也反，不撤也反，不如先发制人！”这些大臣明白了皇帝的心意，康熙又接着说道：“长痛不如短痛，把他们一次性解决掉！”这下，两派也不吵了，既然皇帝下决心了，他们赶紧开始研究如何“撤藩”。

尚可喜请辞养老并非说辞，他是真的想回老家养老的，早在顺治帝在位时，他就表达过这个意愿，但是顺治帝没有同意。养老归养老，只是个人辞职的事，令他没有想到的是，康熙将他的军权剥夺，整个藩王都撤掉了。

事到如今，尚可喜也无可奈何。而这件事，吴三桂的儿子吴应熊早在尚可喜递上退休的奏折时就通知了他父亲，很快，康熙“撤藩”的决定在朝廷内迅速传开，吴三桂和耿精忠可没有尚可喜退休的念头，他们还要接着干呢，这怎么办？

既然康熙撤了尚可喜的藩王，又怎么会允许他们两个单独存在。吴三桂与耿精忠思前想后，先一步上书表示，他们也要退休，意在试探康熙，是不是真敢撤掉他们。令他们没想到的是，康熙这次还真不是开玩笑，既然你们要退休，那就让你们好好养老吧，多给你们点儿退休金。

接着，康熙就着手部署迁藩事宜，连续向兵部、吏部、户部发出指令，命令他们做好“撤藩”的善后工作，同时，康熙差遣礼部左侍郎管右侍郎事折尔肯、翰林院学士兼礼部侍郎傅达礼前往云南，户部尚书梁清标前往广东，吏部右侍郎陈一炳前往福建，经办“撤藩”事宜。

同时康熙诏谕称颂吴三桂一生的功绩和一片忠心，同时表明了他“撤藩”的思想和政策：自古帝王平天下，四海安定，休息士卒，使封疆重臣颐养天年，平西王年事已高，不能总在荒蛮之地待着，朕给你准备了丰厚的退休金和豪宅，你的王爵也给你保留着世世代代承袭下去，赶紧收拾收拾东西北上，共享君臣之乐。

“撤藩”令一下，吴三桂顿时瘫软，呆若木鸡，他没料到康熙竟然真敢同意他的请求，弄假成真。做完这一切，康熙的心中也绷紧了一根弦，接下来的事情会向哪边发展呢？他不相信吴三桂能乖乖听命“撤藩”，但心中还是抱着一丝期望。

严峻考验，吴三桂起兵造反

康熙的“撤藩”令让吴三桂措手不及，在极度的悲愤和慌乱中缓过气来的吴三桂，还是很快冷静了下来，严酷的事实让他清楚地看到自己眼前只有两条路可以走：一是顺从康熙的旨意，同意“撤藩”；二是不顺从康熙的旨意，抗旨不遵只有谋反一条路可以走。

吴三桂清楚地知道自己拥有的权力、荣誉和财富，是依靠手中的军队和军权，一旦失去军队和军权，只能任人宰割。现在他拥有的一切，都是戎马一生，浴血疆场换来的，并且费尽心机，用一生的时间来经营和巩固这个独立王国，维护自己的既得利益。

吴三桂害怕一旦失去权力，就只能顺从清政府的摆布，前途难料，命运也不再把握在自己手中。而且，属下兵将都是从孙可望、李定国和张献忠部投顺过来的百战劲旅，死心塌地地跟随自己，如今他的党羽遍布各省，云南十镇大帅、贵州提督李本深、四川总兵吴之茂、陕西提督王辅臣等都是他的心腹，一旦举兵造反，部下无所不从。

而现在的清政府呢，开国大将老的老，死的死，康熙还年轻，根本不足顾虑，虽然儿子吴应熊还在北京，但是他儿子刚娶了公主，朝廷肯定不会杀，吴三桂越想越觉得自己起兵的话，稳操胜券。吴三桂周围的核心人物也都愤愤不平，他们追随吴三桂，都争得了权位，如今有了土地、房屋、奴仆，有

孙可望

一大群的妻妾儿女。如今一旦离开这个安乐窝，到辽东那个偏僻的地方，去重建家园，谈何容易。

他们纷纷向吴三桂进言，大王威望、兵力天下第一，只要举起反清大旗，必然天下震动，到时候把世子吴应熊、世孙吴世霖设法从北京弄回来，就可以与清政府划地讲和，这是汉高祖刘邦的“分羹之计”。

虽然如此，吴三桂还是有些犹豫不决。他有个谋士叫方光琛，很有谋略，他自比管仲、诸葛亮，与吴三桂是世交，平时两人常常论文讲武，评论时事，吴三桂十分器重他，吴三桂第一日上门去见方光琛，稍微透露出想要谋反的心意，方光琛没说话。第二天，吴三桂上门向方光琛明示了谋反的意向，征求他的意见，方光琛还是不说话。第三天，天还没亮，吴三桂又去拜访他，方光琛还没起床，吴三桂就坐在他的床边，十分焦虑地询问谋反的事。

方光琛见吴三桂反意已决，就起身纵论形势，对天下大势了如指掌，吴三桂大为兴奋，拜方光琛为学士中书，专门负责运筹帷幄。

既然已经决定要造反了，那就赶紧准备准备吧。吴三桂派亲信扼守云南关口要道，来往车马行人，只能进，不能出，严密封锁消息。明面上，他听命配合“撤藩”，派人拖住折尔肯等钦差大臣，表示愿意配合“撤藩”，但是一再拖延迁移行期。

为了顺利地策动谋反，吴三桂特意设宴，宴请诸将。酒过三巡，菜过五味，吴三桂慢慢起身，仰天长叹，悲愤地说道：“老夫与诸位共事多年，现在四海安宁，我们已经没有用武之地了，皇上要将我们迁移到偏远地区，今天设宴与大家叙叙旧情，不知道以后还能不能再见面了！”说完，吴三桂老泪纵横。这些人都是吴三桂的心腹亲信，已经扎根在藩地，切身利益与吴三桂紧密相连，一荣俱荣，一损俱损。康熙下达“撤藩”令，令他们终日惶恐不安，眼前情景，让他们潸然泪下，一时间，将领们满腔悲愤，起身向吴三桂道：“愿听吴王旨令，约期待变。”

收拢了将领们的心，吴三桂开始思考造反的借口。要举兵反清，依然要借用复明这面旗帜，这样才能激发潜在汉族官兵和广大汉族人民心中的民族情感，将他们吸引到反对满清政府的阵营中来。这一天，吴三桂与诸位将领换上汉官服饰，聚集在永历的陵墓之前，放声痛哭，大声陈述自己当初的行为是无奈之举，当时明朝已经崩坏，自己没有勤王讨贼的兵力，才不得借用清兵之力剿灭李自成，为明朝皇上报仇，而清政府背信弃义，违反盟约，才造成今天的结果。吴三桂哭得趴在地上起不来，三军恸哭，响声震天。

随后，吴三桂下令属下兵将在郊外阅兵，军容肃然。吴三桂披甲上马，连发三箭，连中靶心，显示出自己老当益壮，武艺体魄不减当年。同时吴国柱擒杀巡抚朱国治，将他碎剐于市，将折尔肯和萨达礼两位钦差大臣软禁起来。

一切准备就绪，吴三桂命官兵蓄发，改换衣帽，用朱国治的头颅祭旗，自称“天下都讨兵马大元帅”，沙场点将，秘密联系同党与旧部，致信耿、尚两藩，策动他们举兵伐清，随后发布了一道讨清檄文，号召天下各方起兵响应。

檄文强调清军入主中原，完全是违背盟约的结果，极力为吴三桂脱罪，檄文中将清朝皇帝视作窃国大盗，而吴三桂只不过是犯了“拒虎迎狼，抱薪救火”的失误。为了挑动人民的反清情绪，檄文极力夸大清朝统治无道，以致天怒人怨，宣称他的反清行为是伐暴救民，顺应天意的正义之举。尽管檄文用委婉曲折、慷慨激昂的言辞，极力地渲染着吴三桂对明朝忠心不贰的丹心，但是吴三桂先是背叛明朝，现在又反叛清朝的行为在人民心中刻下了很深的烙印，这是任何谎言都磨灭不了的，从本质上来说，这个檄文显得苍白无力。

不过，这在当时对挑起满汉之间的民族矛盾仍然具有一定的影响，尤其是国内局势尚未安定，心怀鬼胎的人不在少数，在清政府毫无防备的情况下，导致吴三桂举旗反清，天下震动，檄文一传，四方响应。

吴三桂起兵后，长驱直入，突袭贵阳，云贵总督文焜得到吴三桂谋反的消息后，一面安排人手向康熙报信，一面组织人手抵抗叛军，但是手下兵将受到吴三桂的策反，不听命令，无奈令妻室七人自杀，自己带着十几个骑兵连夜赶赴镇远，镇远守将此时已经归顺了吴三桂，文焜无奈渡河到了吉祥寺，被叛军包围，自缢而亡。吴三桂轻取贵阳，发兵镇远，向湖广挺近。

得到吴三桂造反的消息，清政府举朝震动。康熙叹息一声，心中对吴三桂抱着的最后一丝幻想也最终破灭了。这位不满二十岁的年轻帝王，将面临严峻的考验，背负起清朝政权生死存亡的重担。

运筹帷幄，高效的战略部署

清政府在连续接到吴三桂举兵造反的奏报之后，举朝震动。索额图代表多数大臣的意向，向康熙奏请诛杀建议“撤藩”的一些大臣，试图用谢罪罢兵的方式谋求同吴三桂和解。康熙立即拒绝此建议，他认为“撤藩”是他亲定的决策，不能因“撤藩”而引发的吴藩叛乱，委罪于建议“撤藩”的大臣，康熙对“撤藩”问题很明确地指出：“撤也反，不撤也反！”更何况在议政王大臣会议上讨论有关“撤藩”问题时，并没有人提出“撤藩”会导致吴三桂举兵反叛的意见。

虽然康熙认为三藩反叛只是早晚的事，但是吴三桂的猝变还是令康熙和大臣们措手不及。康熙冷静地分析了当前局势，既然要除掉三藩这颗毒瘤，早晚都要面对这种情况，所以叛乱并没有影响到康熙铲除三藩割据势力的坚定决心。

康熙立即下令停撤平南、靖南二藩，召回派往广州、福州履行“撤藩”的梁清标、陈一炳。力图稳定这三股独霸一方的割据势力。经过与大臣的商议，康熙决定调派八旗精锐前往荆州阻截吴三桂的军队渡江，并把荆州作为征剿吴三桂军的大本营和前哨阵地。康熙认为荆州是长江南北的咽喉之地，具有十分重要的战略地位。他任命多罗顺承郡王勒尔锦为宁南大将军，统领多罗贝勒察尼，都统觉罗朱满、觉罗巴尔布，护军统领伊尔度齐、额尔泰，前锋统领硕岱等大批满洲八旗将领以及部分汉将前往荆州。为了应付湖广紧张局势和安定该省的人心，令前锋统领硕岱日夜兼程奔赴荆州。随后，由荆州挺进常德，对叛军形成威逼之势。接着，又命都统觉罗巴尔布、护军统领伊尔度齐、额尔泰等人率领护军骁骑赶赴荆州，同硕岱共同防守。

同时，康熙调动全国各方兵力迅速完成战略部署，防守各个战略要地。

广西邻近贵州，原由孙延龄驻守。孙延龄是孔有德的女婿，在孔有德战死桂林后，康熙任命孙延龄为镇守广西将军，统辖孔有德旧部，驻军桂林。此刻，康熙特授孙延龄为抚蛮将军，以缘国安为都统，命令其统兵固守广西。

与云南接壤的四川是吴三桂军必然侵犯的地方，康熙命西安将军瓦尔喀率军连夜疾驰四川，郑重地交代瓦尔喀说："你必须坚守从云南到四川的所有关隘，拒敌四川之外，等待我大军清缴云南叛军的时候，伺机而动，形成合围之势。"随后，又任命都统赫业为安西将军，率兵同将军瓦尔喀等由汉中入蜀，护军统领胡礼布为副将军，与署前锋统领穆占、副都统颜布一同前往。

清军由汉中入蜀将康熙的意图体现得十分明显，退可以阻挡吴三桂军由四川向陕西进军，进可以乘机向云南征讨。除重兵防守四川外，还特别重托陕西总督哈占、提督张勇和王辅臣，要他们严密防守西北边陲，不能给敌人任何可乘之机。

同时，康熙对江南、江西一带的江防十分重视，康熙说："江南沿海临江，战略地位十分重要，要做好充分的准备，江西水陆都与楚闽接壤，适合防守。"当江南、江西总督阿席熙上疏请命，要求调集所属官兵征讨叛军时，康熙命两省官兵不得擅动，严令阿席熙以及镇守的将领整顿兵马，固守扼要之处，加强侦察防范。安庆也是江南上游战略要地，康熙令江宁将军额楚、镇海将军王之鼎，各自派遣一员副都统领兵千名，由水陆防守安庆，命尼雅翰将军率领精兵六百名迅速抵达安庆，统领各部。

清军固守江南、江西，可以阻止吴三桂军东犯江、浙，保卫东南财赋地区，保证军需物资征集的可靠来源，具有重大的战略意义。尤其是在后来耿精忠叛变后，吴三桂企图与其打通一气、合力夹攻江西时，早有准备的清军，才得以切断耿、吴两军的联合，把耿军限制在浙赣交叉地带，不能向长江进军一步，吴三桂军东进不得，形成有利于各个击破的战略态势。

作为调遣军力应援各方的机动力量，康熙在兖州、太原屯驻重兵。如果进兵征讨楚、蜀的叛军需要援兵时，从北京调兵不但难以快速到达，而且兵马劳顿，战斗力大打折扣。兖州与江南、江西、湖广等地较近，太原与陕西、四川等地较近，需要援兵，可立即发兵而至。

这样一来，就可以做到兵力源源不断地支应前方，消除了鞭长莫及的忧患，还没有了远征劳顿之苦。后来，随着军事发展的需要，康熙又增设河南府为屯兵据点，河南是四达之地，距潼关、郧、襄皆近，在河南屯兵，以作策应。

康熙还命诸路大军设笔帖式，驰递军情。为了保证各地军事情报能迅速无误地送达京师，随时掌握各个战场的形势，便于提出正确的作战策略和计划，更好地指挥战争，康熙下令兵部于驿递之外，每四百里，设置笔帖式、文书，驿递以每日千里的速度将各地军情呈报给康熙，每日军报都有三四百疏。康熙亲批口谕，指挥各路大军，并且做到了上下畅达，命令无延迟。

康熙考虑到陕甘等地是西北地区的重镇，而驻防在这里的汉将、汉军有些与吴三桂有着密切关系，为了防止吴三桂的策反和叛乱势力的渗透，康熙特命陕西总督哈占、提督张勇和王辅臣等：逆贼吴三桂正在乱发伪书煽动、迷惑人心，你们当清楚明白地告诉官兵和百姓，令他们不要听信谣言，受叛贼蛊惑，你们都是我的股肱之臣，御敌边境，安抚民心，就靠你们了！同时，告诫镇守陕甘等西北边疆的汉军统帅，务必警惕吴三桂的策反，康熙把他们视为朝廷的心腹，给予充分信任。康熙的做法对抵制吴三桂反叛势力的渗透蔓延，巩固以陕西为中心的西北边防，起了重大作用。

潼关古城西门楼

康熙一再发布谕令文告，反复强调对于与吴三桂及其反叛势力有牵连的官吏和人绝不株连。在吴三桂反叛后，之前那些吴三桂的下属，或者现在直隶各省任职，或退职闲住的文武官员，都心中忐忑不安，怕因此受到株连。为此，康熙特命吏、兵两部将自己的意思传达下去，明明白白地告诉他们：吴三桂叛逆之事与你们无关，就算父子兄弟现在在云南，也不会株连治罪，自今以后，各自奉公职守，不用再猜忌了。

并且，康熙在削除吴三桂王爵的诏书中指出，“云贵的文武官员，不要听从叛贼引诱威胁，即使曾经受到叛贼蛊惑，只要能够认罪悔过，将既往不咎，不予治罪”。对于陷落区的文武官员和老百姓中那些“割辫去缨，以图幸免”的，康熙也从“事起仓卒，情有可原”出发，一概赦免不究，当官的继续当官，当兵的继续回归原有部队，百姓各回各家过日子。

康熙在吴三桂叛乱不久后，就下诏削除了他的爵位，在向云贵文武官员和军民等的宣谕中，历数了清朝政府对他的特殊恩宠，斥责吴三桂径行反叛，致使生灵涂炭，可谓“理法难容，人神共愤”，把斗争的主要锋芒只对准反叛的罪魁祸首吴三桂和他的死忠。

虽然在吴三桂猝不及防叛乱面前康熙冷静地布置了这一系列具有战略性的措施，但由于事起仓促，没有预先防范，导致吴三桂的反叛势力在短时间内发展得极为迅速。吴三桂占领贵阳后，迅速进兵湖南，逼近沅州，援军未到沅州就已经陷落，镇守沅州的总兵官蔡世禄被擒。巡抚卢震吓得丢弃长沙，康熙得知后将卢震处以死刑。

接着吴三桂亲至常、澧督战，吴三桂军兵临城下，清军即举城投降，随后吴三桂军轻而易举地拿下常德，接着马不停蹄进兵澧州。吴三桂从康熙十二年（1673）底，到康熙十三年（1674）三月，在短短三个月时间内，接连攻陷沅州、常德、辰州、长沙、衡州、岳州等战略重镇，迅速将湖南全境掌控于手中，沿江与清军大本营隔荆州相望。

到目前为止吴三桂蓄谋已久的叛乱是兵锋所指，四方响应。四川巡抚罗森、提督郑蛟麟、总兵谭洪、吴之茂等攀附吴三桂，孙延龄于广西举旗反叛，耿精忠于福建反清，陕西提督王辅臣、广东尚之信等也相继反叛，清朝政府的形势岌岌可危。

而此时，清军还没有形成集结之势，而江北已是风声鹤唳，如果吴三桂此时利用这一有利形势，渡江北上，康熙和他的清军将面对难以应对的局面。但吴三桂军到松滋后，屯驻了三个多月，屯兵不进。吴三桂的谋士刘玄初写信促他渡江，同清军展开决战，吴三桂却置之不理。

战争向来是政治的继续，长期以来吴三桂就蓄意割据云贵，并为之付出不少心血，康熙“撤藩”令一下，粉碎了他独霸一方的政治企图。现在，他已控制了云贵和湖南全境，兵势已达长江南岸的湖北松滋，吴三桂自忖凭借自己的兵威足可同清朝分庭抗礼。此时他企图以停止北进为条件，通过和谈，以实现割据长江以南和夺回一子四孙的目的。并且，吴三桂知道满洲骑兵的厉害，在平原作战他没有把握，因此不敢渡江，驻兵虎渡口。而吴三桂的这一目的很自然地受到康熙的严斥，此事也绝了康熙对吴三桂归降的期望。

吴三桂很迷信神灵。据说，吴三桂军到澧州时，正遇到雷电交作，一声霹雳，闪电击中吴三桂乘坐的那辆车子，连车夫的衣帽须眉都烧焦了，吴三桂有些胆寒，禁止人们谈及这件事。后来，他听说衡山有座岳神庙，庙里藏着像铜钱那样大小的一只小白龟，当地人奉它为神灵，放置在帏中，向它占卜吉凶祸福，十分灵验。吴三桂听了亲自前往衡山岳神庙，虔诚地向龟问卜。他把全国山川地图铺放在神座前，将小龟放在地图上默默祝祷，全神贯注地注视着龟的走向。小龟在地图上蹒跚而行，始终不出长沙、岳州、常州之间，最后回转到云南停止。如此占卜了三次，都是一样，致使吴三桂更相信自己以云贵为根据地，实现割据长江南端的设想是符合天意的。

就这样，吴三桂失去了有利战机，而康熙则利用占据全国统治的优势地位和吴三桂给予的缓冲时间，极快地完成了他的战略部署，集优势兵力向岳州、长沙发动了强大的反击攻势，从战略被动防守转向战略围剿。

吴三桂的猝然反叛的确令康熙和他的大臣们措手不及，但这并没有动摇康熙铲除三藩割据势力的决心，他面对朝廷诸位大臣要求诛戮建议“撤藩”大臣的偏激情绪及其震慑于吴三桂气势汹汹的军事势力的恐惧心态时，镇定自若，冷静思考，既保护了坚持“撤藩”这一正确主张的少数大臣，又集思广益，从容地做出军事、政治等方面一系列正确的决策，展现出这位年轻帝王的清醒、坚定、果断和胆略。

孤立敌人，明确的政治策略

“撤亦反，不撤亦反。”康熙对三藩的这个情况很清楚，但在心里还是期盼着这不过就是一句空话，吴三桂装模作样地“撤藩”也成功地蒙蔽了他，就在他毫无准备的情况下兴兵造反，打了康熙一个措手不及。对于康熙来说，这是耻辱。

没有选择，不是你死就是我亡。康熙得到吴三桂反叛的消息后，冷静果敢、雷厉风行，召集议政大臣商量如何派遣大军以及后续部队怎样增调到前线等问题。而目前清朝政府在面对吴三桂兵强马壮的叛军丝毫不占优势，出现任何差错都可能会导致清政府被重新踢回关外。

军事上的劣势以及没有及时的防范措施，令清政府一时间风声鹤唳，康熙冷静的决定在政治上，把倡乱的祸首吴三桂作为主要敌人，对于倡乱的追随者、胁从者，或受牵连的无辜者，根据具体情况和当时形势的变化制定不同的对策，予以分别对待，争取团结更多的动摇者，分化瓦解敌人，以达到最大限度地孤立吴三桂，加速消灭敌人的目的。

于是他连续制定出以下政策：

1. 下令办理“撤藩”的钦差大臣回京，停撤耿家和尚家的藩地，让他们固守在自己的地盘上。都已经造反一个了，撤不“撤藩”已经没有意义了。

2. 隶属吴三桂手下的所有官员，不管是在职的还是退休的都不要害怕，政府不会因此株连到他们，安心做好自己的本职工作。

3. 扣押吴应熊。康熙知道吴应熊是个间谍，为了防止他给外头通风报信，果断地将其羁押。

4. 诏告天下，吴三桂已经成为反贼。康熙一边用好处笼络各地官员，让他们尽心办事；一边警告他们要好好工作，如有纰漏后果很严重。他亲自对三藩附近的地区进行了部署，用“重赏”及“重用”来激励这些地区的军队，希望他们可以勇敢作战。

5. 削掉吴三桂的王爵以及朝廷以前给他所有的名号，同时向天下人发出告示。告示的主要意思是，清朝政府一直对吴三桂厚爱有加，却没想到吴三桂忘恩负义，对于吴三桂这样恩将仇报的叛徒，只有一刀杀了他才对得起天下和道义。

康熙铲除三藩的决心坚定，许诺重金买吴三桂和他心腹大臣的脑袋。对于吴三桂的所作所为，康熙已经烦了也怒了，对吴三桂这个人，他不再抱任何的幻想。

清政府在六天内完成了这一系列关于军事、政治方面的措施，堪称神速。其中绝大多数的提议和决策都是康熙亲自拟定的。这让吴三桂怀疑政府早有准备，如果毫无准备绝对不能做到这种程度的应对。而事实上吴三桂低估了康熙的能力，虽然他知道康熙把鳌拜扳倒了，他也知道鳌拜是什么人物，但他仍然没将康熙放在眼里。吴三桂认为康熙扳倒鳌拜只不过是用了个小孩子的手段，而这次可不是小孩子玩游戏了，作为一个没有在战场上打过一次仗的小孩子，面对自己的雷霆手段，应该吓得瑟瑟发抖才对。

吴三桂本来以为他的突然起兵，一定会吓坏这个小皇帝，让清政府手忙脚乱，惊慌失措，然而康熙的这些应对都不像是一个嫩手的所作所为。而且康熙迅速反省了自己的错误，清醒地对他人区别对待，与尚家和耿家重修关系。在目前形势下，不能把更多的力量推到敌人的一边，而是要用一些手段争取来可以争取的朋友，孤立敌人。吴三桂再厉害，如果没有别人的帮衬，也不过是“断雁难鸣”。

战争一开始，康熙就将大权放给汉王孔有德的继承人孙延龄，让他在北面牵制叛军。孙延龄本来是孔有德手下的一个无名小卒，后来在战场上表现勇猛，得到孔有德的欣赏，不断加薪升官。后来孔有德觉得他值得栽培，就将自己的女儿嫁给了他。在孔有德死后，孙延龄统领了孔有德旧部，成了大将军，觉得今非昔比的他，开始做些杀人犯法的勾当。朝廷的人提议撤三藩时把他也撤了。虽然康熙也看不起这样的人，也决定撤了他，但如今吴三桂造反，康熙决定对他委以重任。

一场争夺战拉开序幕，康熙和吴三桂都在竭尽全力拉拢各方势力。康熙冷静应对，一系列政策的发布影响着战争的走势，将战局缓缓地转向对自己有利的方向发展。

内外交困，过人的胆略决心

吴三桂挥军北上，兵分两路出发：一路由马宝、吴国柱经沅州进逼湖南；另一路由王屏藩率领，进军四川，逼近陕西。

由于沅州兵力空虚，吴三桂进军速度太快，没等清政府的援军赶到，沅州就已经沦陷。这样一来，澧州与辰州之间的交通就被切断了。吴三桂这次的雷霆手段将清军吓得不轻，从此以后，众多清政府的官员一个个心惊胆战，只要听到什么风声，不是抗敌而是望风而逃。长沙巡抚卢震在敌人还远在沅州时，就被吓得跑到了岳州。康熙一怒之下将其治罪问斩，并又迅速下令都统觉罗朱满领兵火速赶往武昌，稳定人心，守护武昌重地。

虽然康熙恩威并施，但是当军容整齐的吴三桂军兵临城下时，清政府允诺的援兵还没有到，在这种情况下，守城将领黄正卿、陈武衡毅然决然将所有部属和城池一股脑地都献给了吴三桂军。有了长沙的先例，其他地区的将领开始纷纷效仿，背叛清政府，投靠吴三桂。

清政府援军迟缓，也是导致长沙守将背叛的原因之一，如果按照康熙的旨意，援军能够迅速到达的话，也许结果就会不同。但是这些援军在危急关头公然违抗旨意迟迟不前，害怕与吴三桂的军队交战是清政府前线军队的状况。在这种状况下，吴三桂军又轻松地得到了重镇岳州，短短三个月，吴三桂军长驱直入，汉人将领不是逃跑就是投降，吴三桂大军兵锋所指，如履平地。

康熙被逼入了绝境，如果按照这个趋势发展下去，满人岂不是要被逼回草原老家。然而，面对这样的绝境，依然没有动摇康熙的决心。

当吴三桂军攻陷了常德、澧州时，康熙就注意到了一个叫杨来嘉的人，命大将军勒尔锦小心盯着这个人。在吴三桂军拿下长沙以后，这个杨来嘉就和一个叫洪福的人搭上了线，两人密谋起兵造反。康熙对兵部说，郧阳这个地方山谷很多，杨来嘉如果真的造反，就很有可能和吴三桂军进攻这个地方，要往这个地方多派些兵。果然杨来嘉、洪福起兵后，洪福就带兵攻打郧阳，他还以为这里还是老样子，没有什么兵。然而郧阳早有准备，打了二十多天也攻不下来，洪福害怕了，带兵去找吴三桂军。康熙既然已经猜到了他们的叛变，就不容许他们逃脱，随后剿灭了这支叛军。

康熙担心的不仅仅是湖南，还有四川。然而没等他派去的兵将抵达四川，就传来四川提督郑蛟麟与川北总兵官谭弘合谋叛变的消息，康熙忍着怒火，还是用心平气和的语气劝他们悔悟，并表示只要他们悔悟，就既往不咎。

有吴三桂军的地方，就有清政府官员的大片倒戈，就有清军的逃亡和溃败。在后方没有吴三桂军的地方，康熙也看到了可怕的一幕，京城的百姓也开始骚动不安，出现越来越多的暴动。

康熙注意到一个叫杨起隆的人（清政府官方记载本人原来是个“市井无赖”），此人先改了一下自己的族谱，自称“朱三太子”，然后秘密串通有“复明”大志的人，迅速集结了大量人手，最后杨起隆决定在北方呼应吴三桂起兵，只是他没想到自己已经被皇帝盯上，连老窝一起被康熙端掉。

端掉杨起隆后，康熙又得知一个惊人的消息，河北总兵蔡禄有谋反之心。

蔡禄制作了很多鸟枪，买了不少骡马，并大张旗鼓地训练士兵，对外称自己带兵捕鱼，闹出很大的动静，而其真正的心思也搞得路人皆知。不过在惶恐情绪蔓延的情况下，也没有人有心思告发。

康熙将计就计，派大臣阿密达带着大军去河北关心下这位总兵鱼捕得怎么样了，为什么天天吃鱼吃个没完没了。阿密达到了以后，蔡禄没有出门迎接，阿密达则直接奔到蔡禄办公的地方，迎接阿密达的是大量的弓箭和火炮。阿密达是有备而来，直接将蔡禄一家擒获。

康熙听到阿密达得手的消息，松了一口气，同时令谕："要处置蔡禄先要收集足够的证据，现在国家形势纷乱，这次的事件不能搞大，只诛首恶，重赏有功和受伤的人。"

按照康熙的旨意，阿密达找到了充足的证据，向天下人公示，使天下人信服。根据第二点，他没有牵扯株连九族的大罪，稳定了人心。康熙对这件事的处理，也令百姓安心了许多。从这件事完结以后，北京地区再也没有发生过叛乱的事情，大后方得到了安宁。

这两起秘密叛乱也影响到了朝廷内部，南方灾难不断，北方危机四伏，北京先后发生了几起大地震，太和殿起火，皇后赫舍里氏的死亡，在这种形势下，人心不安。原来主张不"撤藩"的索额图等要求处斩主张"撤藩"的大臣，用他们的命向吴三桂求和，至少也能作为缓兵之计。

朝中大臣中很多人已经雇了大车、小车，将自己的家眷和家产转移回了老家。如果皇帝执迷不悟，接着打，那就等战火延伸到北京后，再雇一辆车把自己也拉走，回到老家以后，他们的家产还在，老婆孩子还在，还能接着当官。

天灾人祸，内外交困，康熙仰天长叹，自己兢兢业业，对天下人，对天下事不敢有丝毫怠慢，却落得如此下场。站在高高的朝廷之上，看着那些恐怖的、愤怒的官员，康熙在大殿之上开口了，声音中透露出一股不可触犯的威严："主战是我的主意，杀这些人干什么？现在不是谈论杀哪个大臣的时候，难道敌人强大，你们就害怕得缩起来只知道闹内讧了！这是怯懦！我意已决，要同吴三桂拼个你死我亡。如果有人害怕，就说出来，我不会把他怎么样。如果不害怕，就跟着我走下去，不要再搞内讧，而应同心协力杀敌！”

捕捉机会，机敏的战争眼光

当初，吴三桂在云贵起兵谋反，康熙立刻就意识到和云贵接壤的广西非常重要，于是康熙任命孔有德的女婿孙延龄为抚蛮将军，命他阻止叛军北上。孙延龄对康熙的重用和信任也大表忠心，称决不辜负皇上的重托。

然而令康熙惊讶不已的是，没过几天孙延龄就反了。而他之所以叛变，并非觉得跟了吴三桂更有前途，而完全是因为个人恩怨。当初有个叫王永年的向朝廷告发他的罪责，孙延龄因此事对王永年耿耿于怀。现在，康熙重用了他，却也重用了王永年，这让他心里面很不舒服。

就在这个时候，孙延龄收到吴三桂邀请他共享荣华的一封信，孙延龄看到这封信后，既没有想背叛朝廷的后果，也没有想跟着吴三桂会怎么样，他只是为了报私仇，图个痛快而已。就这样孙延龄反了，跟了吴三桂。

康熙得知此事后，立即下旨向天下人公示：自顺治帝皇帝和自己登基以来给了孙延龄许多信任和恩宠。而你孙延龄原本不过是个出身低贱，并无多大功绩的碌碌之辈而已。朝廷因你的岳父孔有德才这样厚待你，然而，你孙延龄竟然是个以怨报德的小人，背叛朝廷。这种行为，为天下人所不齿。

康熙失掉了广西，他现在希望能够赢得道德上的制高点，收拢天下人心。道德支撑着社会，在天下百姓心中，尤其是在读书人心中，道义就是天。吴三桂就是用自己汉人的身份获得了众人支持，但吴三桂甩掉“大明”就甩掉了众多士大夫的心，康熙知道此时一定要拉拢天下人心，他们才是真正的靠山。虽然天下汉人居多，满人不占优势，但是至少康熙能做的就是不使目前形势恶化，进而慢慢扭转这种局面，化劣势为优势，才是明智之举。他这样做的目的就是问天下汉人：你们汉人遵从孔子，那你们是向着一个无德混账的汉人，还是向着一个有德的满人？

在报了私仇后，孙延龄的头脑开始清醒，觉得自己的做法有问题。更何况吴三桂根本就看不起他，于是他开始计划再反吴三桂，重新投靠清政府，谁知道这些动态让吴三桂发觉了，派人杀死了孙延龄，接管了广西。

叛乱发生后，康熙并没有把太多精力放在福建那边，因为在福建主事的是耿精忠。年轻的耿精忠曾经在京城干了许多年，与康熙的关系很不错。康熙平日里对他也非常不错，京城大臣中也有很多是他的朋友，平日里关系都还不错。康熙以为长期相处形成的感情使耿精忠已经成了自己人，所以没有对他做什么特殊的思想工作。然而，一个惊人的消息传到康熙的耳朵里，耿精忠在福建叛变了！

耿精忠的叛变令康熙备受打击，不过也令他愈加冷静。康熙先是公告天下，痛斥耿精忠忘恩负义的同时，指出这些叛将和他们的手下将区别对待，也将诸将主动当叛徒和被胁迫当叛徒的区别对待。另外，康熙还做了大量工作，争取将一部分叛将从敌人阵营中再争取回来，并承诺既往不咎。

耿精忠叛乱以后，郑经这个名字也跳到康熙眼前。郑经是郑成功的儿子，如今天下大乱让他看到了机会。很快，郑经受到耿精忠的邀请，来到福建。郑经很高兴，觉得大展身手的机会到了，拉上队伍就来了。然而没过几个月，郑经和耿精忠闹翻了。耿精忠自认实力强，在郑经面前要说了算，而郑经根本不服，自己的地盘和实力也不比他耿精忠小，凭什么要听他的。况且他耿精忠不过是个明朝的叛徒，有什么资格指手画脚。

郑成功的儿子郑经

郑经看不起耿精忠，就想直接和吴

三桂搭线。郑经对吴三桂的好感基于吴三桂对“大明”的忠诚上。但是郑经不知道吴三桂已经抛弃了大明，自立了大周。吴三桂听说郑经和耿精忠闹矛盾，于是派了几个人来调节他们的关系。令吴三桂没想到的是，通过这件事郑经知道了吴三桂自立为周王，根本就没有复明的意思，所以对吴三桂也没什么好感了。郑经觉得他们不过是一路货色，自私自利的叛徒。郑经手下一个大将刘国轩甚至指着两家的说客说：“我带兵来就是要打你们两家的！”

康熙万万没有想到给自己带来希望和机会的竟然是郑家这个宿敌。敌人内讧了，康熙怎会错过这来之不易的机会，立即下令加紧对耿精忠的攻击。在清政府的猛攻之下，不仅顶住了耿精忠的进攻，甚至收复了一些失地，清军的连连胜利加大了招抚成功的筹码，攻击的同时康熙还不忘加紧笼络人心，康熙紧绷的心弦也松了一松，借着敌人内讧的机会，康熙看到了获胜的希望。

大胆放权，超然的胸襟气魄

如今，吴三桂、耿精忠、孙延龄都反了，只有一个人没有反。这个人就是挑起“撤藩”风波的尚可喜。在大清面对无数困难、无数背叛的时候，尚可喜始终没有做对不起康熙的事。

当初“撤藩”令一下，尚可喜没有任何不满，收拾行李，就准备搬迁。因吴三桂谋反他才又安稳下来，站在了吴三桂的对立面。吴三桂很需要尚可喜，而且本来以为凭着两家的交情，还有两家的共同利益，尚可喜会很容易就和吴三桂绑在一起。但尚可喜竟然不为所动，尚可喜的做法让康熙大为感动，在一批批官员的背叛面前，尚可喜竟然还站在自己身边。

当初尚可喜请求辞职的时候，希望自己的儿子继承王位。而那时候康熙觉得应该借着这个机会把三藩撤了，就没同意。现在康熙知道绝不能失去尚可喜，所以他立即同意了尚可喜的请求，让他的次子尚之孝继承他的王位，又封尚可喜为“太上王”。

康熙很清楚背叛或者不背叛本身就是道德评判的标准。而吴三桂、耿精忠等人本来就是叛徒，这是抵赖不掉的事实。当初吴三桂振臂一呼，一呼百应，是因为他是个汉人，而汉人正好又恨满人，吴三桂的做法迎合了所有汉人的心理，所以吴三桂得到了积极响应。当吴三桂抛弃“大明”这个具有威力的“幌子”时，就已经伤害了汉人的感情。康熙利用这点不间断地揭着吴三桂、耿精忠等一系列叛徒的短处，让天下人以为他们不过是无耻之徒，是小人。

这样的话说一天，可能没人信，可是如果说上几十遍，几百遍，不是事实都变成事实了。毕竟吴三桂等人本来就是叛徒，只要抓住他们的这个弱点，人心早晚要动摇，康熙对尚可喜的嘉奖如同一剂温和的良药软化了汉人对清政府的态度。

忠诚的尚可喜在吴三桂大军的攻击之下，情况比较危急，但也取得了不少胜利。然而这时候有一个人改变了这一切。尚可喜任贤不任长，把王位给了次子尚之孝，这让长子尚之信十分气愤。在吴三桂的蛊惑下，尚之信发动了政变，炮轰清军，但他同时又秘密给康熙写信，表明他的心意，他这么做这是假降。然而他的话很难令康熙相信。

面对接二连三的叛变，康熙已经能接受这样的现实了。但是有一个人的叛变，却又在康熙的心头上捅了一刀，这个人叫王辅臣，是康熙非常信任的一个大臣。为了防止吴三桂鼓动陕西官员，康熙选中了一个叫莫洛的去监督。结果莫洛去了不久，就被杀了，紧接着就传来王辅臣叛变的消息。

康熙急忙召见王辅臣在京的儿子王继贞，说：“你父亲反了！”王继贞顿时有点儿傻了，呆呆地说：“我一点儿都不知道。”康熙把王辅臣叛敌的奏报给他看，王继贞瞬间神色大变。康熙安慰他说：“你不要怕，我知道你父亲一定是被逼的，估计是莫洛这人没有什么能力，还得罪了人，才惹怒了众人，军队叛变威胁你父亲。现在你赶紧去找你父亲，然后告诉他我一点儿都不怪他，让他想办法稳住他的手下，杀死那些执迷不悟的人，我决不会怀疑他！”

放走王辅臣的儿子后，康熙又给王辅臣写了一封十分感人的信，信中语句温和，没有一句责备、威胁的话，此时的康熙为了大清的胜利，甚至放弃尊严，也要把王辅臣争取过来。

康熙很快就收到王辅臣的回信：“臣听闻之下，肝肠寸断，心胆俱碎，恨不即自灭亡！”他在信中告诉康熙这一切都是因为那个莫洛自以为是满洲高官，看不起人，平常有战事，莫洛也总是给他制造麻烦，结果引起了兵变，在威逼之下，他也没有办法控制了。最后王辅臣请求康熙派使臣去他那里调节一下，宣布自己和手下那些人无罪，平息这件事。

康熙十分高兴，看到事情还有回转的机会，于是派了个使臣过去。结果这个使臣被杀，原来王辅臣左思右想，觉得自己杀莫洛起兵造反的事情太过严重，他不相信康熙真的会放过他。

康熙明白了，事情没这么简单。这时整个陕甘地区并没有全部归于敌手，张勇、王进宝等大将并没有叛乱。面对如此局面下，张勇等人还能坚持不降，康熙知道，这些人将来也就不会投降了。陕西的烂摊子还得靠张勇等人，他当机立断提拔张勇等人，大胆放权力给他们。康熙非常了解张勇这样有骨气的人，他们看中的不是金不是银，而是信任和重用。他们坚持士为知己者死。

康熙千方百计地做王辅臣的工作，一年过去了，他渐渐对王辅臣不再抱有希望了。面对混乱的局面和官员不断的叛变，康熙这位年轻的帝王保持着一颗冷静的心，放下尊严争取挽回叛将的心，同时，依然敢大胆地放权给下属的将领，体现了一代帝王的胸襟和气魄。

两军对垒，卓越的军事才华

吴三桂叛军一路势如破竹，在清军还没有抵达江北之时，吴三桂军已经在江南集结，只要渡江，就是一马平川，直逼京城。此时，江北已是风声鹤唳，就在康熙焦虑不已的时候，有个人帮了他一把，而这个人不是别人，正是吴三桂自己。

当时，江北的一些清政府官员已经在等待炮声一响，就带着老婆孩子逃跑了，结果左等右等，吴三桂军就是不来，还真是奇怪了。这一等就是三个月，逃跑的家当早就收拾好了，但是吴三桂军总是不来，只能把收拾好的包裹打开，日子还得继续过。清政府可不着急，但是吴三桂军将领着急啊，胜利就在眼前，周王怎么就不动了呢？打仗贵在神速，那时候为了赶路，晚上不睡觉，现在休息起来没完没了。

有个谋士琢磨透了吴三桂的心思，然后给吴三桂写了封信，提醒吴三桂：别忘了你叛徒的身份，大家也都是叛徒，这是一条不归路，没有回头的机会，你也别盼着你儿子能回到您身边了，如果战争拖的时间太长，对大家十分不利。

虽然吴三桂军旗开得胜，但是毕竟吴三桂的老本在云贵一隅，战线拉得太长后，弱点也就明显地暴露出来，虽然各地叛军四起，但是人家不把你吴三桂当回事你也没辙，目前情况下大家也只是合作关系。一旦清政府缓过神来，事情就难说了，毕竟清政府统御着整个国家，战略纵深和物资上就占着绝对的优势。

吴三桂不进兵也有自己的考虑，北上以后，万事都要重新开始，如果中途出个什么意外，被切断和云贵的联系，就会陷入绝境。根据这种情况，吴三桂想用拥有的强大力量威慑康熙，和清政府谈判，争取“划江为国”。

吴三桂的想法虽然看起来有道理，但是他忘记了自己走的是一条不归路，只有胜利再胜利，直到夺取天下才能算是安稳下来，兵书上说“有进无退”，有些事情一旦开始就没有后退的选择，如果没有破釜沉舟的勇气就只有死无葬身之地了。吴三桂另一个北进的顾虑就是他怕康熙一生气，杀了自己的儿子吴应熊，借着这次谈判的机会，把吴应熊弄到自己身边，父子团圆。其实为这事，吴三桂也是左右为难。

康熙在看到吴三桂的亲笔信之前，听到了吴三桂可能要投降的风声。对于康熙来说，这算件好事，虽然他不知道打得正在兴头上的吴三桂为什么要投降，但是康熙依然加紧对军事上的布置和调整。几天后，康熙接到了吴三桂的信，在他吴三桂看来，康熙不过是个少不更事的人，虽然杀过鳌拜，但是天天在宫里闷着，没见过什么大场面，现在自己秣马厉兵，天下无敌，小皇帝估计早就吓破了胆，只要主动提出议和，康熙只会偷着乐。

看到吴三桂的想法后，康熙大怒，本以为吴三桂悔过自新，来自己这里讨饶了，没想到他竟敢语气蛮横地要求和自己划江而治，平起平坐。康熙只是把吴应熊给拘留起来了，现在他要借吴应熊来向天下人展示自己的决心。康熙于是把吴应熊给杀了，并且把他骨肉全毁。

消息传到吴三桂耳朵里的时候，他正在喝酒。吴三桂痛呼一声：“今日真是骑虎啊！”这一声道出了吴三桂的心声，他只觉得骑虎难下，表现出了他无心再打下去的心态，一个已经没有斗志的将军，怎么可能挫败一个在绝境之中依旧充满勇气和信心的明君。康熙的决心和态度令他恐惧，儿子的惨死让他痛心，一直被他低估的康熙给了他致命一击。这件事几乎压垮了吴三桂，他不再是一个威风凛凛的将军，而是一个六十多岁的凄凉老人，在充满希望的时刻变得颓废，这注定了他失败的命运。

恩威并施，平息耿精忠叛乱

福建总督范承谟在奉旨进行“撤藩”工作的同时，靖南王耿精忠也在与属下的将领密谋反清，并派人到台湾策动郑经共同起事。郑经非常高兴，并于康熙十二年（1673）十月，率水师到澎湖等待。

吴三桂造反后，康熙意识到“撤藩”工作现在必须停止了，于是派大臣奔赴福建，诏令靖南王所管辖的官兵仍归靖南王管理，命靖南王不要搬家，固守在原地，并将收缴的兵权交还给耿精忠。范承谟立即停止“撤藩”工作，将已经收归总督府的左右两翼七千官兵的文籍交还给耿精忠，耿精忠接到康熙的诏令后，立即派人到澎湖，转告郑经稍缓行动，伺机而行。

随着天下形势越来越紧张，耿精忠心怀鬼胎，疑虑重重，害怕范承谟有皇帝密旨，来暗算自己，自己不能就这样坐以待毙。耿精忠怀有谋反之心也不是一天两天了，接到皇上的诏书后，命令手下将士日夜披甲，自己也是全副武装，范承谟意识到，变乱随时都可能发生，于是他发布安民告示：现在国家多事，皇上已经下令免撤靖南王，大家不要惶恐，应该同心竭力。

范承谟借着周夫人病危的机会，单身前往藩府探病，藩府中杀气涌动，耿精忠责问范承谟：“你打算什么时候除掉我？”范承谟谈笑自若，耿精忠才稍微安心。不过，从此耿精忠一反常规，经常进行军事演习，有的时候天还没亮就炮声隆隆，有的时候半夜操练，弄得人心惶惶。

范承谟意识到，耿精忠行为反常必定要变生肘腋，考虑到力量对比的悬殊，决定以巡视海口为名出走，然而他的措施还来不及实施，耿精忠就抢先发难了。康熙十三年（1674）三月十五日，耿精忠派人到总督府，说有海盗来犯，请总督到王府议事。范承谟知道，耿精忠已经决定反叛了，这时他的属下请求武装护卫，被他拒绝，说：“敌众我寡，防备也没用！”

身负康熙重托的范承谟将生死置之度外，进入靖王府，自知陷落虎口，绝无生还的道理，挺身上前，痛斥耿精忠，众兵丁一拥而上，将他擒获。耿精忠囚禁了范承谟一家五十多人后，举兵造反，与吴三桂遥相呼应，自称“总统兵马大将军”，以曾养性、白显忠、江元勋为将军，迅速控制福建全省，并传发檄文。

耿精忠为了扩大地盘，积极策动分击清军，并主动邀请吴三桂进军江西，与之密切配合作战，煽动潮州总兵刘进忠骚扰广东，蛊惑郑经进攻福建沿海，在东南沿海燃起战火，迫使清军在军事上陷入被动，疲于应付。

耿精忠的反叛给清朝政府带来了极大的压力，但康熙审时度势，始终把战争的主要矛盾对准吴三桂，对于耿精忠，康熙采用征缴与招抚并用的政策，进而在政治上瓦解敌人，最大限度地孤立吴三桂。在军事上，康熙命令定南将军希尔根、平南将军赖塔、平寇将军根特巴鲁分别从江西、浙江、广东三面进军围剿，派遣扬威将军阿密达、镇西将军席卜臣、安南将军华善、镇东将军剌哈达等各自统领大军驻扎江南京口等地待命。并令杭州、镇江水师分防海疆。在政治上，康熙一方面下诏削除耿精忠王爵，囚禁他在北京的兄弟，另一方面发布文告，宣布胁从者不受株连，立功者封赏的政策，擒斩耿精忠的，封爵加赏赐，投降归顺的，一律免罪收用，凡耿系手下的人以及直隶各省的文武官员，只要悔改，一律从宽，父子兄弟在福建的，也不加株连。

即使是耿精忠本人，只要投诚，也给予宽容。康熙实行招抚政策，是与征缴并行的，康熙很清楚，招抚是征缴的延续，没有流血的战争是行不通的，无论招抚还是清缴，都是消灭敌人的一种手段。康熙十四年（1675），康亲王派遣都统马哈达由金华进军处州，在桃花岭上大败耿军，占领处州，随后部队迅速挺进，耿军节节败退，不能抵挡。

此时，耿精忠与郑经的联盟随着两人关系的恶化也濒临崩溃，康熙哪里会错过这样的机会，立即命令杰书等人撤出温州围军，移师攻取福建。耿精忠在军事上接连失利，政治上陷入内外交困的境地，由于他军饷匮乏，肆意剥削，导致军士逃亡严重，百姓怨声载道，部下不听指挥的事情多有发生。

濒临绝境的耿精忠决意归降。被耿精忠幽禁在囚室中的范承谟还顽强地活着，耿精忠叛乱的这两年半的时间，他备受折磨，每日作七言绝句，撰成《百苦吟》，对耿精忠百般讥讽。他又以炭为笔，自述平生，倾吐孤忠血泪，作就《画壁遗稿》。耿精忠明白，他与范承谟势不两立，非常担心在他投降后，范承谟揭发他的罪行，派部下逼迫范承谟自缢，将范承谟一家五十三人统统杀害，焚尸荒野。

狱卒许鼎钦佩范承谟，趁着夜色到荒野中捡得一些剩骨，暗地收藏起来，潜行万里奔赴京师，将范承谟的死讯上报。康熙得知事情经过后，被深深震动，下令用隆重的仪式祭葬范承谟，加封太子太保、兵部尚书，颁赐御书碑文，此外，康熙还亲自为范承谟的《画壁集》写了序言。

耿精忠在处死范承谟后，献印投降，康熙命耿精忠仍保留靖南王爵，随大军征讨郑经，将功赎罪，授耿昭忠为镇平将军，驻守福州。康熙十六年（1677），郑经被清、耿联军驱逐到厦门，收复兴化、泉州、漳州等地，刘进忠也在潮州归降，福建局势平定。

之后，康熙为了稳住耿精忠，以免再生骤变，借耿精忠进京面圣的机会，将其幽禁在京城。康熙二十年（1681），吴三桂军被彻底平定后，康熙曾议宽免耿精忠，但大臣们所列耿精忠罪状严重，最后耿精忠与曾养性、江元勋、刘进忠等九人“并磔于市，悬首示众”。

相忍为国，清除尚之信作乱

康熙十三年（1674），户部尚书梁清标、郎中何嘉祐奉命到广东传令“撤藩”。尚可喜等人以为来催他们上路，他们与梁清标、何嘉祐见面后，相对无言，气氛十分紧张沉闷。到了晚上，藩府军队露出刀兵，搭着箭，环守使馆四周，

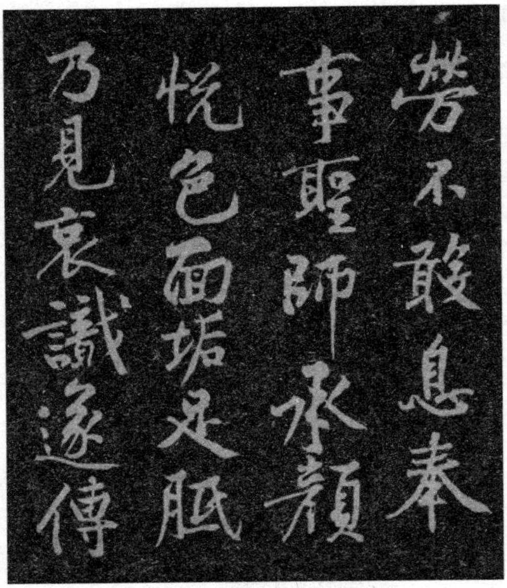

梁清标书法作品

如临大敌。郎中何嘉祐翻来覆去睡不着觉，挨到后半夜，听到从使馆近处不时传来马蹄声，他一跃而起，小声叫醒梁清标，说有异常情况。

梁清标急忙起床，两人警惕地注视着周围的动静。天刚出现亮光，他们就看见尚可喜带领他的亲信和各位统领来到使馆。尚可喜等人面对两位使者，说道：“启程艰难，我们愿意守在广东，为朝廷效力。”梁清标温和地答道：“皇上的诏书还没有宣读，怎么就说要启程呢？我离开京城辞别皇上时，皇上私下交代，平南王劳苦功高，与诸藩不同，当永镇南疆，我来告诉你们，皇上要撤的，只是平西藩王，大王您可不需要离开。”随后，梁清标当场宣诏，尚可喜忙领着诸将上前拜谢使者。这时，尚之信却徘徊不前，尚可喜愤然咬了一下尚之信的手指，恨恨地说：“差点儿背叛了朝廷！”

没几天，吴三桂派人送信给尚可喜，劝他举兵响应，尚可喜毫不犹豫，把送信的人擒住，并上书康熙，另外，他还建造了“尽忠楼”以表示对清朝政府忠心不二。潮州总兵刘进忠归降耿精忠，尚可喜命次子尚之孝率兵讨伐，同时他还向清朝政府推荐尚之孝继袭己职，康熙同意了尚之孝承袭平南王。现在战况紧急，康熙急需独当一面的将才，给予尚可喜很大信任，委以重任，并下令凡是督抚提镇以下，都归尚可喜统领，一切调遣兵马和招抚的相关事情，平南王自己斟酌着办就可以了。康熙十四年（1675）正月，康熙又封尚可喜为平南亲王，封尚之孝为平南大将军，尚之信为平寇将军。

吴三桂乘机将广西军和高州的叛军祖泽清勾结，连续攻陷广东的雷州、德庆、开建和电白等地，迅速进逼肇庆，在击败了尚之孝的部队后，乘势向惠州挺进。

继而，广西军下东莞，进入南海，清水师副将赵天元、总兵孙楷，陆续叛降，尚可喜接连向清政府告急。康熙催促简亲王喇布由江西进兵援助广东，但江西通向广东的道路已被耿、吴联军截断，清兵进不了广东。这时，广东人心浮动，没有斗志，尚可喜急得旧病加重，卧床不起，不得不让尚之信代理军事。

尚之信对他的父亲、兄弟怀着一肚子的怨愤。作为长子，他理应继承父亲的爵位，但长期为尚可喜出谋划策，视为心腹的谋士金光，却常常以尚之信平时的为人，阻止他袭封。尚可喜接受了金光的告诫，奏请康熙，自己的职位由次子尚之孝接替。为此康熙先后下诏将平南王、亲王的爵位让给尚之孝袭封，并加封尚之孝为平南大将军，而尚之信仅仅得了个平寇将军衔。对此，尚之信愤愤不平，他对金光更是恨之入骨。在两粤东西交讧、一筹莫展的危急形势下，吴三桂又千方百计收买尚之信，许诺事成之后，封尚之信为王，世守广东。

心怀怨恨的尚之信于康熙十五年（1676）二月二十一日发动兵变，接管平南王职权，杀了金光，报了私仇，并接受了吴三桂“招讨大将军”的印。两广总督金光祖、巡抚佟养钜、陈洪湖等也跟着投降了吴三桂，随后，尚之信派兵看守王府府第，封锁了消息。

尚可喜闻讯，顿时愧恨交加，无地自容。他从吴三桂、耿精忠变乱以来，忠于清朝政府，积极防御，可谁知道他不孝的儿子尚之信，竟然趁他重病卧床的时候，利用长子与代理军事的特殊地位，引导藩下走上叛逆的道路，弄得他身败名裂。尚可喜自知身临绝境，只身一人，已无回天之力。痛心疾首的尚可喜认为只有用死才能表明自己的清白。他自杀时恰恰被属下发现，将他急救过来，自此，尚可喜病势日重。

临终前，尚可喜看着守护在他身旁的几个儿子说：“我受朝廷厚恩，形势如此，不能杀贼，死有余辜！”他示意众子给他穿上皇上所赐冠服，扶着他向北方叩头毕，又交代众子说：“我死后，必须安葬在海城，魂魄有加，仍然侍奉先帝。”说完后，尚可喜去世，享年七十二岁。后来尚之孝将他的骸骨运往京师，康熙派遣大臣、学士、侍卫各一员前往祭奠，并赐白金八千两，用隆重礼仪葬尚可喜于海城，立碑墓，表彰尚可喜的忠诚。

尚可喜死了以后，尚之信掌握了藩府的兵权，罢了尚之孝的兵权。吴三桂趁机封尚之信为辅德亲王，同时尚之信又同台湾郑经议和，减轻了沿海的军事压力。他采取坐山观虎斗的策略，力图保存自己的实力，名义上尚之信已投降吴三桂，实际上他坚持不让吴三桂的军队进入广州，也不听吴三桂的调动。当清朝政府从江西调兵遣将，对长沙加强攻势时，吴三桂屡次催促尚之信率领军队突袭赣南，牵制清军主力，然而尚之信按兵不动，但又怕得罪吴三桂，最后，不得不给吴三桂大把的金钱来摆平此事。

康熙十五年（1676）十二月，尚之信派人到杨威大将和硕简亲王喇布军前乞降。信中声称："我们父子深受皇恩，愿立功赎罪，来迎大帅。"康熙虽然看不上尚之信，但是为了孤立吴三桂，康熙还是特意下旨嘉奖尚之信说："以往之罪，全都赦免，如果你能戴罪立功，围剿反贼，优先给你封赏。"

康熙十六年（1677），尚之信秘密邀请清军迅速进入广东，康熙急命驻军江西的镇南将军莽依图率军向广东韶州挺进。这时吴三桂正催促驻守在肇庆的总督董重民、定海将军扶厥联合抵御清军。清军乘董重民军中缺粮，煽动董军内乱，乘机擒获了董重民，击败了扶厥，顺利挺进广东韶州。尚之信遣都统尚之瑛赶赴韶州迎接清军。同年五月初，尚之信率文武官员以及兵民等人归降，康熙令尚之信袭平南王爵。

尚之信获取亲王爵位与执掌王爵兵权后，千方百计保存自己的军队实力，力图使广东成为自己的世袭领地。他依然我行我素，不听康熙指挥。

直到吴三桂死后，战局发生突变，吴三桂军众叛亲离，清军全面出击，这场战争的胜负已经明朗化。于是，尚之信一反常态，立即奏请进军平定广西，康熙早就看透了尚之信，但目前仍然有用处，所以康熙授予尚之信奋武大将军，配合永兴大军同时开进。康熙十八年（1679）二月，尚之信率部从封川进入广西，追敌至横川。就在清政府对吴三桂叛军进行围剿与招抚并施的关键时刻，尚之信却因患痔疮太过严重，自作主张，把部队交给总兵时应运统率，自己返回广州医治。

康熙连忙命令尚之信的军队由将军莽依图调遣，随大军进定广西。为了集中力量消灭吴三桂残军，康熙对尚之信就根本没有抱任何期望，只求能暂时稳住他，使他不再反转叛敌。因此尚之信若即若离的行动，康熙没有追究。但是，康熙早就做好了打算，只要吴三桂反叛势力被消灭，尚之信想要割据一方，到那时候再收拾他。

不久后，藩府的护卫张允祥、张士选到京城告发尚之信，称其“跋扈怨恨，不顾剿贼，浪费军饷，擅自杀人”等。康熙趁此机会，命刑部侍郎宜昌阿、郎中宗俄托等，以巡抚海疆为名，到广东调查尚之信的罪行，同时又交代他们说：“你们携带张允祥、张士选一起去，暗地里询问都统王国栋、副都统尚之璋，如果尚之信所犯属实，就传朕的旨意，只要王国栋等能够擒获尚之信，以前的罪名都可以既往不咎，也概不株连。”

同年五月都统王国栋用平南王尚可喜的妃子舒氏、胡氏的名义，上疏说：“逆子尚之信作恶不知悔改、酗酒闹事、杀害善良、凌辱官吏，甚至奉命出师时，停兵不进、私自回省，延误了军机，不臣之心早生，恐有谋逆这样的事情发生，因怕家族受其牵连，忍不住寒心哭泣，秘密命令都统王国栋等将他抓住，交给皇上您来处置。”随后，康熙命人将尚之信擒获，押回广州，拘留在五仙门，派兵严密防守。尚之信不服罪，康熙便下令将他押解回京城，亲自审问。

这时，在广西随大军征剿的平南王藩下属官兵听说尚之信被捕，清政府将他们调往云南安置，顿时八千官兵发生哗变。康熙立即传达诏书，说尚之信不法之事只属于他个人问题，不会牵扯其他人，大家安心当兵，这才把这场风波平息下去。

藩下都统王国栋乘尚之信被关押的机会，夺取了藩府职权，收缴了府内财务。尚氏子弟愤愤不平，于是埋伏下武士，传尚太夫人之命，召见王国栋。王国栋奉命入见，结果被伏兵杀害。

面对各种证词，康熙最后决断：“尚之信不忠不孝，罪大恶极，按照律法应该立即斩首，但念在我曾授亲王，从宽赐死，其余逆党尚之节、尚之璜、尚之瑛等人革去副都统，并与李天植等人立即问斩。”康熙考虑到平南王尚可喜，从投诚大清朝到如今，镇守粤东，功劳卓著，在吴三桂叛乱后，又能坚守臣节，拒绝与其同谋。在清军进入广东后，打开尚可喜棺木，官服都遵守国制。所以，尚可喜其余家属都从宽处理。舒氏、胡氏从宽免死，并免籍没，尚之孝、尚之璋、尚之隆也都免除革职枷责，尚之信的妻子不许凌辱，护送来京。其藩下所收私税、每年所获得的银数百万两，尽充国赋。

至此，康熙又解决掉了三藩之一的尚之信。

荆岳对垒，从容的指挥调度

康熙与诸位大臣对吴三桂的反清势力的实力估计不足，他们认为只要清朝大军一出，叛乱很快就能平定。前去荆州征剿、阻抑吴三桂军北上的宁南靖寇大将军，多罗顺承郡王勒尔锦曾预计“进取云贵之期，不过八月”，在他看来清军可轻而易举地消灭吴藩动乱。这种速胜论的观点充分反映出清朝政府上层统治者对平定这场动乱的艰巨性缺乏认识，也没有做好长期作战的思想准备。

那些被康熙任命为大将军的王公贵胄平时过着安逸优裕的生活，缺乏战争的实际考验。在吴三桂军迅猛的攻势下，被吓破了胆，对于康熙发出的指令置若罔闻，畏缩不前，不敢与吴三桂军抗争，致使吴三桂军乘虚而入，迅速占领了湖南，将势力推到长江南岸，威胁到京师，康熙严厉斥责统兵将领后，深刻意识到，想要平定吴三桂的叛军，并不是轻而易举的。

康熙把岳州、长沙作为战略进攻的重点。他认为岳州乃水陆要冲，急需攻取。康熙十六年（1677）七月，贝勒察尼与将军尼雅翰等率领部分满汉官兵，水陆进发，攻击岳州。吴将吴应麒率兵七万，从陆路抗拒清军，清军奋击，大败吴三桂军，斩首万级。清水师抵达七里山，炮轰吴三桂军船只，击沉吴军船舰十余艘。这是勒尔锦等出师荆州以来同吴三桂军进行的第一次激战，清军虽在这场战役中重伤吴三桂军，但岳州安然不动，勒尔锦等从此长期按兵不动。

为此康熙心急如焚，向勒尔锦等指出，攻取四川一路，清军已收复朝天关和阳平关，但兵至保宁，遭到吴三桂军的顽强抵抗，吴三桂军在保宁的防守比岳州更坚固难攻，康熙严厉斥责勒尔锦等：你们初出师时，兵不可谓不足，你们借口马未肥或强调天热多雨难行，一再拖延进军。并敦促勒尔锦：“或取岳州，或渡江取澧州，或宣将军尼雅翰往江西转攻长沙。”

十一月，尚善请求拨沙、唬船五十艘，连同水手发往岳州，围剿叛军。康熙为了不让尚善等人借口等待船只而误军机，力排众议，下旨同意了尚善的请求，并下令拨京口沙、唬船速往岳州，虽然如此，尚善等仍然没有发动进攻。

吴三桂军防守的岳州十分坚固，岳州三面皆临洞庭湖，吴三桂军凭借宽阔水域的有利地势，扼守要隘，清军如没有足够力量的水师，是很难从水路攻破的。而在陆路一面，吴三桂军浚壕三重，又设陷坑、木桩、竹签、鹿角、挨牌等各种防御工事密布四周，使满洲骑兵无法冲击，吴三桂深知，骑兵一旦冲起来，杀伤力是惊人的，如果骑兵速度起不来，威胁将大打折扣。

岳州一时难下，荆州一带清军未能渡江，而清朝军队战局的指挥者勒尔锦、尚善等畏缩不前，荆、岳长期对峙的局面久久不能打破。“三藩之乱”的祸首吴三桂不除，国家就不得安宁。面对这纷乱的局势，年轻的康熙再一次展现出他卓越的战略眼光和军事才华，经过一番深思熟虑，康熙决定集中优势兵力，改攻长沙，进取湖南。

吴三桂军营内缺粮，全赖长沙水路运送，康熙在得知长沙守兵不多的情况后，命尼雅翰率军沿流赴江西与

朝天关遗址

副都统甘度海会合，带领赵应堂从袁州进攻长沙，夹攻岳州。同时，康熙令谕兵部：“吴三桂能据守岳州、澧州等地，完全依靠水师源源不断地将长沙、衡州的粮米由湘水经洞庭湖运往岳州，供给前线军粮。为了打破荆、岳长期对峙的局面，必须调动军事指挥能力较强、又有胆略的安亲王岳乐统率劲旅，由江西袁州攻取长沙，断绝吴三桂军粮饷，夹攻岳州。”

康熙反复向兵部强调指出：“如今天下大势，以剿灭吴三桂叛军为首要任务，由安亲王亲率大军，由袁州或由吉安进剿湖广，攻取长沙，截断吴三桂粮道，岳州粮尽，吴三桂不攻自破！”安亲王岳乐接到兵部指令后，一再上疏陈述自己的意见，认为江西各地叛兵骚扰，人心未定，若出师湖南，江西兵力单薄，存在隐患，应先平定江西寇乱，绝了后顾之忧，然后分防险要，再出师湖南。

康熙对此做了十分有力的反驳，指出吴三桂长期占据湖南，奸宄趁机偷偷起兵，滇、黔、川、闽就是因此而沦陷，广西、陕西逆贼猖獗，湖南这个地方，是叛贼的老巢，天下并起的叛贼都盯着这个地方，只有快速剿灭吴三桂，稳定湖南，各地区依附于他的叛逆就会闻风而散。进而康熙明确指出，现在荆州的军队还没渡江，岳州难以在短时间内攻取，安亲王只要抵达江西，从袁州直取长沙，一可以切断敌人粮道，二可以分散敌人的兵力，三可以扼制广西咽喉，四可以巩固江西门户，乌合之众自然瓦解。荆岳重兵就可以乘机直进。

估量大势，进兵湖南，刻不容缓。而且南方天气潮湿，延迟到夏天，阴雨连绵，大兵坐守太久，不只是战马会出现死亡，粮食供应都会出现问题。最后，康熙斩钉截铁地说：“进军湖南这件事，就这样定了，不用再多做商议了！”他敦促岳乐“快去整理，稍有就绪，就进兵湖南，不能拖延，导致贻误战机”。九月，康熙又命令岳乐乘冬天速取长沙，同时派遣简亲王喇布率江南兵二千奔赴江西，以内大臣希尔根为副将军同简亲王镇守江西。十一月，岳乐率军进征湖南。康熙按照岳乐的要求，命提督赵国祚兼统绿旗兵三千与都督陈平所属兵二千，随岳乐征讨。

正当岳乐发兵湖南长沙的时候，驻兵福建顺昌的耿藩总兵张存、罗元生、邵武、彭世勋等向岳乐表示，清军如果从江西进闽，愿为内应。岳乐觉得这是进攻福建的最好时机，他再次向康熙奏请，希望康熙不要错过时机。康熙立即给予答复："你说的这件事由大将军简亲王、副将军希尔根等见机行事，至于进攻长沙，围剿消灭吴三桂叛逆，只能依靠你了，希望你能够不负朕的所托，快速执行。"

随后，康熙接到尚可喜奏报，郑经、马雄分别进入广东的潮州、高州，广东危急，他要求岳乐暂停进征湖南，调赴广东。但康熙看准了的事，一经决定，是不会轻易改变的。他向尚可喜强调，各地叛逆之所以猖狂，就是因为吴三桂未灭，现在安亲王出征湖南，牵制了吴三桂的主力，这样，广东的紧张局势自然会缓和下来。如果由广东进兵湖南，则道路迂回，必将拖延时间。同时，康熙立即催促简亲王喇布速发大军由副都统一人为将军统率，驰援广东，并提醒简亲王，不要再像以前一样停滞不前，贻误军机。

与此同时，康熙通令荆州的勒尔锦，彝陵的察尼与岳州的尚善等迅速发兵配合岳乐进攻长沙。尚善需摆出攻取岳州发兵长沙的态势，如有机可乘，立即进攻岳州。康熙告诫勒尔锦等：如果现在还敢按兵不动，出工不出力，会是个什么罪名，自己看着办吧，我的忍耐是有限度的。为了集中优势兵力，迅速剿灭吴三桂，在陕西平定后，康熙授陕西前锋统领穆占为都统佩征南将军印，统率陕西、河南满汉诸军，奔赴湖广。穆占抵达荆州，又增兵一千多人，赶往岳州、长沙。

此时，吴三桂率领七万军队占据岳州、澧州各水口，以抵抗荆州江北的清军，用十万军队占据长沙、萍乡、醴陵，以抵抗江西的清军。康熙十五年（1676）一月，岳乐乘吴三桂西上时，派出奇兵从小路袭击攻取袁州。二月，大军挺进到湘赣交界的重镇萍乡城下。当时，驻守萍乡的吴三桂军统帅夏国相与大将韩大任不和。夏国相奸淫掳掠，酗酒无度，歌童舞女充斥营中，致使士气不振。

岳乐将满汉军队编成四队，分道进攻，连续攻破十二寨，斩首一万多人。夏国相弃印逃跑，清军占领萍乡，迅速进入湖南，直通长沙城下，湖南震动。康熙立刻催促尚善分兵配合，并先后命令江西总督董卫国、巡抚佟国桢、江南总督阿席熙和安徽巡抚靳辅等负责采办造船物料，出钱招募工匠，同时运往长沙，由安亲王岳乐派兵迎取，由副巡抚韩世琦伐木督造战舰。

吴三桂得知长沙危急，集兵船于长沙城下，准备水战。吴三桂的军队由于多年蓄养，并久经战争，战斗力颇强，即使在外援尽失，已陷于孤立的情势下，清军精锐仍然难以战胜吴三桂军。

康熙十五年（1676）三月，清、吴两军主力在长沙城郊展开一场恶战。岳乐发兵十九路，长数十里，自城北铁佛寺后布阵至城西南，吴三桂也发兵十九路以应战。双方血战到正午，由于天降大雨，才各自收兵。在这次战役中，双方战了个旗鼓相当。从此吴三桂入城而守，清军也不再攻城，挖掘战壕围城，两军成相持之势。

康熙估计吴三桂集兵守长沙，其洞庭湖口守备必虚，在康熙一再催促下，宁南靖寇大将军多罗顺承郡王勒尔锦亲率大军自荆州渡江，于康熙十五年（1676）三月九日进入洞庭，屡败吴三桂军，攻取君山，截获敌舟五十艘。吴三桂军下游兵丁，望风溃遁。但是勒尔锦、尚善等人还是没有克服畏敌的思想，导致水陆两军迁延停滞导致太平街失利，不得不领兵退回荆州，而尚善的水师也未能切断吴三桂军的粮道，各处险隘又被吴三桂军占领。

太平街失利后，勒尔锦等人上疏请罪，康熙尽管火冒三丈，严厉斥责他们的罪行，最后依然保持着冷静的头脑处置此事，毕竟临敌对垒，所以康熙命他们暂留原任，戴罪立功。

为了分散包围长沙的清军兵力，断绝安亲王岳乐的后路，切断清军在江西与广东之间的联系，吴三桂派遣高大节、韩大任等率军数万进军江西吉安。这时，指挥江西战局的简亲王喇布顿兵南昌，却没有发兵支援，导致吉安陷落。康熙以十分严厉的口吻告诫喇布："恢复长沙，平定湖南，全赖吉安大兵接应，如果你还敢持观望态度，必将严惩不贷。"之后，喇布等人才亲自率兵围攻吉安。

吴三桂估量清荆岳大将军勒尔锦不敢进兵，就亲往常德调集军队，命马宝为统帅，王绪为前军，陶某为中军，马宝自御后军，各率兵三千救吉安。出发前，王绪建议，救兵如救火，大军应急趋仅距百里的萍乡，援兵一到，吉安之围可以立解。马宝不同意，认为清军围吉安，萍乡一带必有埋伏，吴军误入伏中，覆没无疑。如果由衡州渡江，经耒阳、永宁，虽然慢了些，但是途中没有清兵阻截，王绪勉强服从。经过半个月的行军，吴军才进入吉安境内，离吉安府城还有四十里，而且中间又隔着一条江，没有船，过不去。

马宝说，我援军到此，清兵必然过河前来阻截，等他们渡江过半时，我们就发动攻击，必然一击奏效。不久，清兵果来渡江，马宝却闷声不响。王绪一再催促，马宝又设计道，“等清军渡过江，尚未立足扎营时，将军击其前，我则抄其后，打他个猝不及防，然后乘势抢夺船只，迅速渡江，同城中守兵相呼应，内外夹击清军，必能制胜”，王绪默默无言。吴三桂决不会想到，因为马宝的畏惧情绪以及他与王绪的分歧导致了这次救援的失败。

而此时的吉安已经被清军围困二百多天，韩大任粮尽援绝。浙人孙旭改名王怀明，同韩大任交情深厚，韩大任听从王怀明的计策，于三月二十一日，撇下一座空城，率领部队偷偷地逃出南门，步行跨过白鹭洲，发炮击鼓，清军以为劫营，惊忧终夜，不敢出战。直到第二天，清军方才知道吴三桂的军队已经逃遁，进而占据吉安。

韩大任被逼得逃向宁都、乐安，喇布随机调兵分三路进剿，并按康熙指令，行文招抚：只要你投降，就赦免你的罪。而此时，清军在闽、粤各路捷报频传，局势越来越明朗，九月九日，王怀明与韩大任在高山顶峰，纵论天下形势。王怀明说：“如今广东相连福建，平凉掎角汉中，天下局势还不能确定，现听说王辅臣已倒戈，耿精忠、尚之信也都相继归附朝廷。失去广东，湖南腹背受敌，失去平凉则汉中无险可守，四川只能坐以待毙。安危存亡的危机，不可不明察啊！”韩大任听了这一席话，顿时醒悟，拔营去福建赶到康亲王杰书军前投诚。其部将郭立辅等被董卫国追杀于万安、泰和诸处，余众投降，至此江西平定。

决战岳州，正确的形势分析

随着福建、浙江、陕西及江西相继收复，清朝得以集中兵力对付吴三桂。吴三桂统领十万大军屯聚长沙。岳乐、穆占两军合力围攻，然而久攻不克，康熙派遣刑部郎中色度等人到岳州传旨：“岳州、长沙就像两条腿，砍掉其中一条，另一条就不能独自站立。”康熙一面命穆占率军进取茶陵、攸县，与简亲王喇布合力进攻衡阳、永州，一面调集水陆两军向岳州发动总攻击。

针对岳州三面临水和吴三桂军装备着众多鸟船、战舰等情况，康熙屡次下令兵部选拔贤能大臣、官吏与督抚克期增加制造各类战舰，同时增加水师数量，由岳江入洞庭，切断敌人粮道。康熙十六年（1677），又先后命令安徽巡抚选送沙船四十艘，与江南荆州沙船百余艘，以及安徽巡抚靳辅督造的战船百余艘一同运送到岳州。

同时，康熙任命具有水上作战经验与指挥能力的平鲁路参将万正色为岳州水师营总兵官，从各路军种选派人手二千余人，随后，康熙同意了贝勒尚善的请示，命江苏巡抚慕天颜督造鸟船四十艘，派遣户部尚书伊桑阿赴江南，与该省巡抚一同督造鸟船六十艘、沙船二百艘，凡鸟船所配用的精练水手从河南、山东、湖广、江南、江西、浙江、山西等地的福建投诚官兵中遴选，建设起一支强大的水师。

岳州从各地运送的各类战船，比吴三桂军船舰多出数倍。然而尚善统兵于岳州数年，并没有重创敌军，康熙对此非常不满。在大将军安亲王岳乐率军攻克收复浏阳与平江，打通了江西和湖广的通道之后，康熙立即下令岳乐统率所有官兵，攻取岳州。又派遣将军鄂内率舟师前进，调尚善所部大臣驻守长沙。尚善接到调守长沙的诏令，吓得连忙上疏表示愿统率舟师攻取岳州，戴罪立功，同时，提议添造鸟船一百艘，沙船四百三十八艘，命蔡毓荣率标兵三千与荆州绿旗兵二千人，驰赴岳州，并向康熙立下了军令状。康熙答应了尚善的请求。

就在这时，吴三桂的亲军水师右翼将军林兴珠从湘潭派遣杨廷延到岳乐军前送上投降书，岳乐派遣副都统甘度海、阿进泰前去受降。林兴珠为表诚意，向岳乐进献断绝吴三桂军粮道的谋略，吴三桂军只要军粮断绝，不用打自己就完蛋了。林兴珠这个致吴三桂军死命的计策，上报清朝政府后，康熙断然确定了“困取岳州”的战略。他立刻命令察尼部署清军于南浔港、高家庙、君山、扁山、九贵山、九马嘴诸处，并在九贵山再设陆军营，水陆两军呼应，如果岳州吴三桂军敢出城，就可以合力攻击，即使长沙、衡州、常德等地的敌兵前来救援，也能够合力剿灭，这样一来，吴三桂军的水陆粮道运输就全被阻断了。

随后，水师总兵官万正色连续两次向洞庭湖的套河峡进兵，这里是进攻岳州的门户，吴三桂军在这里设置层层桩木，阻挡兵船。清军英勇作战，砍倒木桩，打开了直驱岳州的通道。康熙十七年（1678）八月初四，安远靖寇大将军多罗贝勒尚善去世，康熙命多罗贝勒察尼代尚善为安远靖寇大将军，赴岳州统领清兵。

清军严密部署“困取岳州”的同时，穆占将军率军攻占永兴、茶陵、攸县、酃县、安仁、兴宁、郴州、宜章、临武、蓝山、嘉禾、桂阳和桂东等湖南所属的十三城，同时简亲王喇布进守茶陵。

吴三桂现在面对的局面十分严峻，失去陕西、闽、粤，又失江西，疆土日益减少，军费紧张，川湖两地的赋税又不足以供应军饷。吴三桂害怕由此引起内乱，在部署的怂恿下，试图借称帝来提高自己的威望，支撑政局，但吴三桂这个做法被康熙看作了笑话。

为了缓和清军对岳州的攻势，吴三桂命马宝、王绪和胡国柱等率军进逼永兴。清军负责防守的都统宜理布、前锋统领哈克山战死，吴三桂军占据河外营，紧接着清军前锋统领硕岱、副都统托岱、宜思孝等驻守的营寨也被吴三桂军冲破，托岱和宜思孝率兵退至郴州，硕岱退守入城，死守永兴。吴三桂军三面环攻，昼夜不息，城墙被火炮轰坏了，硕岱就命清军用竹篓、布袋装上土来填补，且筑且战，永兴城数次面临被攻陷的危险。

此时，屯兵茶陵的简亲王喇布却不敢前去援救，而穆占将军则将援救永兴的事全推给了喇布处理。康熙深知两将不和，一方面传谕穆占，不要因为永兴两次失利感到沮丧，应鼓舞军心，振扬军威，争取胜利；另一方面向穆占严肃地指出，永兴两次失利，是其调走官兵，致使防守兵力单薄的缘故，如今你想利用这个机会逃避永兴失利之罪，那肯定是不行的。接着，康熙又通过以往人员任用的旨意中，表明对其的信任和重用，而你身为将领，不但不以朝廷大事为念，反而只为自身考虑，坐失军机。最后，康熙委婉地劝谕两将，从今往后，你们不要再分彼此，应该相互协作，扫平叛逆。在康熙的催促下，穆占立即派遣都统布舒库会同副都统尼雅翰率领护军甲兵、绿旗兵并载运火炮赴永兴解围。随后，穆占又奉命亲赴水兴，扑灭吴三桂军。

吴三桂见军事形势日益紧迫，人心涣散，大局难以支撑，日夜担心忧虑，最终于康熙十七年（1678）八月十七日在惶恐和不安中病逝，时年六十七岁。夏国相等秘不发丧，郭壮图等拥立吴世璠在云南即位。吴三桂的死讯传出，康熙立即意识到“吴三桂一死，必然内乱”，立即命令诸路将军急速进兵，分路进剿。又下令兵部乘敌军溃乱之际，急取岳州。

为了加强对岳州的围困，清朝政府又从江南调来一千子母等炮，调荆州水营总兵官张忠并标兵奔赴南浔江、君山、高家庙各处，从长沙抽调部分官兵，以及调江西总督董卫国属下标兵五千与江西营官兵数千，携带火器、挨牌、鹿角等军用器械，驰赴岳州。

康熙指出，岳州是湖南咽喉，占领岳州，则常德、长沙等地的吴三桂军将无据可守，荡平敌寇，指日可待。现在湖水水位下降，敌人的战船难以出动，所以才由陆路拼死突围，如果不是敌兵缺乏粮饷，怎么会这样拼命？吴三桂军现在的情况已十分明显。贝勒察尼等要尽快从水陆两方面施压，并勒令镇守各方要塞的将军大臣，严查奸细，使吴三桂军断绝内外音信，不要让对方送出求援信，务必在短期内攻占岳州。

吴三桂军粮绝，人心惶惶。民间谣言四起，“吴应麒！吴应麒！杀了你献康熙”。吴应麒接连遣人四处求援，都没有结果，内部官兵相继投降。吴应麒在内外交困中，弃城逃走，清军进入岳州，清朝辅国公温齐率兵追杀二百余里，因没有携带炊具只能返回。

岳州收复后，清军就以秋风扫落叶之势，迅猛地清除吴三桂军在湖南的势力。大将军安亲王岳乐命令贝子章泰与前锋统领杭奇率每佐领（清朝官名，牛录章京的汉译，可领导三百人左右）满汉兵十名，与湖南提督桑峨和水师总兵官万正色等从水陆两面夹攻长沙。

吴三桂军将领吴应麒、胡国柱等焚毁船舰弃城潜逃，清军占领长沙。盘踞在彝陵对岸的吴兵也都潜逃，容华、石首等县相继收复。于是康熙命令大将军简亲王率大军协同安亲王岳乐快速攻取衡州，又命贝勒察尼派遣水师三千八百余名、沙船一百艘、快船八十艘，赶赴长沙，听安亲王调遣，水陆齐进。简亲王喇布派前锋统领希佛等攻取衡州，康熙十八年（1679）二月十三日半夜，前锋参领戴屯率兵夺门入城，吴国贵、马宝、夏国相弃城逃跑，清军收复衡州，在康熙的命令下，清军又迅速攻下湘阴、湘潭、耒阳。

三月，吴国贵等人逃至永州，将军穆占派兵追剿，于白水市处击败吴三桂军，收复永州。随后，道州、永明、江华与东安等县驻扎的吴三桂军闻风而逃。吴应麒、胡国柱等人从长沙一口气逃到辰州，他们陆续集结溃军一万三千多人，驻守辰州，用木石堵塞隘口，胡国柱扼守辰龙关。

辰龙关是辰州门户，又是通往云贵的必经之路，这一带山势险峻，林木茂密，距辰龙关二十里的地方，只能向一方通行，陡绝之处，步行都很艰难。勒尔锦率兵至辰龙关附近，

辰龙关

一看群山林立，路径险恶，而且正值雨季，便畏缩不前，随后退兵，再一次受到康熙的严厉斥责。随后，康熙又命贝勒察尼攻取此关，察尼也是畏惧艰难，迟滞未攻。

康熙再次分析了军事形势，在作战方针上做出调整，命大将军简亲王喇布攻取新宁后，会合安亲王岳乐向武冈、枫木岭进军。吴国贵率二万余人与清军在枫木岭隘口展开激战，岳乐派建义侯林兴珠与提督赵国祚率军迎击，大败吴三桂军，吴国贵中炮身亡。吴三桂军放弃武冈慌忙逃跑，贝子章泰率兵追赶逃敌，在木爪桥再次击败逃军，清军进占武冈、枫木岭，岳乐率军进占宝庆府。

正如康熙所料，武冈、枫木岭被攻下后，辰龙关后路被截，吴三桂军再不能踞守，大将军察尼率军从小道突袭攻破辰龙关。清军抵达辰州后，辰州知府傅祖铩献城投降，吴将杨有禄、周祯、杨宝荫、祖述舜等各率所部共一万一千多名兵丁归降。吴应麒退到沅州，稍稍缓了口气，然后准备营造楚王宫殿。吴三桂军顿时不满地说："刀都架在脖子上了，你要宫殿做什么？"众人一哄而散。穆占同董卫国率军进兵沅州，吴应麒、胡国柱又仓皇逃奔镇远，至此，湖南全境重新被清军收复，与此同时，广西战事进行得也非常顺利。

孙延龄带兵反清之后，吴三桂屡次催他出兵湖南助战，孙延龄以部众不从为由，婉言拒绝，引起吴三桂的异常不满。孙延龄的妻子孔四贞时常挂念清朝政府对她的隆恩，劝导孙延龄停止反清，归顺清朝政府。孙延龄正准备接洽清军归顺的消息被吴三桂得知，吴三桂派吴世琮将其诱杀。从此，广西被吴世琮盘踞，十分猖獗。

吴世琮率军五千，分水陆两路渡过桂江，先击败傅弘烈所部绿旗兵，莽依图急速率领后续部队撤退，一直退到广西梧州和广东德庆。吴世琮增兵数万，乘胜追击，连败傅弘烈部于贺县、滕县，直逼梧州。傅弘烈与莽依图率敢死队出击，才击败吴三桂军。随后，清军乘胜追击，直入桂林。吴世琮转而围攻南宁，清总督金光祖遣总兵官谭异和杨国泰等往援，吴世琮闻风匆忙渡江越岭，在新村西山之巅，阵兵迎战。莽依图与将军觉罗、舒恕、额楚、都统贝勒和金光祖等，分兵围剿，吴世琮负重伤逃亡，南宁解围。随后清军连续收复太平府、柳州，广西就此平定。

一鼓作气，剿灭吴三桂势力

尚、耿两藩反兵相继被扑灭，湖、广、江西、陕西等地陆续被收复，战争态势从全面战争转入局部战争状态，康熙陆续解除了安亲王岳乐、顺承郡王勒尔锦、贝勒察尼等的大将军、将军的职位，命他们解印归京，对他们在之前战争中的表现分别给予功勋奖励和惩罚。岳乐在战争中表现突出，给予褒奖，而勒尔锦、察尼由于多次贻误战机，不听指挥，被削去亲王、郡王、议政以及宗人府的职位。

在进攻四川、云贵剿灭吴三桂余部之际，康熙根据当前形势，做出了新的军事部署，对进军四川、云、贵的三路统帅进行调整。任命贝子章泰接替岳乐为定远平寇大将军，与将军穆占和绥远将军、湖广总督蔡毓荣率领湖广大军进征贵州；将军赖塔功绩卓著，任命他为征南大将军接替莽依图，统领广西满汉大军，选取广州的清军精锐与原平南王属下的部分官兵，从广西南宁出兵，进取云南；命陕西提督赵良栋、将军王进宝等率领绿旗兵由陕西进军四川，三军在云南会师后，归章泰统一指挥。

四川、云贵地区山陵起伏，沟谷纵横，骑兵在这里受到限制。剿灭残敌，收复四川、云、贵只能依靠绿旗步兵的力量。康熙把来于北方和东北地区的大部分蒙古兵、乌拉兵、宁古塔兵和部分满洲骑兵，从前线陆续撤回，以汉兵汉将为主。

康熙十八年（1679）十月，康熙派遣内阁学士禧佛、郎中倭黑前往陕西，对将军张勇、王进宝、提督赵良栋和孙思克传达皇帝的旨意，现在敌人已经败逃凭借地势阻挡我军，在这里骑兵和武器派不上用场，只能依靠步兵的力量，你们各自率领所属绿旗兵，平定汉中恢复四川，在你们进兵征讨时，满族大军会相继进剿，为你们接运粮饷，不会出现粮饷匮乏的情况。康熙还指示议政王大臣等人，“进取四川，满族大军做好后勤保障极为重要”。

同时，康熙命陕西大将军图海统率陕西满汉大军进取汉中兴安。图海与将军佛尼勒、将军毕力克图与提督孙思克、将军王进宝以及宁夏提督赵良栋等，分别从兴安、略阳、栈道和徽州等四路向汉中挺进。

吴三桂军将领王屏藩屯兵数万于兴安、汉中等地，吴之茂据守四川松潘地区。10月10日，王进宝收复陕西凤县和甘肃两地，于10月下旬，攻占武关，乘胜追击逃敌，直抵汉中。王屏藩率逃军从青石关撤到四川广元，清朝军队收复汉中府。

10月中旬，图海率大军至镇安县，兵分两路，进占梁河关。图海等乘胜只抵兴安州，吴将谢国、总兵王永世等率文武官员三百八十二人、兵丁一万四千三百多名至军前投诚，兴安州收复。接着又连下平利、紫阳、石泉、汉阴、洵阳诸县，及湖广竹山、竹溪等县。毕力克图也在10月中旬收复甘肃的成县、阶州、文县等地。

赵良栋率大军由密树关攻向徽州，吴三桂军弃城遁逃，徽州收复。11月，赵良栋挥师渡过白水江，兵不血刃，占领略阳，随即分兵三路，攻下阳平关打通了进兵四川的通道。

汉中平定后，康熙封赵良栋为勇略将军，命赵良栋与王进宝将军分兵两路迅速兵进四川，同时又命图海率兵镇守汉中，筹备进蜀作战大军的粮饷以及调度进川的军兵。康熙非常郑重地命令图海：“凡是陕西通省以及各处官兵，只要是王进宝、赵良栋要求调遣的，必须以最快的速度配发，不得有误，如果漫不经心，造成调遣迟延，就会耽误平定四川的大事。”从康熙的言辞中表明，如果耽误了事，你自己看着办吧。赵良栋从陕西、宁夏、甘肃等所属各个兵营中选取标兵一万一千人，从大安驿与王进宝将军发兵四川。

康熙十八年（1679）十二月，王进宝率军击败朝天关守敌，迅速占领广元，随后分兵三路，直奔保宁，在距城二十里处占据孔道，安营扎寨，康熙十九年（1680）正月初，王屏藩等出动两万人袭击清军，王进宝列阵迎战，大败吴军，追剿逃敌至锦屏山，连续攻破敌营四座，占领保宁城，吴军将领王屏藩与陈君极上吊自杀，将军吴之茂、张起龙等将官共十七人被擒，保宁被清军收复。

同时，赵良栋率兵渡过白水坝，在青川石峡沟击溃吴三桂军伏兵，吴龙安府总兵姜应熊投降，吴三桂军退至旧州明月港，断桥坚守。赵良栋率兵直接游到对岸，奋勇击退守敌，急令总兵官王进才分兵直取成都，他自己率大军进攻绵竹。吴军巡抚张文德等率领文武官员二百余人归顺，成都收复。康熙提升赵良栋为云南、贵州总督，加兵部尚书衔，同时兼管将军事务。

康熙十九年（1680）十月，绥远将军蔡毓荣、安远平寇大将军章泰先后从沅州出发，向贵州镇远进军。吴将张足法、杨应选在清军到达镇远的前一天夜里，就悄悄逃走了，清军轻易地占领了镇远城。康熙预料吴三桂军不会坚守贵阳，必定占据鸡公背铁索桥天险，于是，康熙紧急下令大将军章泰等直取贵阳。在途中，清兵大破吴三桂军韩天福部，夺取平越州，恢复新添、龙里二卫，进逼贵阳。

吴世璠慌忙协同将军刘国炳、叔父吴应麒连夜逃向昆明，清军轻易地占据贵阳。接着，清军攻下永宁州，追敌至鸡公背。扼守盘江铁索桥的一万三千余吴三桂军，慌忙焚桥逃窜。这时，归顺清军的普安土司龙天祐、永宁土司沙起龙等立刻架设浮桥，帮助清军渡过盘江，原任贵州提督李本深及大小文武官员相继投降，清军长驱直入，兵临昆明城下。

仍在贵州负隅顽抗的吴军将领高启隆、夏国相、王会、张足法拥兵两万余人，重新攻占了平远城，屯兵在平远山上。清征南将军都统穆占与提督赵赖率满汉兵进军平远山，高启隆兵败逃跑，王会率部投降，清军又收复了平远府。随后相继收复普安、黔西、大定等。

在清军步步进逼的形势下，吴三桂军内部分崩离析。郭壮图猜透吴应麒欲废弃吴世璠取而代之的意图，密令大将线域以支援吴应麒为名，率军赶至交水，诱惑吴应麒出城慰劳援军，线域乘其不备，命令部属将吴应麒当场勒死，吴应麒在昆明的两个儿子也同时被杀。吴藩内部骨肉相残，人心涣散，残败的局面已不可收拾。

康熙十九年（1680）十月下旬，广西大军在赖塔的率领下，从广西南宁出发，往田州、泗城抵达西隆州。章泰与蔡毓荣等也由贵州进入云南，与赖塔会师后，即向昆明进军，章泰等在距离昆明三四十里外的归化寺安营扎寨。吴世璠急召胡国柱、夏国相与马宝等将领从四川率军赶来救援，吴世璠将守城将领的家人聚集在五华山宫城，令其死守。

昆明倚山临湖，利于防守，而清军驻营离城较远，包围很不严密。尤其是昆明池，南北相距百里，池面广阔，池四周的安宁、晋宁、昆阳、呈贡四县的驻军，大都没有撤换，仍由吴三桂旧部防守着。四县驻军也不会坐视自己的亲属、家人困死城内，因此吴三桂军通过船只往来，城内军民所需粮食衣物依靠水路运输，从邻湖四州县源源不断地得到供应。

清军将领数次建议攻城，都没有得到大将军章泰允诺，章泰执意等待敌人自行瓦解。他认为清军兵一路血战才到达昆明，而残敌已经是奄奄一息，只要向城内军民申明大义，必会引起城内内乱，不忍心再让清军葬身在坚城之下。各种原因，才致使昆明城的吴三桂军得以顽抗数月之久。

昆明围困时间太长，康熙十分着急，再三催促攻城，但是章泰仍然按兵不动。九月，赵良栋率兵赶到昆明，与章泰、赖塔两路大军会师。赵良栋看着清军远离昆明城，而且围攻松弛，这样怎么可能破城。赵良栋不顾自己与部属远途跋涉的疲惫困乏，立即亲率所部投入战斗，跨越重重沟壕，夺取土桥、新桥与得胜桥，兵临昆明城下。

章泰也只能下令各路军兵进抵城下，围困数重。同时，章泰又接受赵良栋的建议，在昆明池内，建造大木筏，并在木筏上构筑用来侦察、防御和攻城的高台，设置水军，往来巡逻，严密监视，防备城内敌军图谋逃出昆明城，并封锁了昆明与外界的水陆通道，切断了城内的粮饷来源。

与之前的僵持不同，没有了周边四州县的供应，昆明城内立刻断粮，后来一酒杯米的价格高达一两白银，城内出现饿死人的情况，整个昆明城的军民开始慌乱。章泰等乘势下令各路大军从四面向昆明城发起猛攻，用大炮昼夜轰击。同时，向城内连续射出一封封劝降书，并密派吴三桂部属张起龙持赦免书潜入城内招抚，加速敌军瓦解。吴世璠闻变自杀，郭壮图和他的儿子郭宗汾也都自杀而亡。

线域等率众出城投降，章泰等入城安抚官民，接着，没收了吴世璠的家产，割下吴世璠的脑袋，将方光琛连同他的儿子、侄儿一起于军前凌迟处死。

吴将马宝、巴养元等率军从贵州遵义退到云南寻甸后，携妻子奔往楚雄，屯踞乌木山，凭险抗拒清军。清都统希福、提督桑峨等率师分路入山进剿，大败吴三桂军，马宝、巴养元等仓皇越山逃遁，潜入姚安山中，这时，部众散亡殆尽，剩下不到百人，马宝投降。康熙下旨："马宝罪情严重，不能轻饶。"命大将章泰将马宝、巴养元等押解京师。

夏国相败遁广南。大将军章泰命土司侬朋及防守临安总兵官李国梁率师进剿，清军直抵西板桥，将吴三桂军紧紧包围，堵绝逃路。夏国相与王永清、李攀龙等诸将率部属缴印投降。章泰将李攀龙等斩于军前，押送夏国相回京师正法。胡国柱、王叙、李匡等在逃跑的过程中，自知穷途末路，逃无可逃，自杀而亡。

康熙十七年（1678）吴三桂病死，吴军逃入云贵，郑经退守海澄厦门。康熙考虑到耿精忠留在福建，怕他发生变故，如果要耿精忠来京，又怕他怀疑，所以密谕康亲王让他上奏，召见耿精忠。康亲王没有理解康熙的意图，反而上疏揭发耿精忠之罪，请求皇上将他杀掉。康熙又明确指出：现在广西、湖南、汉中、兴安都已经底定，逆贼余党归顺的人很多，现在将耿精忠杀了，恐怕令归顺的人心中不安，如果他能自己来到京城，那就什么事都解决了。

在康熙的安排下，耿精忠来北京觐见皇上，康熙立即下令马九玉为福州将军，管辖藩下军兵，耿精忠一到北京后，就被康熙拿下，交予司法机构审理，王大臣等议定革去耿精忠王爵，并将耿精忠父子及曾养性、白显忠等一律磔死籍没。康熙下令将耿精忠暂时下狱，将家属、部属归入正黄旗、汉军旗下。

康熙二十年（1681）十月，三藩彻底平定以后，康熙征求大臣的意见，是否给予耿精忠宽大处理，大学士明珠奏言："精忠罪较尚之信尤为重大，尚之信不过纵酒行凶，口出妄言，精忠负恩谋反，且与安亲王书多狂悖语，情无可贷，当敕法司明正典刑。"

于是耿精忠与曾养性、江元勋、刘进忠等九人"并磔于市，悬首示众"。高起隆、张国柱、巴养元、郑旺、李继业等皆弃市（在人众集聚的闹市，对犯人执行死刑），妻女财产籍入官（财产充公，妻女卖为官奴）。夏国相、李本深、王永清、江义磔死（凌迟或车裂），亲属坐斩（杀头）。

"三藩之乱"历经八年，至此终告平定，年轻的康熙经受了一次严峻的考验。在这次严峻的考验中，康熙展现了他卓越的军事天赋、冷静的头脑和过人的胆量与智慧，经过"三藩之乱"的洗礼，这位年轻的帝王开始谱写属于他的辉煌。

CHAPTER

第五章 清朝政府对台湾的统一 5

台湾从古至今都是中国版图不可分割的一部分，明朝末期，被荷兰殖民者侵占。1661 年 4 月，郑成功率军登陆台湾，在当地人民的支持下，经过九个多月的艰苦战斗，将荷兰入侵者全部赶出，结束了荷兰在台湾三十八年的殖民统治。康熙亲政后，经过数次谈判和剿抚并用的政策，最终和平收复台湾，完成了国家统一大业，康熙对郑成功为台湾和民族所做的卓越贡献给予了很高的评价。

郑氏家族，台湾风雨二十载

清顺治帝十八年（1661），郑成功令长子郑经防守厦门，郑成功亲率战船一百二十艘，将士二万五千余人，在金门料罗湾誓师东进收复台湾，经过激烈的海战，郑军击沉荷军主力舰“赫克托”号，收复了赤嵌楼。清顺治帝十九年（1662），荷兰侵略者被迫投降，自此，郑氏开始在台湾进行统治，坚持抗清活动。不久，郑成功病逝。其子郑经继承王位继续从事抗清活动，曾一度打到南京，在南京遭到挫败后，将军队退回台湾。曾和清政府进行五次谈判，但最终谈判没有结果，郑经去世后，台湾发生政变，监国郑克臧遇害，冯锡范拥立其弟郑克塽，国政日坏，人心涣散。清康熙二十二年（1683）六月，福建水师提督施琅攻下澎湖后迫进台湾，八月十八日，郑克塽向清军投降，郑氏在台湾的统治结束。

郑成功，本名森，字明俨、大木，福建省南安市石井镇人。公元1624年8月27日生于日本长崎县平户千里滨，父亲郑芝龙，母亲田川氏。1630年，郑成功随叔父郑芝燕回国，住晋江安平郑府。李自成率农民起义军攻入北京，明朝灭亡。9月中旬，清王朝定都北京，在击败了李自成的农民军后，第二年6月攻克南京，南明弘光政权覆灭，郑成功返回福建。

赤嵌楼

同月，唐王朱聿键在福州被郑芝龙等拥立为帝，国号隆武。皇帝对郑成功的忠勇十分嘉许，赐他与国同姓，赐名“成功”，从此南明官方称为“朱成功”，又称为“国姓爷”。1661年4月，郑成功击败荷兰人收复台湾。收复台湾以后，废除了荷兰人的殖民制度，改赤嵌楼为承天府，设置二县，重兵把守澎湖，改台湾为东都。同时实行屯田制度，令数万军眷随军赴各地大肆垦荒，在台湾南部和西部的嘉义、彰化、云林、新竹等地形成一大批村镇。同年五月八日，郑成功染病身亡，年仅三十九岁。

郑经（1642年10月25日—1681年3月17日），字贤之、元之，号式天，是郑成功的长子。郑成功病逝承天府时，郑经人在厦门，叔父郑袭准备篡位。郑经在周全斌协助下，平定郑袭，自称“招讨大将军世子”。郑氏内斗之际，1663年清朝与荷兰联手进攻金门与厦门，金厦两岛被攻陷，郑经退守台湾，将“东都”改为“东宁”，并伺机反攻福建。郑经在陈永华的辅政下，抚土民，通商贩，兴学校，进人才，定制度，台湾岛内逐渐兴盛。

康熙六年至康熙八年（1667—1669），清朝政府两次派人到台湾招抚，郑经想按照“朝鲜事例”为先例，将台湾从中国独立出去。康熙十七年（1678）二月，郑经授刘国轩为中提督，刘国轩有将才，趁三藩叛乱，进攻清政府，失败回台湾后，郑经心情抑郁，不理政事，沉迷酒色，于康熙二十年（1681）正月十八日去世。

郑克塽生于清康熙九年（1670）六月二十八日，郑成功之孙、郑经次子，号晦堂，字实弘。郑克塽的一生可以用“悲情短暂”来形容。清康熙十八年（1679）四月，郑经的部将，辅佐郑经经营台湾的功臣陈永华表示“元子年满十六，聪明特达，宜循‘君行则守’之典，请元子克臧监国”，郑经同意了。

郑克塽

康熙十九年（1680），郑经反攻大陆失败，返回台湾。终日沉于酒色，身体日渐虚弱。康熙二十年（1681）三月十六日寅时死于东宁北园别馆，虽然郑克臧聪明，做事认真谨慎，但是他的祖母董太夫人认为郑成功是被郑经和他奶妈生子一事气死的，因此迁怒于郑克臧，极力主张立次子郑克塽为世子。

这使得郑氏集团内部权力之争变得空前激烈，主要分为两派，一派拥护郑克臧为世子，一派拥护郑克塽为世子，以冯锡范为首拥护郑克塽的一派势力较强。不久，年仅十二岁的郑克塽即位，冯锡范因拥立有功，封为忠诚伯，仍然掌管侍卫，兼参谋军事机密。郑聪为辅政公，然而，资质平庸懦弱，遇事不能决断，由冯锡范说了算。

郑明、郑智为左右武骧将军。又将“克臧螟蛉难嗣大位”的文书通告四方，军心、民心尽丧。此时，康熙任命施琅为“福建水师提督，总兵官，加太子少保”进军台湾。郑克塽率诸将、官吏归降，郑克塽被带回京师。至此郑氏三代共统治台湾二十三年，到郑克塽结束了，台湾从此又回到了祖国的版图。郑克塽投降后，被软禁在北京，从此过着凄凉、痛苦的生活，于康熙四十六年（1707）八月二十七日卒世，享年三十七岁。

台湾风风雨雨二十多年，其中有郑氏家族拒外辱的民族功业，也有后来与清政府的分庭抗礼。台湾在这二十多年间，实施有利于经济发展的一些政策，许多荒地得到开垦，经济得到发展；政治制度上，台湾设县开府，促进了台湾政治发展，有利于对台湾的管理与开发。许多跟从郑氏从大陆来到台湾的文人墨客，带来了大量的优秀传统文化以及外来文化，丰富了台湾的文化，促进了台湾文化的发展，它的历史文化也是中华民族璀璨文化的一部分。

争权夺利，台湾郑氏起内乱

台湾作为我国东南海上最大的岛屿，与福建隔海相望，是中国领土不可分割的一部分，郑成功赶走荷兰殖民者收复台湾，将台湾作为自己的根据地，将他“反清复明”的事业继续下去。但是，他壮志未酬身先死，于1662年6月23

日不幸因病去世。

郑成功去世后，他的儿子郑经继任台湾政权的统治者。在郑经统治期间，基本上还算是比较稳固。但是在郑成功去世后的第二年，郑经的统治地位受到了叔父郑袭的威胁，身家性命都差点儿被葬送掉。

郑袭是郑成功的弟弟，跟随郑成功东征西战，立下了赫赫战功。在收复台湾的战斗中，他身先士卒，赢得了郑成功的高度赞扬。郑成功在收复台湾之后，便将军事大权交给了郑袭。郑经想要从叔父郑袭手中收回兵权，因此，郑经与郑袭叔侄二人的矛盾空前激化。郑袭深知，任事情按照这样发展下去，他郑袭很可能就是最终的失败者，所以，他就决定先下手为强，出兵包围了台湾府城。

听到这个消息，郑经大为震惊，急忙召集冯锡范、刘国轩和刘国辕等人商量对策。郑袭手下有一万多人，看来这次是在劫难逃了。刘国轩认为这没有什么好害怕的，兵来将挡，水来土掩。冯锡范也认为跟他们拼个鱼死网破。台湾府城内，只有郑经的三千亲兵。郑经认为不能同郑袭硬拼，得要想办法出去，于是与冯锡范、刘国轩等人商议脱身之策。

郑袭已将台湾府团团围住，即使侥幸脱身，也无处可逃。郑经指出，郑袭虽有一万多人，但兵力较分散，如果大家集中所有人手，趁着夜色，从一个方向打出去，不难冲出包围。问题是，大家冲出去后，去哪里安身。经过商议后郑经决定暂时去澎湖避一避。

郑袭虽掌握着台湾的兵权，澎湖列岛却是由刘国轩、刘国辕兄弟防守，岛上配置着很多火炮火枪。郑袭想攻占澎湖也不容易，台湾水师中的兵船，至少有一大半掌握在刘氏兄弟手中。

郑袭团团围住台湾府城后，因担心郑经趁着天黑逃跑，就没有急于攻打，等到天亮时再发动进攻。郑袭一边督促手下加强戒备，一边派人给郑经送去了一封信，要求郑经主动交出台湾府城就放郑经等人一条生路。

郑经决定将计就计，给郑袭回了一封信，表示为避免无谓的牺牲，他愿意交出手中的权力，请郑袭在南边闪开一条道路，让他领着两个儿子撤出台湾府城。

郑袭接信后在南边让开了一条道路，却至少埋伏了有五千人马，只要郑经率人从南边撤出，就将遭到毁灭性的攻击。

郑经给郑袭写信不过是为了迷惑对方，根本没想过从南面撤出，对于郑袭的计谋郑经看得很清楚，因此，他一边做着从南边撤出的假象，一边悄悄地将大部分兵力转移到台湾府城的西路。半夜，数百名郑经的亲兵簇拥着十几辆马车，缓缓地出了台湾府城的南门，走向郑袭的埋伏圈。

郑经没想到郑袭会真的上当受骗，当郑袭把注意力集中在了台湾府城的南路时，郑经就带着自己的两个儿子郑克臧、郑克塽，与大将冯锡范、刘氏兄弟，率领二千多亲兵，从台湾府城的西路杀了出去。郑袭听到手下报告：那十几辆马车中既没有郑经父子，也没有冯锡范和刘氏兄弟。就在郑袭暗自诧异的时候，属下报告说郑经已经率人从台湾府城的西门冲了出去，急忙调集兵马扑向西面。

台湾府城西路有两千多名郑袭的手下，要想挡住郑经等人的去路，不是没有可能，问题出在郑袭的两千人手防线拉得太长，而郑经的两千多亲兵却是集中在一点上向外突围。并且，郑经及其手下的目的只是冲出包围，并不想恋战，所以，在茫茫夜色掩护下，郑经率众向西一冲，就很快地冲破了郑袭手下的围堵。等到郑袭带着大队人马赶到，郑袭所看到的，只是沉沉的黑夜。

郑经率众经过两天的跋涉，到达了台湾的西海岸。郑经不敢在台湾岛上久留，在刘国轩的引导下，郑经率领数百名疲惫亲兵，登上几艘兵船，仓皇离开了台湾岛。经过几天的海上漂泊，郑经一行人安全地到达澎湖。这里有刘国轩和刘国辕兄弟的二百多艘兵船和数千官兵。郑袭即使派兵追来，也讨不到什么好处。郑经到达澎湖之后，算是有了一个立足之地。

当然，只是有一个立足之地，对郑经来说，是远远不够的。同大陆相比，台湾是弹丸之地，而澎湖连弹丸之地也称不上。郑经心里清楚，以澎湖的几千人，想从郑袭手中重新夺回台湾，非常不现实。郑经对冯锡范、刘国轩等人指出，仅凭我们自己的力量，是不可能将台湾从郑袭手中夺回来的，现在唯一的办法就是去大陆，向耿精忠借兵。

耿精忠的为人，郑经非常了解。耿精忠在生活上有两大爱好，一是爱财，二是好色，只要满足耿精忠的这两大爱好，借兵就有希望。于是郑经命刘国轩、刘国辕兄弟，率十几艘兵船和千余士兵，专门打劫从台湾海峡经过的商船积累财物。命冯锡范率数十艘兵船及千余士兵，去大陆沿海渔村劫掠年轻貌美的女子。两个月后，郑经亲率十几艘满载金银和美女的兵船抵达福州东海岸，耿精忠表示他已被郑经的这番诚意深深打动，知道郑经来意后，耿精忠立即同意借兵。

借到了援兵，郑经知道自己的机会只有一次，所以并没有着急攻打台湾。而是又花了近两个月的时间，对所借的一万五千援兵进行严格的训练，同时把澎湖列岛上凡是能够打仗的男人都组织了起来，郑经的军队数量已经达到两万多人了。

见到时机成熟，郑经率领两百多艘兵船和一百多艘劫来的商船、渔船，满载两万多人的军队，离开澎湖，向台湾岛驶去。郑经在离开澎湖前对冯锡范和刘氏兄弟说道："这一次无论成功与否，我郑经都将不再离开台湾。"

郑经的船队抵达台湾岛西南方的海面上时正值黑夜，为了摸清台湾府城周围的情况，郑经先派刘国轩领着一支小分队乘小船前往岛上侦察。半夜时，刘国轩回来报告："郑袭的一百多艘兵船都停泊在海边，台湾府城内外，聚集着郑袭一万五千万人马。"

次日凌晨，趁着浓浓的大雾，刘国轩、刘国辕率二百多艘兵船贴近郑袭停泊在岸边的兵船时，郑袭的水师还一无所知。等到大雾散去，刘国轩、刘国辕命令二百多艘兵船上的大炮同时开火，顿时炮声隆隆、硝烟弥漫。台湾府城西南方的海面上，升腾起比先前大雾还要浓的烟雾。刘国轩、刘国辕的突然袭击和局部兵力上的优势，郑袭的水师被打得措手不及，想组织还击也是力不从心。双方的兵船近在咫尺，刘国轩、刘国辕的炮弹砸得郑袭的水师根本就没有什么还手的余地。

郑袭听到手下报告，立即断定是郑经前来骚扰，之所以这么判断，是因为他不知道郑经向耿精忠借兵一事。在他看来，凭郑经的力量，是不可能对他构成什么威胁的。但是他也清楚，郑经的兵船比他的水师要强大许多。所以郑袭立即从台湾府城周围抽调数千人马和十几门大炮，赶往海边支援水师。这样就为郑经和冯锡范南北夹击台湾府城提供了战机。

刘国轩、刘国辕向郑袭水师发动猛烈攻击的同时，郑经和冯锡范各率万余名士兵在南北两岸偷偷登陆，并按计划对台湾府城进行夹击。郑袭抽调了几千人赶到岸边去支援水师，台湾府城兵力十分空虚，郑经和冯锡范的南北夹击进行得十分顺利。只打了两场不大不小的仗，郑经和冯锡范的人马就在台湾府城的东边会师了。

台湾府城内，依然驻守着郑袭的数千人马。郑袭正带着手下在海岸上支援自己的水师。郑经与冯锡范商议，必须在郑袭撤回来之前攻下台湾府城，由郑经带人攻城，冯锡范率领一路人马赶往郑袭回撤的退路上。郑经亲率一万多人连续猛攻了三天，终于攻入台湾府城，城内的守军见势不妙，正如郑经所料，以夜色为掩护，弃城向西逃去。郑袭听闻台湾府城有变，急忙从西海岸撤军，想回师增援。冯锡范奉命并未加以拦截，让郑袭两股部队很轻松地会合到了一起。郑袭与郑经叔侄两人摆开了决战的架势，在台湾城与海岸之间，展开了一场殊死搏杀。郑经率部向郑袭猛冲猛打，顶住攻击后的郑袭率部对郑经猛打猛冲，双方在并不十分开阔的地带里，厮杀了数天数夜，郑经没能向前挺进一步，郑袭也顽强地坚守防线，没有后撤半步。

郑经与郑袭激烈交战的时候，刘国轩和刘国辕已经结束了海上的战斗。郑袭一百多艘兵船大部分被击沉、击毁，十多艘兵船及五百多名官兵投降了刘氏兄弟。刘氏兄弟的损失也很大，能作战的兵船只剩下一百多艘，士兵也只剩下一千余人。了解到郑经与郑袭的交战态势后，他们决定从背后偷袭郑袭。

刘国轩兄弟二人商定最后的计划：用一千余名部属袭击郑袭后方的大本营，且战且退，将郑袭的兵马引到海边来，命被俘的五百多名士兵用兵船上的大炮轰击郑袭，郑袭的阵脚必将大乱，郑经发动猛攻，就会胜利在望。

袭击郑袭很危险，但留在兵船上同那些俘虏待在一起似乎更危险。袭击郑袭，即使失败，也有逃生的可能，但是同俘虏待在一起，俘虏反将起来，那就只能是死路一条了。所以，刘国辕决定率兵偷袭郑袭。

刘国辕率一千余名士兵登岸之后，遇到一支三百多人赶去增援郑袭的队伍。刘国辕下令攻击，很快将那三百多人的队伍打得落花流水。初战告捷，刘国辕的信心和胆气陡增。抵达郑袭后方大本营时，下令发起了猛攻。郑袭后方的大本营只有数百人，经刘国辕拼命攻击，顿时溃不成军。刘国辕命令部属直向前冲，郑袭不得不从前方抽调军队来迎击刘国辕，刘国辕见敌人援军来到，吓得掉头就跑，却为郑经的向前推进创造了有利条件。

郑经见郑袭的防线全线松动，趁机与冯锡范一起向郑袭发动了全线进攻，郑袭虽然还没有全线溃败，但是也只能且战且退，一步步退向海边。而刘国辕逃到海边时，身旁只剩下一百余人，而他的手下，并非全部战死，而是他逃跑的速度太快，没跟上刘国辕。刘国辕不敢在海边久留，匆匆地上了一艘兵船去和刘国轩会合，当他看见那些俘虏没有暴动时，刘国辕才松了一口气。

被刘国辕落下的那些官兵，就没有刘国辕那么幸运了。后方大本营遭袭令郑袭震惊，但他比较冷静，急调两千余人对刘国辕的人马进行追击。他想先尽快消灭刘国辕，然后再集中兵力去对付郑经。所以他在前方且战且退，在后方，对刘国辕的人马紧追不舍。他认为只要尽快消灭了刘国辕，就能顶住郑经的进攻，就能争取到援兵到来所需的时间，只要援兵一到，就可以转守为攻、转败为胜了。

郑袭的做法不能说没有道理，散布在各地的军队如果能及时赶到这里，就能扭转战局，但是郑袭没有想到的是，他这样做恰恰中了刘国轩的计谋。而被刘国辕抛下的那五百多官兵来到海边之后，见逃生无望，与追上来的郑袭军队展开了一场殊死搏杀。面对郑袭的两千余名追兵，五百多人表现出了一种视死如归的精神，在被敌人分割、包围，危在旦夕之时，没有一个人退缩、投降。令兵船上的刘国轩双眼发直、血脉贲张，但是他心中清楚，自己这些官兵不可能活着回来了，刘国轩双眼赤红，重重地命令道："传我的命令，各炮手瞄准海边，开炮！"

清朝大炮

一百多门大炮一起瞄准了海边，百炮齐发。炮弹在海岸边正在厮杀的人群中炸开。炮声隆隆中，血肉横飞。郑袭抽调来追赶刘国轅的那两千人，被炮弹炸得非死即伤，侥幸还活着的，逃得不知所终。郑袭抽调了两千人对付刘国轅，所以抵挡不住郑经和冯锡范的进攻了，边战边往海边撤退，他希望自己的两千人马在消灭了刘国轅之后，回过头来投入战斗。等他撤到海边，发现除了累累尸首外，还看到了刘国轩的一百多门大炮在等待着他。

郑袭战败后，被郑经幽禁在厦门岛，郑经重新控制了台湾，冯锡范和刘氏兄弟功劳卓著，郑经任命冯锡范掌管台湾的步军，任命刘国轩、刘国轅统率澎湖列岛上的全部水师，进而巩固他在台湾的统治地位。台湾军事力量在郑经执政时期达到了顶峰。

1677 年，郑经趁着“三藩之乱”进军内地，被康熙和他的清军击败，遭遇沉重的打击，退守台湾后，沉迷酒色，不久后去世。临终前，他命长子郑克臧继位。郑克臧继位触动了冯锡范和刘氏兄弟的权力利益，双方开始密谋篡权。郑克臧当政后，把他们手中的兵权收缴得差不多了，手中可以调动的兵马非常有限，澎湖列岛上军权也被郑克臧收回到自己手中。

郑克臧在自己的宫中与几个亲信一起喝酒时，有人禀报说郑克塽在家中发现一封郑经的遗书，请郑克臧去一趟。郑克臧自然不相信郑克塽发现遗书的事，郑克臧最后还是决定亲自去一趟。于是，郑克臧带着大队人马来到了郑克塽的府上。

当郑克臧见到隐藏在暗处的冯锡范等人后，郑克臧就知道事情不妙，想要退出大厅，但是他回头一看，客厅的大门早已被关上，门内旁边，站着两个人，一个是刘国轩，另一个则是刘国轅，在刘国轩和刘国轅身边站着七八个壮汉，亮着明晃晃的刀剑。

十几个人手执兵刃朝着郑克臧等人扑了过去。郑克臧和几个亲信奋起反抗，但终究没能改变必死的结局，杀死了郑克臧后，他们将郑克塽找了出来。郑克塽非常高兴，郑克臧现在死了，台湾就是他的天下了。在冯锡范和刘氏兄弟的帮助下，郑克塽成为台湾的统治者，但真正的大权掌握在刘国轩和刘国轅的手里。

招抚为主，长期复杂的斗争

顺治帝十八年（1661）十二月，郑成功率军攻占台湾，结束了荷兰侵略者在台湾三十八年的统治。从此，郑氏政权以台湾为根据地，以金门、厦门两岛为支点，继续坚持着抗清斗争，使清政府在东南沿海地区的政局很不稳定。康熙从当上皇帝开始，为了完成国家的统一大业，根据不同时期的形势变化，以招抚为主，军事为辅，同郑氏政权进行了长期复杂的斗争。

康熙元年（1662）五月，郑成功逝世，他的儿子郑经当时驻守在厦门，郑成功的弟弟郑袭在黄昭、肃拱宸的策动下，以郑成功遗言为借口，阴谋篡位。郑经获悉这一消息后，立刻准备带着周全斌、陈永华与冯锡范奔赴台湾平息叛乱。

趁着郑氏集团内部发生内讧之际，清朝政府福建总督李率泰、靖南王耿继茂等、派遣都司王惟明、李振华同总兵林忠立刻前往厦门，以“遵守政府制度，削发登岸，加官进爵”为条件，招抚郑经。于是郑经暂停台湾之行，召集郑泰、洪旭、黄廷等召开军事会议，想以朝鲜为先例，从中国独立出去，称臣纳贡，以此作为和谈条件。随后李率泰、耿继茂又派遣林忠等到厦门，要求郑经将之前所占领的各州县交还给清政府，并派官员去漳州商议，同时派人禀告康熙。郑经在内外交困的情况下，不得不暂借清朝政府招抚之名，阳奉阴违，赢取时间，等到平息内患后再作打算。于是，郑经派杨来嘉、吴荫为使者，携带此前所得各州县的二十五枚印信，随林忠到漳州和谈。

耿继茂、李率泰一方面厚待二人，派遣官员陪同杨来嘉等一起入京面圣，另一方面乘郑氏叔侄争权之际，命令水师提督施琅、提督马得功、海澄公黄梧以及诸路总兵等，暂时按兵不动，要他们趁机密布间谍，挑动郑氏集团内部矛盾，从内部瓦解敌人。

郑经也趁清政府招抚的空隙，将金门、厦门各岛的事务交给郑泰、洪旭和黄廷等调度。他同周全斌率领水师赴台湾。到达澎湖后，郑经先派遣礼官郑斌前往台湾，向当地官兵宣告："世藩来台奔丧，各镇官兵分驻守原地。"随后，郑经率军消灭了黄昭、肃拱宸等作乱的魁首，并以礼宽待他的叔父郑袭，使台湾局势迅速稳定下来。郑经命郑省英为承天知府，颜望忠镇守安平镇，黄安管理承天府南北两路兵马以及地方军务。

杨来嘉从北京返回厦们，告诉郑经，清朝政府的条件是郑氏必须剃发登岸，郑经不同意，清政府这次招抚也以失败而告终。

康熙二年（1663）正月，郑经带领周全斌、陈永华与冯锡范等率领亲军五总旗下兵丁共四千余人，战船九十余艘，自台湾返回厦门。诸将前来迎接，唯独他的伯父郑泰在金门称病没来。郑经曾于黄昭营中搜出郑泰勾结黄昭图谋篡权的亲笔密信数封，郑经虽将密信暗藏起来，不露风声，但郑泰心中有鬼，不敢前来。

周全斌向郑经献计："对方战船多过我们，逼急了对方容易造反，不如用诱饵引他上钩。"郑经询问什么是诱饵，周全斌不慌不忙答道："藩主可向郑泰宣称台湾百废待兴，地方上没人约束，恐怕会发生意外，决意将眷属搬往台湾，金门、厦门两岛只好暂交伯父管理，这样，郑泰一定会安心。"

郑经认为这个主意不错。特派礼官郑斌、户官吴慎两人赶赴金门，将金厦管理权交付郑泰，并向郑泰转达郑经的命令说郑经要回台湾了，金门、厦门以及诸岛，就麻烦伯父管理了。郑泰十分高兴，好好地招待了郑、吴两人一番。

但是郑泰心怀疑惧，不敢到厦门道谢。

郑经将刘国轩、黄安等送往台湾，郑泰心中的疑虑才慢慢消解，亲自前往厦门见郑经。郑经热情款待郑泰，又嘱托郑泰要一心担当起固守金门、厦门的重任，郑泰对郑经的这一番“深情厚意”怦然心动，心中最后一丝疑虑终于打消。第二天郑经设宴邀请郑泰议事，郑泰坦然从命。却没料到郑经早就布置了伏兵，等到酒过半席，郑经突然掷杯于地，伏兵齐出，郑泰猝不及防，被当场擒住。郑泰大声质问：“我有何罪？”郑经出示郑泰与黄昭图谋篡位的密信，郑泰无言以对。郑经令郑泰自缢的同时，派遣周全斌飞速占领金门。

郑泰的弟弟郑鸣骏听到消息后，慌忙与杨来嘉、杨富等带领所部官兵船舰向清提督马得功投降，接着郑泰的儿子郑钻绪和他的弟弟都督郑庸、郑经叔、伯平国公郑世袭、定国公郑耀吉等郑氏亲族以及庆都伯王秀奇、忠靖伯陈辉、左都督陈舜穆、副都统何义等一批重要将领也陆续归降清朝政府。

权力争夺导致郑氏家族内耗自身力量，驱走了一批谙熟水战的将军、都督、总兵、参领、游击、守备、千把总等将领与兵丁，带走了大量船舰器械等装备，仅郑泰的儿子郑钻绪就带走文武官员四百多名，水陆兵将七千三百多名，舟舰一百八十多艘。这批投降的官兵都受到清政府的优待和重用。清朝政府授予郑鸣骏为遵义侯、郑钻绪为慕恩伯，何义、陈舜穆为左都督等，后来他们成了清水师的骨干力量，为瓦解和消灭郑氏政权起了很大作用。而郑氏集团也就是在相继争权的内耗中不断地削弱自己。

清政府在连续招抚不成后，渐渐失去了耐心。康熙二年（1663）四月下旬，海澄公黄梧在向清朝政府关于进攻厦门的奏疏中指出，郑成功病故，郑经继起，此时郑经还没尝够权力的味道，不适合进行招抚，应当趁着对方人心散乱，准备不充分的机会，快速出兵剿灭。施琅也向清朝政府康熙上疏，提出若不趁此良机进击，将会贻误战机，并对当前形势做出了详细的分析。

坚持和谈，郑经被驱守台湾

施琅在给清政府的信中分析道："郑氏以前所依靠的是郑泰所属官兵，如今郑泰被害，他的弟弟郑鸣骏携带郑泰的家眷官兵已经归顺，厦门已经没有了精兵良将。郑氏集团内部'相互猜疑，心怀芥蒂，貌合神离，郑家内部逐渐开始瓦解'。自从沿海百姓内迁以后，沿海居民与郑氏'私通接济的人日渐减少'，厦门米价现在已经达到一担三两五钱，草料一担增至三钱五分，郑军粮饷匮乏。我军占踞同安、海澄两地，占据了厦门的咽喉，每天无论白天还是晚上，都派战舰去骚扰敌军，现在郑军已经草木皆兵，慌乱不堪。"

清朝政府采纳了黄梧和施琅的意见，一方面派人四处打探信息，并将清朝政府招降之意，遍行散布；另一方面命令靖南王、总督、提督整顿水陆各军伺机围剿。福建水师提督施琅筹人建造快船一百六十艘，招募官兵三千名，日夜操练，准备进兵厦门。

靖海侯施琅

郑经得到清军将大举进兵的消息，将家属迁往金门，并颁发告示，限令厦门百姓移往其他地方躲避，把所有船只集中在金门、围头，用来抵御清军。荷兰侵略者应清政府约请，率领二千五百多名兵士，装备四百多门大炮，驾驶十七艘巨舰，抵达福州港。荷兰从自身利益出发，第一想占据台湾，第二想以此作为通商的渠道，他们为实现这一侵略意图，自愿帮助清朝政府攻取金门、厦门二岛，进而达到夺取台湾的目的，要求清朝政府将台湾岛以及该岛一切城堡、物件交给他们，让荷兰人居住。清军在荷兰船队的协助下，向郑军发起大规模的军事进攻。

荷兰舰船在前，郑军投诚将领郑鸣骏、陈辉、杨富及清军将领等率领所属船队依次紧跟其后，提督马得功驾船守后。郑鸣骏坐一号大帆船，尾楼后书“宁海”二大金字，杨富坐一号大鸟船，尾楼后书“海晏河清”四大金字，提督坐一号大坐驾，尾楼后书“澄清海宁”四大金字，舟师从泉州港向金门进发。清军漳州、海澄水陆由总督李率泰、海澄公黄梧与水师提督施琅率领，进攻厦门。

郑经命令周全斌率战船二十只，同来自泉州的清水师和荷兰船队在金门沙港展开一场恶战。荷兰船队倚仗巨舰、大炮、洋枪向郑军猛烈射击，并堵住金门口，不让郑船驶入。周全斌察觉荷兰船大，只能在水深的地方，于是他立刻命令船队从边沿挺进，并连续向荷船发炮还击。清提督马得功怕荷兰战船着火，吹角摇旗，命令后面全部船舰从左翼驰援。

此时，突然刮起南风，郑军战船扬帆，顺风顺流，从右翼迂回，向清军战船的后方逼进，与杨富的船队遭遇。周全斌率先冲入，五六只郑军战船紧跟着包围上来，连掷火罐，矢石如雨，杨富船上兵士伤亡殆尽，杨富急忙落水而逃。提督马得功见杨富船被夺，飞速转舵来援，周全斌当即指挥战船围攻。马得功因为四面受敌，火罐、药矢都用尽了，船上兵士伤亡严重，而清军战船由于太过于聚集，相互阻挡，各船船头不能掉转，马得功眼见无援，自知不能幸免，投海自尽。周全斌又带领船队，反过来迎击荷兰战船。

另一支清军在总督李率泰、靖南王耿继茂的率领下向厦门发动攻击。施琅率战船一百余只在前，黄梧在后。停靠在南山边的郑军将领黄廷，见施琅的战船开出鸡屿，急命二十只战船迎战。顿时战火纷飞，郑军因处于逆水逆风，形势不利，郑军将领黄廷急忙率军撤退。耿继茂、李率泰乘胜率领大队人马向厦门挺进，守卫高琦的郑军将领陈异率队归降。正在高琦一带迎敌的郑军将领林顺听说陈异投降，厦门失守，也无心恋战，连忙率部逃回金门，同周全斌兵合一处。

这时周全斌也因寡不敌众，最终败退，天色将晚，又因厦门失守，只得率军退至泊浯屿（厦门港）。林顺则带领船队停靠镇海（浯屿西南）。清军趁势占领金门。郑经见金门、厦门已经失守，就偕同洪旭与王秀奇撤离大担、列屿（金门西），率舟师下铜山。耿继茂与李率泰邀请荷兰军一同围剿铜山，荷兰军反而要求清方派战船与他们一起进攻台湾。耿继茂和李率泰没有答应。随着铜山平定，荷兰人见清方一时没有渡海攻台的意思，最后悻悻地离去。

耿继茂与李率泰趁着郑军失守金门、厦门的时机，派遣官员到铜山、镇海等地四处招降，惑乱瓦解郑军。清朝政府的使者到铜山招抚郑经，郑经仍然坚持以朝鲜为例，将台湾独立出去。使者又策动忠振伯洪旭生擒郑经，许诺清朝政府封他为同安侯，世守泉州。洪旭笑着拒绝。但是，迫于清军压境，郑军内部又互相倾轧，郑军军内煽起了一股降风。洪旭眼看着属下将领陆续归降清军，就向郑经建议说："金门、厦门已破，人心慌乱，铜山守不住了，清军频频派人前来，并非为了招抚，其实是为了惑乱人心。现在归降清军的人越来越多，不如撤离铜山，撤回台湾，拖延的时间长了，恐怕会发生变故。"郑经接受了洪旭的意见，准备率领军队回台湾。

康熙三年（1664）三月六日，耿继茂、李率泰率军抵达八尺门，郑军的威远将军翁求多率军民六万人归降。随后清军渡海进军铜山，郑军永安侯黄廷、都督余宽等人率所部以及家属三万两千四百余人归降。郑经率数十艘战船乘风逃向台湾。周全斌因与洪旭向来不和，怕回到台湾后，被其打压，就乘机带领部属从漳浦镇海卫投降清军。

清朝政府任命施琅为靖海将军，以承恩伯周全斌为太子少师，都督杨富为副，左都督林顺、何义等为佐，率领水师征剿台湾。施琅统率兵船向台湾进发，因飓风突发，不得已又退了回来。康熙四年（1665）三月二十六日，施琅再率舟师征台，中途又因南风阻碍，不能前进，在海上待了三天两夜，又被迫返回金门岛。随后，风势不顺，施琅只能一直在金门躲避风浪。

4 月 16 日，天气放晴，施琅再次兵发台湾。在第二天船队驶入澎湖口时，狂风大作，骤雨倾注，怒涛山高，云雾迷漫，施琅再一次收兵返航。这一次，船队在汪洋大海中，遭受巨浪凌空拍击，人仰船倾，船中官兵的呼唤之声就像从水中发出一般，大小各船受到巨浪拍击，散裂进水的比比皆是。有的舢板等用具被水冲走；有的桅樯、船尾、船具、缆绳等断裂，甚至有的小船在风浪中沉没。船队只能任凭风浪四处漂流，直漂至大担、浯屿、厦门、镇海、靖卫、漳浦、潮州等地。施琅所乘战船漂流到广东潮州府表尾后，急速驶向南澳，在铜山、陆鳌沿海等地，收拢漂散的各船，直到 26 日才返回厦门。

台湾远隔大洋，孤悬海外，清军三次出征，都被风浪阻断，无功而返。这引起了清朝政府对继续征剿台湾的疑虑，国内长期的战争已经是满目疮痍，民不聊生，财政困乏，清朝政府需要休养生息。

此时，清政府内部因鳌拜专权与激烈的派系斗争，政治局势并不稳定。因此，清政府对统一台湾的策略由军事征剿转变为和平谈判。郑氏一方，台湾正处在新开发时期，百业待兴，也急需赢得时间，从事和平建设，增强实力，以待东山再起。清朝政府与郑氏之间就出现了和平共处的短暂时期。

康熙六年（1667）六月，福建招抚道官刘尔贡、知州马星携带福建招抚总兵官孔元章的信，赶赴台湾招抚郑经。在没有取得任何进展后，九月，清朝政府派孔元章亲自前往台湾劝降。郑经依旧拿朝鲜说事，否则就是不降。孔元章带了郑经这个投降的条件，离开台湾。为了表示友好，郑经还馈送清方檀香四十斤、降香四百斤、鹿筋两百斤、鹿脯两千六百斤、鳜鱼干一百五十斤。此外，还赏随从等人银两三百六十两。

福建水师提督施琅两次赴台湾，看到台湾根本就没有归降的意思，于是先后两次上疏，陈述台湾问题必须要用武力才能解决。之后，施琅奉命进京，清朝政府授施琅为内大臣，并裁去水师和水师提督，另外派了一名总兵镇守海澄。表明了清朝政府对台湾坚持和平统一的态度。

康熙亲政后，于 1669 年 7 月，差遣刑部尚书明珠、兵部侍郎蔡毓荣，召集藩王耿继茂与都督祖泽清到泉州商议解决台湾的办法。最后他们派兴化知府慕天颜与都督佥事季铨再次赶赴台招抚。郑经依然坚持“照朝鲜事例，不削发，称臣纳贡”。慕天颜等则坚持“削发归顺，自当藩封”。双方争论很多天，也没争论出结果。

郑经派刑官柯平、礼官叶亨随同慕天颜等到泉州谈判。柯平等人坚持郑经的意思，以朝鲜为例，决不削发，明珠等人坚持照康熙的旨意：“只要你们剃发归顺，皇上不吝惜高官厚禄的封赏，你们依然驻守台湾；但不削发，只称臣是不行的。”双方各执一词，谈判陷入僵局。为了争取和平解决台湾问题，明珠等人让慕、季两人随同柯、叶再赴台湾劝导郑经，而郑经则坚定地答复：“让我们削发，就是死我也不同意。”慕天颜等人见郑经态度坚决，只能返回。明珠等人也照康熙旨意，如果他不削发归顺，你们就回京城。至此，清政府再一次的招抚无疾而终。

清朝依靠满洲铁骑，驰骋疆场，取得天下。现在面对远隔大洋的台湾，满洲铁骑无能为力，清朝政府又没能建立起训练有素、足以使郑军害怕的庞大水师，郑经才得以凭借海洋天险与水战的优势，同清朝政府分庭抗礼。郑经对清朝政府所谓优厚诱人的招抚政策，也是顾虑重重，心有余悸。他想到降将方国安、孙可望竭诚于清朝，但只落得个身首异处，令他心寒。如今他在台湾，可是土皇帝，并且拥有同清朝政府对抗的军事力量，清朝政府“重爵厚禄永世袭封”的许诺，根本无法打动他。

台湾经过郑氏三代的开发，经济日渐繁荣，这为郑氏继续抗清提供了物质基础。郑经退踞台湾后，尽心竭力，台湾日见兴旺。他继承了父辈耕战结合的策略，士兵闲时耕作，战时披甲，农忙从事生产，农闲操练武艺。他委派勇卫陈永华亲自前往南北二路各社，劝导诸镇开荒种田，栽种五谷，蓄积粮食。并且，郑经尤其重视吸引泉、漳、惠、潮等地的大批流离失所的无业穷民，到台湾从事开荒造田，南至琅娇，北到基隆，都有汉人的足迹。

琅娇、彰化、云林、新竹等一批新的村镇陆续出现，农业年年丰熟，百姓殷足。另外，又设立围栅，严禁赌博，教授工匠取土烧瓦，同时教授老百姓种植棉花，纺织，等等。

各镇在农闲时，教习武艺，春、秋两季操演阵法，令南北路各镇从深山中采伐木材或派遣商船购买船料，教工匠修葺朽烂的战船和建造各种战舰和船只，将白鹿皮、蔗糖等物运往日本，购买物料，制造兵器、盔甲等，强化军事力量。

郑经还继承了祖、父两代早先开拓的海外贸易，不断扩展外贸活动。郑氏在海上每隔六十里设一站，自漳州府往南同行的海路上，共设有十二站，从台湾到吕宋设二十四站，其间都与澎湖相连。郑经以澎湖为门户，同日本、吕宋（菲律宾）大泥、交趾（越南）、暹罗（泰国）、六昆、柬埔寨、噶喇巴、东西洋等通商贸易。日本、吕宋和西洋各国是台湾所需粮食的主要来源。在贸易中，郑氏每年从贸易中获利不可胜数。

清朝政府想通过招抚来统一台湾是不可能实现的了。曾经为郑氏管过海外贸易的清候补都司佥书史伟瑜说："郑经占岛为王，粮食丰足，通过与外国贸易，获利丰厚，占据有利地势，虽然皇上仁厚，但他也未必愿意归顺。"郑经回复明珠的信也明白声称："衣冠吾之所有，爵禄亦吾之所有，而重爵厚禄，永世袭封之语，其可以动海外孤臣之心哉！"

康熙逐渐看明白，在不动用武力的情况下，通过和平谈判的手段收回台湾，实现国家的统一已经不现实了，郑经是不会拱手将台湾送给清朝的。

三藩叛乱，郑经趁机攻闽粤

清政府与郑氏之间的谈判拉锯战和短暂的和平局面一直维持到"三藩之乱"才被打破。在康熙下达"撤藩"令的时候，靖南王耿精忠于1673年8月，派遣黄镛到台湾，策动郑经率领军队与他一起谋反。郑经得到这个消息非常高兴，立刻整顿船只，调拨军队，10月，郑经率军队驻扎澎湖伺机进军。吴三桂倡乱后，康熙停撤耿、尚两藩，耿精忠立即派黄镛至澎湖，通知郑经暂时按兵不动。

1674年3月，耿精忠响应吴三桂举兵反清，差遣黄镛再次到台湾，约请郑经统率福建沿海战舰，配合他的军事行动，从水陆两路合力进攻江浙。郑经当即部署陈永华留守台湾，命冯锡范率领战船先行，随后，自己统率大队水师进驻厦门。

耿精忠在起兵时，怕漳州、泉州的文武官员不服，但是他没想到起兵几日后就控制福建全省，攻占漳、泉两州，他开始后悔约请郑经渡海。并且，去厦门联络郑经的定远将军刘炎的胞弟刘煜看到厦门瓦砾满地，茅草盈野，郑经的船只散乱，景象十分凄凉，对郑经十分轻视，在他返回后，向耿精忠报告这一情况，耿精忠立刻下令禁止和郑经来往。郑经见耿精忠突然变卦，立即派遣协理礼官柯平赶到福州，当面斥责耿精忠违约。耿精忠直截了当地答复柯平，让郑经自己干自己的，别再想其他的了。于是，双方闹翻了。

此时的康熙正在集中力量围剿吴三桂，对耿精忠采用剿抚兼施的策略，对郑经则着重于抚。康熙在给新任总督郎廷相的旨意中明确指出："你进入福建的时候，对郑经以安抚为主，对耿精忠剿、抚并用，见机行事。"郑经趁着清军同耿精忠和吴三桂交战之际，从耿精忠手中夺取了漳州、泉州所属的各县及汀州、兴化等府，并且，收降潮州刘进忠，进而占据潮、惠两府。

1676 年，耿精忠、尚之信先后归顺清政府，康熙命令他们跟随大军效力。此时的郑经已成为东南地区清军的主攻对象。1677 年，郑经连失漳、泉、惠、潮等七府之地，退守金门、厦门。7 月，康亲王两次派遣使者到厦门劝降，让他让出占领的各个岛屿，回归台湾。康亲王还许诺向清朝政府题请"以朝鲜事例，称臣纳贡，通商贸易"。但冯锡范等人一再坚持先按照藩王的先例，要求清政府给予粮饷，让他们镇守各岛，才会罢兵议和。康熙自然不会同意，谈判未能达成。

康熙命黄芳世袭海澄公，随同福建总督郎廷相、副都统胡免等镇守漳州，提拔谙熟水务的黄蓝为都督佥事，担当总兵官驻守海澄。随后，康熙又命清军分兵驻守于玉洲、三义河、福河、陈州、马州、湾腰树、壁湖、石码、江东桥等据点。郑经任命刘国轩为总督，吴淑为副都督，并赐给刘国轩尚方宝剑，令

尚方宝剑

他专门负责征伐，副将以下官员，他有处决的权力。清军与郑经所属军队展开了一场激烈的拉锯战。

郑军战绩辉煌。从表面上来看，郑军一时得势，实际上却是虚弱的。郑方兵力有限，战线拉得很长，军力分散，无形中减弱了自身力量。清总督姚启圣向将军喇哈达指了出来，他说："贼兵不过三万，聚在一起实力强大，但是现在他们占领了许多地方，就要分兵把守，兵力分散后，实力大打折扣，更容易击败。"

郑军将领刘国轩也已深感兵力不足，不得不强行拉当地的老百姓充当兵卒，并将充当兵卒的老百姓家属运到台湾当人质，这就激起了百姓的怨愤。而且，泉州久攻不下，军需缺乏，只能依靠民间，在占领区内，郑军税收无度，百姓已经被榨干，所以说郑军在占领区是站不稳脚跟的。

康熙审时度势，派遣三路大军分别由将军喇哈达、巡抚吴兴祚与提督杨捷率军救援泉州，并调潮州靖南王耿精忠、侍郎达都等奔赴漳州。刘国轩听闻满汉骑、步兵三路齐至，又得知永春、安溪、德化、惠安等县尽被清军所占，连忙命令二十八镇全军撤离泉州，退至长泰，同清军在漳州展开了一场激烈的战斗。

1678 年 9 月，刘国轩、吴淑率大军进兵漳州。刘国轩盘踞澳头、三义口、玉洲、镇门、象鼻、狮山、石尾一带，战壕深挖，构筑壁垒，首尾连环，坚守阵地，清军一时难以攻克，姚启圣先后派遣漳州进士张雄、泉州士绅苏志美前往厦门招抚，要郑经撤走沿海岛屿，退守台湾，郑经以海澄为厦门门户，不肯让还。

招抚不管用，姚启圣取得康熙同意后，于 1679 年 12 月，再度迁界。上自福宁，下至诏安，将当地老百姓再次迁往内地，构筑壁垒，或十里，或二十里，凡是近水的险要地段，都添设炮台，星罗棋布，严密封锁，千方百计断绝郑军粮饷来源。清军与郑经之间，相持不下，康亲王杰书派苏埕赴厦门和谈。由于冯锡范从中作梗，此次和谈又告失败。此时，吴三桂已死，清军席卷湖南，消灭吴三桂残余力量，指日可待。于是清朝政府得以集结更大的军事力量，对付郑经。

康熙的耐心已经被郑经磨没了，决定集中兵力，攻占厦门、金门二岛，为日后进军澎湖、台湾做准备。因为先前清军攻占金门、厦门时，曾用荷兰夹板船，这次清朝政府也想请荷兰派夹板船二十艘，协助清军攻取二岛。康亲王杰书等就乘机上疏说："战舰水师还没准备好，荷兰国的水师又不能确定什么时候来，郑经占据海澄、厦门构筑防线，很难在短时间内攻占。"

福建总督姚启圣等建议，进取厦门、金门，需要从江浙抽调巨船二百艘，增加兵二万，等到荷兰水师到来，才可以进军。而且进攻的时间，必须选在入秋北风起后，到那时战舰行进不会受到影响，自然能够一击奏效。

康熙觉得非常有道理，马上命令京口将军调遣江浙战船上百艘，送至福建，允许福建增兵二万，并命令康亲王等约请荷兰国快速调集水师，在期限内到来。康亲王奉命派人前往荷兰调遣水师，后来因为使者在出洋途中被海盗所阻，无功而返。既然与荷兰没通上信，荷兰水师也就不能如期而至，康熙果断地命令攻取厦门、金门。

要战胜擅长海战的郑氏集团，没有一支独立的、训练有素的水师，是不可能的。原先惯于陆战的满洲骑兵及其将领，已不能胜任新的战斗任务，这一点已于 1678 年清军在海澄战役的惨败中充分暴露出来了。

早在 1677 年，原福建总督郎廷相就提出必须照旧设立水师提督，建立一支独立的水师劲旅。康熙没有完全采纳，只令海澄总兵黄芳世兼管水师。黄芳世逝世后，康熙调江南提督杨捷充任福建全省水陆提督总兵官。1678 年，杨捷和总督姚启圣又先后提出，水陆难以兼顾，请求设立独立的水师提督，专练水兵，以便水陆夹攻厦门。

康熙于 1678 年 11 月，封福建提督杨捷为昭武将军，管理福建陆路提督事务，调京口将军王之鼎佩定海将军印、提督福建水师。之后因滇、黔叛乱余逆进逼川西，清朝政府改授王之鼎为四川提督。1679年，清军攻取岳州、长沙以后，鉴于岳州水师总兵官万正色在洞庭剿灭反贼的过程中，功劳卓著，又是福建人，熟知水性，尤其是万正色对于水战的战略战术和对战机的把握，令康熙十分欣赏。康熙就于同年4月，加封万正色为太子太保，调任福建水师总兵官，令率所部官兵赶赴福建。不久，又升万正色为福建水师提督，统辖全闽水师。

康熙加紧部署进攻金门、厦门，将总督姚启圣精选的一万四千名水兵拨给万正色统领，并按照万正色的意图，增置援剿左、右、前、后四镇，任命从郑军归降过来的林贤等为总兵官，派遣吏部郎中萨尔图协同巡抚吴兴祚快速修补战舰二百五十艘，同时命令江南总督阿席熙选拔两千名熟练的炮手，一概送到提督军前应用，不能耽误万正色出兵时间。

对于这次海战，康熙带着忧虑的情绪，与议政王大臣们说："厦门、金门，事关重大。当初的胜利，攻克金门、厦门二岛，用的是荷兰夹板船，现在，我们既缺乏坚固巨舰，荷兰舟水师又不能赶来，我们战舰不多，唯恐出现变故，如何取胜？"

驰骋在陆地战场上的清军统帅们，面对着关系到全局的这场重大战役，仍然疑虑重重。在他们看来，要攻取金门、厦门必须取得荷兰夹板船的助战，否则仅仅依靠自身新近建立起来的舟师，取胜的可能性非常小。

总督姚启圣和提督杨捷主张等到荷兰的水师到了以后再一同进兵，巡抚吴兴祚、提督万正色力主不需要荷兰的援兵，也能取胜。双方各执己见，反复争论。最后，巡抚吴兴祚上疏向康熙陈述了他与万正色决意进兵的意见，并具体地分析了双方形势，提出了作战的具体方案，表达了依靠自身力量取胜的信心。

姚启圣

荷兰夹板船

他们认为，清军新旧大小战舰有二百四十多艘，配备官兵、炮手二万八千多名，现在驻兵定海，日夜操练，另外，其他征调的大小战船五十余只，也相继出海，很快就会到达。郑军虽有战船三百多艘，但不如清军新造鸟船长大坚固，驾驶便利，清军新船与旧船连番攻击，可以稳操胜券。

巡抚吴兴祚在巡视定海水师时，见到自提督而下各官兵无不士气高昂，以求早日平寇杀敌。现在是正月，风向有利，如果等到荷兰水师赶到，最早也要到五六月份，到时候清军处于下风向，郑军战船反占上风，很难取胜。而且清军坐待半年之久，士气必然会衰落。郑军战船驻扎海坛，距离定海清军水师驻地近在咫尺，如果到三四月份，郑军战船得顺风，料定清军不能逆风征战，必将出兵来犯。

到那时，清军退回内港，避其锋芒，官兵士气必然受到打击。水陆夹攻，分散敌人兵力，使敌不能兼顾，是取胜之道。具体部署是：提督万正色率水师攻取海坛，先破敌方门户，扰乱敌军军心，然后由巡抚吴兴祚统兵奔赴同安，与总督、将军、提督调度陆兵，配备新造八桨船由海沧、松屿、浔尾、石浔分路进取厦门。

看到万正色和吴兴祚的奏章，康熙终于下定决心出兵。1680 年 2 月 4 日，万正色统率水师由定海进发，6 日抵达海坛。万正色将前锋分为六队向前直冲，自己亲率舟舰继后，并出动全部轻舟，从左右两面形成夹攻之势。清军水师炮火齐发，击沉郑军战船十六艘，郑军三千余人溺水而亡，随即溃败。清军水师进占海坛后，乘胜追剿敌兵至平海屿，同巡抚吴兴祚会师，继续南下。20 日，郑军将领朱天贵、林陞率三百余艘船舰占据崇武，同清军水师展开激战，被清军水师击沉战船二十余艘，仓促撤逃，万正色率水师占领崇武。

康亲王杰书调集驻防杭州的副都统倭申巴图鲁率满洲、绿旗官兵逼近厦门和大定、小定等郑军屯粮的岛屿后，立即率领水陆大军攻取玉洲。郑军将领刘国轩向石码、海澄逃窜，清水师紧紧尾追，刘国轩又转逃向厦门。郑军总兵苏堪打开海澄西门投降，石码、海澄等地被清军收复。

总督姚启圣与平南将军赖塔率水陆官兵分七路进剿，攻占陈州、马州、湾腰山、观音山等十九寨，巡抚吴兴祚同宁国将军喇哈达由同安进剿，攻占丙州、浔尾后，立即分兵三路直取厦门，郑军溃败。28 日，清师攻入厦门城，继而占领金门。

郑军总兵马兴龙往来铜山、南澳等处，继续顽抗。总督姚启圣秘密派遣总兵朱光祖招抚逃往铜山的郑军将领朱天贵，朱天贵乘郑军诸将开会时，设计擒获马兴龙父子五人，将他们淹死在海中。1680 年 5 月，朱天贵率领两万官兵和三百余艘战船，向清军归降。郑经见大势已去，再次全部撤至台湾。

平定海防，决策进剿台湾岛

台湾问题，一直是清朝政府没有解决的事，康熙掌权后，也等待了漫长的时间。早在明朝天启四年（1624），荷兰人占领了台湾岛，两年以后，西班牙人也盯上了台湾这块肥肉，出兵击败了台湾基隆的荷兰人，从荷兰人手中瓜分了一块地盘。荷兰人也不是好欺负的，挨揍了没有不还手的道理，于是荷兰人又将西班牙人揍了一顿，把西班牙人从台湾岛赶走，独占了台湾。

当时的明朝政府内忧外患，根本顾不上荷兰人和西班牙人在自己的国土上胡闹。在明军和清军激战的时候，延平郡王郑成功深受南明皇帝的信任，被称作“国姓爷”。郑成功曾经率领水师进入长江，然后向南京进军。清军步步紧逼，仅靠郑成功已经无法挽回明朝的颓势，再加上郑军出了问题，接连失利，郑成功没办法，决定占领台湾，给自己留条后路。

于是郑成功渡过台湾海峡，从台湾的鹿耳门登陆，向荷兰侵略者发动攻击。荷兰人眼看着不是对手，拿出十万银子作为赔偿，希望郑成功能够退兵，郑成功说出了一句至理名言“台湾者，中国之土地也”，直接将荷兰人赶回了老家，收复台湾。

就在二十岁的郑经上台的这一年，八岁的康熙也做了皇帝。在康熙三年的时候，清政府还是认为台湾不过是一个小问题，于是调兵发动了军事攻击。结果在作战的时候遇到了台风把清军给刮了回去，无功而返，清政府发现，台湾问题有些麻烦，打还不好打，浪费巨大的财力物力，有些得不偿失，就悬在了那里。

康熙亲政以后，需要他处理的事情实在太多，根本没有工夫用武力夺回台湾，所以康熙希望通过和平谈判的方式把台湾收回来。直到康熙二十年，也就是郑经死去的那一年以前，清政府和台湾方面一共进行了十二次谈判，但每一次谈判的结果都以双方闹僵结束。郑经希望清政府同意台湾像朝鲜一样名正言顺地从中国独立出去，康熙当然不同意，又腾不出手来武力解决，于是耐着性子谈判。谈了一段时间后，康熙发现人家软硬不吃。三藩叛乱让康熙无法分心，所以对台湾也就是摆摆架势。

郑经与耿精忠勾结，在两人闹翻之前想趁乱打到大陆。康熙为了防止他们的企图得逞，就下令所有沿海的居民全部后撤，只留下迎接他们的大军，清政府认为这样一来，台湾士兵就算不被打回去，也会因为粮饷接应不上而退回台湾。

然而清政府的计划落空了，花了很多心力让自己沿海的居民搬了家，结果没能打击到郑经一方。康熙很恼火，为了国家的统一，下决心只要腾出手来，就用武力来解决台湾问题。最后花了很大力气，才将郑经撵回台湾。

郑氏集团再次退守台湾后，开始走上崩溃的道路，郑经经历这次的失败，生活愈来愈腐化，沉迷于酒色之中，天天与文臣武将骑射享乐，任命长子郑克臧秉政。郑克臧刚决果断，很有其祖父郑成功的遗风。郑经背地里将郑克臧平日处理过的事情拿来审阅，发现每一件事情处理得都井井有条，条理十分清晰明确，于是郑经索性将所有政事统统交给了郑克臧处理，自己日夜花天酒地。

郑经在西征的时候，把留守台湾的任务交给了陈永华，陈永华是郑克臧的岳父，郑克臧的才能正是在陈永华的支持和培育下形成的，而且陈永华将台湾治理得井井有条，郑经又将政事全都交给郑克臧处理，这令返台后的冯锡范感觉到自己的权力和地位受到了严重的威胁，于是开始与手握兵权的刘国轩密谋篡夺核心权力。

康熙二十年，郑经死了，得到消息的康熙很高兴，认为时机成熟了，只是康熙没想到还有更大的惊喜等待着他。郑经的长子郑克臧继位以后没几天，被郑经宠信的冯锡范给谋杀了。冯锡范将郑经的次子、自己的女婿郑克塽推上了台。当时郑克塽只有十二岁，大权自然落到冯锡范的手中。

冯锡范与刘国轩发动的政变，加剧了郑氏集团的内部矛盾，大大削弱了自身的力量，当时郑氏政权内部，相互猜忌，各怀异心，政出多门，人心涣散。刘国轩操持兵权，用杀戮树立威信，导致人心不安，军中思叛的人很多，郑氏政权处在摇摇欲坠的危机之中。

1681 年 4 月，清军总督姚启圣得知郑经已死，郑克臧被杀，十二岁的郑克塽继位，其叔郑聪摄政，内部混乱，认为这正是“天亡海逆之时也”。事关重大，他连忙与喇哈达以及水陆各镇总兵商议后，联名向康熙建议：趁现在调集水陆官兵，直捣巢穴，但是台湾孤悬海外，处处艰险，出兵征讨，事事难料，请皇上定夺。

康熙在得到郑经已死的消息后，心中就已经谋划这件事了，毕竟郑氏利用台湾地理优势与他的清政府牵扯了太长的时间，多次招抚早已令康熙失去了耐心，康熙就在等待这样一个机会。所以康熙决定进剿台湾，用武力来实现国家统一。

除台湾郑氏家族内部出现内讧，政局不稳之外，令康熙下定决心的还有另外几个原因：首先，三藩战争结束很长时间了，老百姓的生活太平，钱包又重新鼓起来了，国库丰盈，有了打仗的资本。其次，台湾内部有大量官兵、老百姓都觉得大陆比台湾好，纷纷偷渡到大陆来，无论台湾发展得多好，但是毕竟地域在那里摆着。而且就算是打消耗战，先耗死的一定是台湾一方。再次，最近这段日子，台湾的水旱灾情比较频繁，台湾出现了饥荒。而把持政权的人只顾及自己手中的权力，人心开始乱了。最后，对台湾虎视眈眈的荷兰人最近日子不好过，没有心思来管台湾这边的事了，国际环境良好。

用人不疑，授施琅专征大权

进剿台湾的计划被提上日程，但是决定由谁统领大军非常困难。台湾水师对自己周围的水域十分熟悉，而清朝将士都很缺乏水战经验，如果选将不当，初具雏形的清朝海军就将折损在那里。康熙对统领人选心中非常没底，水师提督方正色对于武力收复台湾的问题表现得很没信心，此时康熙想起一个人来，这个人就是李光地。

李光地

李光地老家在福建，对当地情况十分熟悉，并且他的眼光很准，于是，康熙立即召李光地进宫商议此事，李光地为康熙推荐了一个人选——施琅。并且康熙对施琅这个人也非常熟悉，是清政府第一次攻打台湾的主帅，但由于当时飓风的影响，清军无功而返。

施琅（1621—1696），字尊侯，号琢公，福建省泉州府晋江县人，祖籍河南固始，施琅早年是郑芝龙的部将，1646年跟随郑芝龙降清。不久又加入郑成功的抗清部队，成为郑成功的得力助手，郑成功手下曾德犯法当死，匿郑成功所，施琅抓住后杀掉了他因而得罪了郑成功，郑成功立即诛杀施琅的家人，施琅逃走，父亲与兄弟被杀。由于亲人被郑成功杀害的大恨，施琅再次降清。

1656年施琅随清定远大将军济度进攻福州，被授予同安副将的职务。后调北京任内大臣期间，甚为贫苦，依靠妻子在北京做女红贴补家用。1659年清朝政府升任施琅为同安总兵。1662年，施琅升任为福建水师提督，遣军击败郑经进攻海澄的军队，并上书清朝政府将台湾纳入清朝的版图，终于获得康熙的支持。

1667年孔元章赴台招抚失败后，施琅即上《边患宜靖疏》，次年又上《尽陈所见疏》，强调不能容许郑经等人顽抗，盘踞台湾，而把五省边海地方划为界外，使得东南地区赋税缺减，人民愈加贫困，必须迅速讨平台湾，裁减当地的军队，恢复地方上的经济，增加赋税，使得民生得以安定，边疆可以安稳。

他分析双方的力量，指出台湾兵马总计不满两万多，船兵大小也就两百多，他们之所以能占据台湾，是因为汪洋大海为他们提供了保障。而福建水师官兵共有一万多人，管制的陆上兵马和投降清朝的官兵也有不少，只要从中挑选劲旅二万，足以平定台湾。他主张剿抚兼施，从速出兵征台，以免养虎为患。

施琅这一主张，受到以鳌拜为首的中央保守势力的攻击，以海洋险远，风涛莫测，驰驱制胜，计难万全为借口，把他的建议压下来。施琅的议谏被束之高阁，免除他水师之职，留京宿卫长达十三年，但他仍然矢志复台报仇，实现自己的意愿。在京之日，他密切注视福建沿海动向，悉心研究风潮信候，每天在府内耐心等待朝廷起用。

1681年10月施琅在李光地的力荐下，复任福建水师提督之职，加太子少保衔。康熙从施琅的自身条件来看，他的确是攻台清军主将的合适人选。首先，施琅生长在海边，自幼随父从事海上贸易活动，精通航海，对海疆的气候、地理等方面的情况了如指掌。从军后，转战东南沿海，有丰富的海战经验。其次，施琅通晓兵法、战阵，并一贯主张以武力统一台湾，所以多年来精心谋划对台用兵方略，提出“因剿寓抚”的战略方针及一整套实施方案，不但周密完备，而且是切实可行的。再次，施琅是从郑氏阵营中反叛出来的，他熟悉台湾郑氏集团内情，他的智勇韬略也一向为郑军官兵所畏惧。他在郑氏集团中的故旧很多，为他争取内应和进行情报工作提供了便利条件。最后，施琅不但是武力统一的坚决拥护者，而且对统一充满信心。

康熙召见了施琅，听到施琅精彩的分析之后非常高兴，当初听李光地的评价，现在康熙深信不疑，施琅已经蛰伏了十年，十年磨一剑，到如今，他攻打台湾的决心没有丝毫的懈怠。而且他对郑家的仇恨很深，整个大清朝内，没有比他更合适的人选了。

毕竟事关重大，康熙还是召集大臣商议此事，没想到众多大臣都持反对意见：第一，施琅的出身问题，毕竟他是叛降将领。第二，他有过两次失败的经历，都是损兵折将。但是康熙明白，施琅是有真材实料的，不能因为意外事件就否定了整个人的才华。康熙力排众议，毅然决定支持施琅。

施琅在海边长大，熟悉海，善于海战，经历过海战风浪，经验非常丰富。并且施琅攻克台湾的决心非常坚定，谋略周全详尽，康熙决定恢复他福建水师提督的官职，筹备进军台湾。为了实现人生中的宏图与夙愿，施琅在忍耐中等待朝廷对他重新起用，这个等待的过程实在是太久了，现在，机会终于来了。

施琅兴高采烈地回到厦门，他日以继夜，废寝忘食，一面整顿船只战舰，一面操练水兵，同时监督制造武器装备，亲自挑选工匠和战船，经过几个月的时间，原来松散无序的水师船只已经是船坚兵练，万事俱备。

施琅考虑到总督与巡抚不熟悉海战，生怕在指挥战斗的过程中受到掣肘，影响战局，令他的作战意图不能彻底地贯彻，他上疏康熙，力争取得“专征台湾”的独立指挥权，明确提出，既然由我率领水师负责征缴台湾，就应当有独立的军事指挥权。这引起了督抚姚启圣和吴兴祚的反对，他们也都有征缴台湾的夙愿，决意进兵：你施琅想把我们甩掉自己干，我们是不会同意的。

康熙二十一年（1682）三月，施琅的练兵、整顿战船工作已经准备妥当，再次上疏恳请出征台湾，由他独立掌控征缴台湾的军事指挥权，并提出了“征缴台湾就要先取澎湖”的策略。康熙召集大臣商议，并力排众议，坚持用人不疑的原则，指出一个人领兵围剿，能够将他的战略意图得到贯彻，两个人一起指挥，就会产生分歧，康熙下旨命姚启圣和吴兴祚不必同往，赋予施琅专征大权，根据形势变化，自行决定征缴策略。施琅奉旨专征，统率官兵两万多名，配备大鸟战船七十艘，其余船只一百多艘，浩浩荡荡发兵澎湖。

澎湖决战，收复台湾设建制

康熙二十二年（1683），台湾方面获悉施琅进剿澎湖的消息，立即从各方面加强澎湖的军事防御。以精壮士兵为骨干，征调民兵入伍，壮大军队人数，同时将洋船改为炮船，将文武官员私人用船进行修正、改装，最后征集战船两百余艘，官兵两万余人，由刘国轩率领奔赴澎湖。

台湾方面在澎湖的娘妈宫岛屿上下、风柜尾、四角山和鸡笼山等地构筑炮台，凡是小船能够登陆的地方，都构筑了防御短墙，安置火铳，分兵死守。台湾郑氏决心与施琅在澎湖决一死战。

6 月，施琅率领大军齐聚铜山，部署出征澎湖事宜。14 日上午，施琅率军从铜山出征，第二天下午大军抵达澎湖的猫屿、花屿。十多只郑军的哨船急忙返回娘妈宫将消息禀告刘国轩。天亮时，施琅命令船队停靠八罩、水垵澳。

刘国轩听到奏报后，差遣部下拿着他的令箭命令右先锋镇陈谅严格督促陆军各将领严密防守，并传令狮屿头、风柜尾、鸡笼山、四角山、内堑、外堑等各镇守将迅速将火炮罗列海岸，拦截清军船只，不要让清军船只靠岸。当时郑军将领邱辉向刘国轩建议，等到晚上潮落的时候，派遣船队偷袭清军，就能将清军击溃。刘国轩轻蔑地笑道："施琅不过是徒有虚名罢了，现在天天都有飓风的情况下，还敢统率水师跨海作战，如果晚上起风，我们就能以逸待劳，不战而胜，诸位不用担心。"

16日，施琅率军进攻澎湖，刘国轩于娘妈宫前澳内督战，命各镇将领率令战船排列迎战。清军右营游击蓝理、曾成，右营千总邓高等击沉郑军船只七八艘，由于当时涨潮，前锋数艘战船被浪潮冲击，逼近郑军炮台，郑军水师趁机包围攻打。施琅被流炮的火焰烧伤面部，右眼受伤，却依然坚持指挥。蓝理在激战中被流炮击中，肚子被炸开，仍然坚持继续战斗，裨将连忙急救。

清军兴化镇总兵吴英从后面夹攻，施琅冒死指挥，郑军水师总督连中三箭，左腿被大炮打折，扬威将军左镇沈诚、前锋镇姚朝玉、戎旗镇陈时等被击杀。郑军将领江胜、邱辉等率领战船加入战斗，施琅命令清军撤退，江胜、邱辉指挥战船追击，刘国轩害怕清军有埋伏，立即鸣金收兵。

刘国轩认为，清军停泊的垵屿都是没有遮拦的海澳，周围礁石密布，等到起风，清军不用攻打，自己就溃败了。我们在这里养精蓄锐，据险而守，静观其变。

初战的失利，令施琅很快吸取了教训，亲自乘船前往前哨侦察澎湖各处设置炮台和战船停泊的位置，并勘察地形、地势，随机对下一步作战行动进行了周密筹划和部署。22日，施琅将清军兵分四路：施琅亲率五十六艘大型战船组成的主攻部队，正面进攻郑军主阵地娘妈宫；总兵陈蟒等率领由五十艘战船组成的东线攻击部队，从澎湖港口东侧突入鸡笼屿，作为奇兵，配合主攻部队夹击娘妈宫；总兵董义等统率另五十艘战船组成的西线攻击部队，从港口西侧进入牛心湾，进行佯动登陆，牵制西面的郑军；其余八十艘战船作为预备队，随主攻部队跟进。清、郑两军之间的大决战拉开序幕。

施琅亲率水师浩浩荡荡直取娘妈宫，刘国轩听到外堑山顶瞭望炮连发，立即命令各处炮船以及大小战船从娘妈宫驶出迎战，西屿两岸铳炮齐发，两军交战后，炮火密布，如雨点般倾泻下来，硝烟弥漫，咫尺莫辨。清军总兵朱天贵冒险冲入，不幸被火炮击中而亡，清军将领林贤远远地看到朱天贵船倾人亡，立即指挥战船冲入支援，刘国轩急命邱辉、江胜等率领十多艘战船围攻，林贤力战不退，一时间炮火如雨，左肩连中三箭，其他将士伤亡殆尽。

危急关头，清军中营游击许英等六艘战船从外围杀进来，林贤奋起督战，内外夹攻之下，接连击沉两艘郑船，郑军溃散，林贤趁机命令船队奋力追杀。刘国轩见清军攻势猛烈，不得不拼死一战，于是他重新组织各镇战船一起出击。

清军总兵吴英立命令领旗黄登、副领旗汤明在船头，自己在船尾督战，汤明身中数箭，吴英的耳朵也被火器击伤，战船被水流冲击搁浅。正在此时，郑军将领邱辉、江胜等率领船队来袭击，攻势猛烈，施琅观测战局发展势头，暗自思考，最终决战的时刻已经到来。他马上命令左右两侧战船全力压上，顿时炮火连天，硝烟弥漫，郑军将领江胜被清军团团围住，伤亡过半。江胜见形势危急，难以逃脱，不想被擒住羞辱，下令战船斗头（火贡）两边齐发，战船随着炮声沉入海中。

郑军节节败退，施琅利用优势兵力，命令大军用五只船围攻一只船的方法，把郑军战船分割包围，顿时，郑军陷入被动挨打的局面，伤亡惨重。在慌乱之中，郑军将领邱辉冒死前来支援，命令左右抛掷火桶、火箭拼死抵抗，被击伤左右双腿的邱辉毫不退缩，拼死力战，最终力战不敌，点燃了自己的战船，自焚而亡。施琅率领大军乘势追击。

刘国轩见郑军伤亡过半，如果继续死拼，将会全军覆没，于是开始寻找机会突围。但是清军船只密集，几乎占领了所有海港，插翅难飞。突然，刘国轩看到吼门港口没有清军战船，于是急命黄良骥、洪邦柱等人的残存战船飞速驶向吼门，顺流逃跑。

将至吼门，刘国轩让开船的杨福继续向前行驶，杨福说吼门是死地，暗礁非常多，从来没有船在这里行驶过。刘国轩此刻面临绝境，已经没有别的退路，他脱下头盔，跪倒在战棚下，向上天祈祷。祈祷之后，喝令舵手从吼门撤退。此时刚好遇到涨潮，又是顺风，刘国轩的船在前面，其余船只跟在后面，顺着风向，飞速逃往台湾方向。施琅看到刘国轩逃跑，立即下令追击，但是因为清军不熟悉港路，只好回师。

到了晚上，战局已定，施琅一面鸣金收兵，并派小船将沿海水中未死的郑军兵士打捞起来，同时打旗招降郑军残部。驻守娘妈宫炮城的郑军将士孤立无援，于是纷纷放下武器投降，施琅立即命人受降。于是，澎湖三十六岛纷纷归顺，施琅命令他们剃发，归降的镇将赏赐袍帽，士兵赐予银米，民心得以安定。

澎湖决战，摧毁了郑氏政权的主要军事力量，郑军将领战死四十七人，其余大小头目被焚杀或淹死多达三百多人，士兵死亡一万两千余人，滨海被浮尸填满。郑军镇将、游击、守备以及下属官员一百六十五人率领士兵四千八百五十三人倒戈投降，击沉、击毁各类大小战船一百九十四只，郑军精锐几乎全军覆灭。

澎湖决战胜利后，总督姚启圣立即上疏奏请攻取台湾。但施琅仍坚持出征时的作战方案，认为台湾本应该乘机围剿，但是澎湖之战，大小战舰在炮火的打击下破损严重，需要修理制造，新降的官兵也不能用，需要再次增兵，需要总督挑选精壮的陆军官兵补充兵员。并且台湾港道迂回，不知深浅，现在又是南风，应该等到 8 月或者 10 月趁顺北风时进剿。

同时，施琅还认为澎湖是台湾的咽喉，占领澎湖后，他立即分兵周围岛屿，密切注视台湾动向，台湾方面见到清军已经打到门前，必然会不战自溃，应该趁着这个机会，加以招抚，实现和平解决台湾问题，如果行不通，再进兵围剿。

康熙接到施琅和姚启圣的捷报奏疏后，命令户部、兵部，无论什么款项的钱粮，只要是现在有的，施琅他们需要就拨给他们，不能延误。为了鼓励将士，康熙对进剿台湾的官兵按照进剿云贵时的待遇从优封赏，考虑到武力解决台湾问题还要官兵流血，劳民伤财，康熙同意了施琅的建议，诏令招降郑克塽。

经过澎湖海战，台湾的军事力量已经被摧毁，施琅又实行优待俘虏的政策，严禁乱杀战俘，下令杀降的一律处死，对受伤的降兵还赐予米粥酒肉，派医生为他们疗伤，遣送部分战俘返回台湾，让他们与父母妻子团聚。施琅特意召见即将遣返的战俘，说："朝廷用兵是不得已的，既然你们已经归顺，罪行就统统赦免了。你们回去以后，要告诉台湾老百姓，早早归顺，否则澎湖之战就是例子。”

在施琅政策的成功实施后，台湾民兵纷纷解体。此时，郑氏内部权力中心展开了一场激烈的争论。刘国轩作为台湾掌握军权的重量级人物，自澎湖兵败已经是肝胆俱裂，他认为台湾唯有投降才是唯一的出路。建威中镇黄良骥认为澎湖失守，台湾局势危机，应该攻取吕宋重建基业，中书舍人郑德潇立刻呈上吕宋地图，陈述观点，表示吕宋可取。他们的建议得到郑克塽、冯锡范两人的赞同，但刘国轩极力反对，他认为澎湖已经失守，人心慌乱，一旦官兵造反，后果不堪设想。郑克塽与冯锡范两人只好放弃取吕宋的想法。紧接着，冯锡范提出分兵死守，刘国轩又给予反驳，他指出现在官兵没有斗志，根本守不住，不如诚心归降，祈求清朝政府宽大处理。他又反复劝导郑克塽，说现在人心不稳，坚守下去恐怕会生出叛乱，官兵士气低落，伤残又多，与清军打下去，胜算几乎没有，不如趁早投降。

正在这个时候，施琅派遣前来招抚的原刘国轩部下曾蜚到了。刘国轩要求郑克塽命令礼官郑平英到澎湖军前请降，冯锡范再次阻挠，受到刘国轩的严厉斥责：“之前清朝政府到岛上来招抚，你不同意称臣，导致金门、厦门两岛丢失，今年春天清朝政府又派人来招抚，又因为不削发没同意，导致澎湖丢失，这都是你的过错，现在形势非常危急了，你还狐疑不定，等到内部叛乱一起，你该怎么办？从来都是识时务者为俊杰，现在大势已去，就应该顺应天意。”冯锡范无言以对，郑克塽想到民心散了，没人死守，想要出逃又没有退路，只有投降一条路可以走了。

刘国轩立即让郑克塽命郑明等人登岸，派兵看守郑氏子孙，防止他们逃跑后滋生祸乱。6 月 8 日，郑克塽差遣礼官郑平英、林维荣带着降表跟随朱绍熙、曾蜚同行，到澎湖去见施琅。郑方要求剃发称臣，但仍然居住在台湾，遭到施琅的果断拒绝。他再派遣朱绍熙、曾蜚去台湾，传达他的意思：“如果真心投诚，必须刘国轩、冯锡范亲自来澎湖当面投降，将土地纳入国家版图，所有投降的官兵必须削发移入内地，听从政府安排，如果不从，我将立即挥师征缴。”总督姚启圣也立即奏请康熙颁布赦免招抚的诏书。

康熙得到台湾愿意归降的奏报，压在心中多年的石头终于落了地，于是他马上下诏给郑克塽、刘国轩和冯锡范等，诏谕说：“你们诚心归降，就要率领所属的军民官兵来内地，之前所有的罪名都可以赦免，待遇从优，如果仍然犹豫不决，我大军进剿之日，就是你们覆灭之时，免得到时候追悔莫及。”

同时，康熙对施琅郑重言明，如果郑氏归降，切不可让他们仍留在台湾，事关重大，切记。台湾问题困扰了康熙太长时间，现在终于有了解决的机会，就断然不会允许再留下任何隐患。

7 月 15 日，郑克塽派遣冯锡珪、陈梦炜，刘国轩的弟弟刘国昌，冯锡范的弟弟冯锡韩同曾蜚、朱绍熙带着降表文稿再次到澎湖施琅军前乞降。第二天，施琅派遣侍卫吴启爵同冯锡珪、陈梦炜、曾蜚、朱绍熙带着安插告示前往台湾。吴启爵到达台湾，郑克塽率刘国轩、冯锡范等文武官员在海边迎接，随后将安民告示在各处张挂，郑克塽命全体兵民遵旨削发。

刘国轩非常担心台湾刚刚归顺，心生猜疑，万一有人从中蛊惑，出现叛乱，这个责任谁来承担呢？于是，他差遣红旗官严查布防，同时又派遣曾蜚等人去澎湖催促施琅赶快来台湾坐镇。施琅部署好留守澎湖的事情后，于 8 月 11 日统率大军向台湾进发，并于 13 日抵达台湾岛。

郑克塽派遣礼官郑斌率领父老乘坐小船，出鹿耳门迎接，自己亲自率领刘国轩、冯锡范等文武官员到海埏恭迎。郑克塽、刘国轩、冯锡范等文武官员于 18 日全都削发，施琅按照清朝制度逐一赐发不同等级的袍、褂、外套、靴帽等，随后施琅命人广贴张发《谕台湾安民告示》，告知百姓各自安居乐业，不必慌乱，贸易如常，如果官兵有违反法纪的事情，有法律惩处。之后，施琅亲自到延平王郑成功庙前祭拜，称赞郑成功对台湾的历史功绩。

台湾回归，施琅派遣吴启爵驰报康熙，康熙加封施琅为靖海将军，晋封靖海侯，世袭罔替，随军征缴的所属官员再各升一级，兵士再赏一次。至此，台湾又回到了祖国的怀抱。

康熙二十二年（1683），郑克塽、刘国轩、冯锡范等奉命来到北京，康熙授予郑克塽公衔，刘国轩、冯锡范等人伯衔，并令工部拨房屋土地给他们，其余郑氏文武官员以及明朝后裔一律安插在附近省、县垦荒，四万兵士入伍或者务农自行选择。

施琅在给康熙的上疏中特别保荐刘国轩，并陈述了刘国轩在和平统一台湾问题上的重要作用："当我亲率大军进入台湾后，仔细勘探了地形地势，波涛湍急，地势狭窄，非常险恶，武力攻取非常不容易。在台湾文武官员怀有疑虑的时候，刘国轩依然决定归顺朝廷，以免生灵涂炭，力主归顺，功不可没。"康熙二十三年（1684）三月，康熙特别授予刘国轩为直隶天津总兵官，在刘国轩上任时，康熙亲自召见他，对他说："台湾问题悬而未决六十多年，施琅带兵征缴，你首先归顺，特别授予你总兵官职位。"同时康熙厚赐了刘国轩，并在京城赐予宅邸。

台湾收复了，怎样安置台湾是摆在康熙面前的一个重要问题，台湾的弃留问题引起了朝廷大臣们的争议。很多朝廷官员、封疆大吏认为台湾是"孤悬海外，容易招贼，弃之，专守澎湖"，主张将人员迁往内地，地就不要了。

福建总督姚启圣、靖海将军施琅、都察院左都御史赵士麟、侍郎苏拜、大学士李霨等坚决反对丢弃台湾的荒谬主张，尤其是施琅的分析给予康熙最后做决策很大的帮助。施琅经过亲身调查后，对台湾问题很有远见，他专门上疏深入地剖析了台湾的情况，阐明了弃之"必定酿成大祸，留下才能永固海疆"富有远见卓识的意见，施琅以亲身所见讲述台湾土壤肥沃，物产丰饶，又是天然的险阻屏障，并详细介绍了台湾丰富的物产。他在上疏中严正地指出：其一，台湾人口密集，繁衍生息，农工商贾各个行业齐备，如果进行迁徙，必然导致流离失所，并非长久之策；其二，此处深山穷谷中，潜藏着许多贼寇，如果迁往内地，蛊惑人心，会生出事端；其三，台湾在东南海防具有重要的战略地位，台湾虽然只是一个岛，但是关系着四个省的海防要害，是江、浙、闽、粤四省的屏障；其四，荷兰垂涎占领台湾是个严重的后患，一旦荷兰占据台湾，若有所图，四省无险可守。最后，他批驳了“弃台湾，守澎湖”的错误论调，认为澎湖和台湾是一体的，没有台湾，澎湖也守不住，必须要台湾、澎湖一起守。

康熙听取了各方意见，决定在台湾建制，派军队镇守。于是，台湾设立了一府三县，设置巡道一名管辖，隶属于福建省，府名台湾，附近设立台湾县，南面为凤山县，同时设总兵官一名，副将两名，官兵八千人，分为水陆八营。澎湖设副将一名，领兵两千人，分为两营，每营各设游守千把等官。

康熙任命参领杨文魁为第一任福建台湾总兵官，在杨文魁上任时，康熙特地召见，叮嘱杨文魁：“台湾孤悬在外，如今刚刚平定，新归顺的兵丁、原住民以及没有户籍的人口繁杂不一，你到任之后，必须安抚有方，恩威并施，使之安定。”同时，康熙告诫杨文魁，台湾以海洋为通商渠道，商船商贩繁多，必须严加整顿，不要因为利益，导致再生事端。

随着文武官员陆续上任，编户籍、定赋税、通商贸、兴学校，作为中国版图中有着重要意义的台湾，正式隶属于清朝中央政权的行政管辖之下，这是继郑成功收复台湾之后，使中国疆土再次得以统一的壮举。

远洋贸易，展界开海惠民生

清初的禁海令先后颁行了五次，除顺治帝十二年、十三年外，在康熙年间还有三次，即康熙元年、康熙四年和康熙十四年。并一再严申：找借口在海上进行贸易活动，将被视作通贼作乱，地方官员知而不报，驻守港口的士兵知情的，也以同谋罪处斩，不知情的也要从重治罪。

禁海迁界对沿海数省社会经济造成了极为惨烈的破坏，地方官员对此经常表示不满。早在顺治帝十八年（1661）五月，尚可喜奉旨与两广总督李栖凤勘海后，就上疏为迁民请命，要求停止内迁沿海居民。任职福建总督多年的李率泰是禁海政策的倡行者，但他在康熙五年（1666）临终前，却遗书请求展界。他说："海贼远窜台湾，奉旨撤兵，与民休息，是为上策，数年以来，令海滨居民迁移内地，流离失所，应当放宽政策！"

清政府虽然没有批准，但弛禁和开界已为相当多的地方官员所倡导。约在康熙七年（1668），在郑氏已退居台湾的情况下，清朝政府开始放宽海禁，并从广东开始施行。继展界开海之后，如何管理海上贸易便成为当务之急，清朝政府在开海的同时，在江、浙、闽、粤四省设立海关。

康熙二十三年（1684）六月五日，给事中孙蕙条上疏，要求海洋贸易设专门的官员收税，获得康熙的批准。康熙指出：海洋贸易，有益于民生。于是派遣部院贤能的官员前往制定税则，随后户部题请差郎中宜尔格图、吴世把等前往广东、福建筹划关税征收事宜。

宜尔格图临行之前，康熙郑重指出设关征税的原则：现在在广东、福建收税，并非为了多得钱粮，只是因为这些地方邻近兵饷运送，影响到老百姓生活，如果小船停泊在港湾也要收税，反而会影响老百姓生活。康熙建立海关税收政策，以"有益于民生、惠民惠商"为前提，它是康熙在沿海设关的基本思想。

康熙二十四年（1685），清朝政府正式在闽、粤、江、浙四海关征收税课，福建省沿海无篷桅捕鱼船税仍由地方官员征收，有篷桅船由海关监督照例征收梁头税课。在税课的实施过程中，清朝政府始终注重贯彻惠民、惠商的原则与政策，为此，康熙不断发布诏令。康熙二十五年（1686），康熙指出："桥道渡口处所进行收税，与朕恤商之意不符。"于是停止收出海入海船税，进口内桥等地方贸易船、车等物停止征税。康熙二十八年（1689）三月，康熙又对户部指出，国家设关税，原以通商贸易，利益民生，并非为了牟取暴利，导致纷扰不断。康熙三十二年（1693），康熙再度重申：设关税是为了通商便民，现在违例滥征的太多，甚至小河、小港以及近关之地的旱路都设关收税，加重了老百姓的负担。康熙责令各督抚经常参访，督抚管辖范围内还有乱收税的事情发生，督抚一并处分。康熙三十四年（1695）规定：各官员、监督所给商人的印单不许撤回，如有撤回多征的事情发生，督抚一并治罪。康熙于开海后的十余年甚至在更长的时间内，持续推行了惠民、惠商的海关税收政策。

康熙对海上贸易也做出若干规定予以限制。其中最重要的两项：一是关于出海贸易的申报。二是对携带军用武器进行限定，规定允许满汉商民出海贸易，但是不准将硝黄军器等带出海，如果违禁将硝黄、军器等物私载在船出海贸易，将按律惩处。漂洋船只军器理应不准携带，但商船在大洋往来，如果没有防身武器，很容易遭到劫掠。于是规定内地贸易船只防护火炮等军器，按照船只大小、人数多少，由督抚酌情批准，返回时照原数查验。

康熙在收复台湾之后，海上没有了郑氏家族的威胁，加大了展界开海的力度，康熙惠民惠商的海关政策，对沿海居民的休养生息、社会经济的发展起了巨大的推动作用。康熙二十九年（1690）六月，福建巡抚张承举上疏说，闽海关监督殷连礼所管辖的地方在一年内，就免税银六千四百多两，减免税额之多可以想象。

开海之后，发展最为迅速的还属海上远洋贸易。康熙初年，由于受到禁海政策的影响，海上对外贸易处于停滞状态，规定外国非贡期不得贸易。开海禁后，又进一步允许商民与海外各国进行贸易往来。在对外贸易中同样实行优惠政策。康熙对民间漂洋贸易一直是持赞成和鼓励态度的，也正是在这种形势下，中国的海上贸易得到迅速发展。

东南亚诸国被称为南洋，南洋泛指马来半岛一带的广阔水域，包括吕宋、噶罗巴、暹罗、马六甲等，他们是最早与中国进行贸易的国家，此后，被称作倭寇的日本东洋诸国也不断往来于中国沿海，西洋则以葡萄牙和西班牙最先与中国进行海上贸易。

然而，康熙唯独对南洋禁止海上贸易，康熙作为一个少数民族皇帝统治汉人占绝大多数的国家政权，始终感觉到汉人很难治理。自开海禁之后，汉人远赴南洋贸易，很多人出去后就不回来了，南洋不仅自明朝以来就聚居了众多的汉人，商人自然也成为康熙防范的重要对象。

康熙禁止南洋贸易：一是为了禁止闽、粤、江、浙的商民前往已被“西洋”占据的噶罗巴、吕宋等南洋地区；二是为了严防已经定居南洋的华侨再返回中国，割断内地人民与海外的联系，把内地与远洋而来的西洋人以及留居海外、心怀叵测的汉人完全隔绝开来，防止汉人联合南洋以及“西洋”的外来势力颠覆清朝的统治。这是康熙禁止南洋贸易最重要的原因，也是首要原因。

CHAPTER

第六章 以遗乱为鉴，再固皇权 6

清军入关，迅速夺取天下，满洲这个少数民族掌控了中国的政权，这让汉人的尊严受到了严重的伤害，反清复明的叛乱层出不穷。打着“朱三太子”名号的叛乱更是令康熙头疼，这位年轻的帝王用他的智慧和严宽有度的处理方法，维护了国家的安定，再一次巩固了皇权。

朱三太子，京城内乱起风云

在中国的历史长河中，政权更多由汉人把持，满人入关以后，再次改变了这个传统，由满洲这个少数民族掌控了政权。这让汉人接受不了，觉得尊严受到了伤害。康熙立志做个好皇帝，兢兢业业，想要国富民强，想要兴国安邦，想要老百姓安居乐业。但是，只是因为他满人的身份，就让他付出的大量心血与收到的回报不成比例。汉人不停地造反，也只是因为这个简单的理由。

吴三桂在云南起兵，天下大乱。当吴三桂取得了一系列胜利的时候，老百姓乱得更厉害了，吴三桂之所以能够形成广泛的影响力，原因也很简单，就因为他是汉人。毕竟相对于遍布天下的汉人来说，满人的数量实在是太少了。康熙因吴三桂叛乱，焦头烂额，心力交瘁，但至少吴三桂叛乱的地方距离京城较远。

趁着吴三桂叛乱，京城中有个叫杨起隆的人正在密谋策动汉人造反。此时清政府大量的官员向吴三桂投降，因时势所逼，康熙对于这种情况还能忍耐，能够招抚还是要招抚，毕竟他们代表了汉人的势力。对抗吴三桂叛乱，就要争取各方势力，即使在剿灭吴三桂之后，治国安邦，同样需要这些人来工作，皇帝就一个人，不可能将天下事都做完。所以，对于这些人，康熙的政策是宽容的。

杨起隆与这些人不同，他在京城策动百姓谋反，严重影响到了清政府的统治和京城百姓的生活，而杨起隆本人不过是个市井无赖，没有自己的立场和什么理由，也不会想到什么民族矛盾，只不过是利用这一点来达到自己的某些目的罢了，对于这种人，康熙不准备宽容。

为了造反具有煽动性，杨起隆给自己起了个新外号“朱三太子”，这样就迎合了所有汉人的心，容易令学识不多的老百姓盲目跟从，产生可怕的后果。明末的崇祯皇帝一共有七个儿子，其中老二、老六、老七都没能活太久，明朝灭亡之后，四个儿子流落到了民间。被清军抓到杀了三个，只剩下一个朱慈焕没有被抓到，人们习惯叫他“朱三太子”。早在李自成攻破北京的时候，朱慈焕逃离皇宫，从此流落民间，成为一个谜，一个具有奇特魅力、象征权力的谜。

明崇祯皇帝

杨起隆自己恐怕都没有想到自己的定位有多准确，“朱三太子”的招牌有多大的号召力，众多汉人老百姓心中复明的希望瞬间被点燃了。杨起隆想这件事情即使失败了，自己归隐山林避几年风头也就过去了，并没有太大的风险。他没想到，“朱三太子”的名号一亮出来，迅速就发展到了一千多人，还有迅速壮大的趋势。人多了，保密工作就很难做好，毕竟这些人当中做什么的都有。康熙可不希望杨起隆在自己的眼皮子底下搞风搞雨，弄得动静这么大，所以康熙非常重视，严密监视着事态的发展，只要露出马脚，就要一网打尽。

1673 年 12 月 22 日，镶黄旗监生郎廷枢发现他家的裁缝很反常，工作不好好干，见到主子也不打招呼，这引起了他的疑虑，于是对其进行了秘密监视。随后，他吃惊地发现，家里的四个仆人竟然在商量造反。郎廷枢当时就吓坏了，立即向康熙禀报了此事，然而令康熙感到害怕的是正黄旗的周公直向他禀报，他家里成了贼窝，家中三十多个仆役聚集在一起，谋划造反。康熙非常生气，竟然聚集在朝廷大臣的家里密谋造反，这简直就是无视清政府的权威。

康熙下令清军迅速包围了周公直的家，要将几十个密谋者缉拿归案。躲在屋子中密谋造反的人看到被清军包围。反正横竖也是死了，不如拼了。几十个人拼命也抵挡不住清军，将这几十个人抓住后，竟然又搜出来数百人。康熙深刻认识到了这件事的严重性，现在天下大乱，京城如果再乱起来，大清朝真就要被再赶回关外。康熙的宽容是他巩固皇权的一种方式，但皇权并不代表对什么事都能够容忍，例如说这件要将他赶下台的事。所以康熙决定，必须从严办理此事。

严中有宽，安定民心固皇权

康熙认识到“朱三太子”事件的严重性，下旨迅速关闭城门，进行全城大搜查。但康熙没想到，这样做的结果就导致了百姓更加的恐慌，吴三桂造反的事已经闹得人心惶惶了，现在又不知道发生了什么事，导致流言四起，百姓出逃。

虽然知道这件棘手的事必须迅速解决，避免京城出什么乱子，但是此时，康熙忙于应付吴三桂，就交给了刑部来处理。刑部将审讯结果交给康熙：据抓到的叛乱分子称，他们的人非常多，计划在康熙十三年元旦的时候动手，行动的目标就是“各杀其主”，事成后杀人的人就可以当上被杀者的官职。也就是说等事成了，宰相家的家奴杀了宰相就可以自己当宰相了。而这造成了官员的恐慌，在家里睡觉，还得提防睡着后被家中的下人将脑袋搬走，实在是太恐怖了。

这件事被暴露出来，还是因为郎廷枢的下人黄裁缝想到自己不久就要当上郎廷枢的官，心中激动。就多喝了两口，喝多了就说大话，说多了就露了馅。杨起隆听到风声以后，决定扔下所有亲信逃跑，他很清楚，跑得慢了就完了。

康熙听到这个恐怖计划后，觉得脊背发凉，想想一夜之间，京城官员脑袋全都搬了家，实在是太恐怖了。如果不是发现得及时，整个大清朝就会被一夜架空。康熙决定要亲自审问、处理这件事，把任何可怕的隐患都消灭掉。这件事也令朝廷官员空前团结起来，毕竟这是关乎自己的脑袋是否能够安稳地扛在肩膀上的大事情。对于这些要搬掉自己脑袋的人，刑部下手非常狠，没有丝毫可怜他们的意思。刑部经过审理，将最终处理意见呈报给康熙：李株、黄裁缝等二百多人凌迟处死，男性亲属斩立决，女眷入宫为奴，家产充公。

康熙虽然非常愤怒，也非常想狠狠处置这些人，但是康熙是一个不会被自己情绪蒙蔽双眼的人，他理智地分析了当前的形势，在这样一个非常时期，杀戮和血腥不但起不到威慑作用，反而会带给百姓恐惧和怨恨，这是非常可怕的结果。

现在百姓人心惶惶，血腥事件很容易触动他们敏感的神经，让他们崩溃。任何人都能得罪，唯独老百姓不能得罪，几百个下人可以抓，可以杀，千千万万的老百姓杀不得。把老百姓逼急了，多么强大的政权都得被掀翻。所以，康熙认为这件事还要从老百姓的角度考虑问题，在不纵容罪犯的同时赢得老百姓的支持。

于是，康熙亲自批复了刑部的裁定：李株、黄裁缝等九人凌迟处死。其余一百九十四人改为斩首。犯人家属从宽处理，无罪释放，不没收家产。严惩罪魁祸首，让有异心的人慎重，宽容对待罪犯家属，得以让老百姓安心。

杨起隆的计划还没有实施就流产了，但是他的做法给了很多有野心的人很大启发，这件事令很多人意识到“朱三太子”名号非常好用，很具煽动性。于是后来大大小小地又发生过几起“朱三太子案”。康熙对这些人决不留情，抓住一个杀一个，让那些想打着“朱三太子”旗号造反的人明白一个道理，我康熙可以包容天下，但对你们决不姑息。

真正的朱三太子朱慈焕自从离开北京后，便过上了颠沛流离的生活，日子非常苦。这个昔日的皇子甚至吃不饱饭，朝不保夕。后来，朱慈焕改名王士元，给浙江余姚一个姓胡的人家做了上门女婿。他听说发生了几起“朱三太子案”，心里非常害怕。他现在只想安安稳稳过日子，平平凡凡地度过余生，即使这样，他做个小百姓的愿望还是没有实现，最后还是被清政府抓住。审判他的时候，几个投靠清政府的明朝老太监都说不认识他。最后清政府判断他也是个冒充的。但是朱慈焕还是被凌迟处死，他的几个儿子也全部被斩，朱家从此绝后。

以史为鉴，谨慎对待文字狱

文字这个东西往往说不清道不明，同样的句子，用不同的语气、表情，造成的效果就不同，怎么说怎么有理。有些文人的作品让人读着别扭，像催化剂，容易使人胡思乱想。天下的文字狱往往是小题大做、无中生有。

其中一种情况是有些文人性格上不拘小节，写出来的东西并没有其他特殊含义，但是“说者无心，听者有意”。另一种情况属于有的文人得罪了人，被人抓住了小辫子，就从他的诗文里面找事，这种就属于欲加之罪何患无辞。但还有些情况是，文人甚至什么都没做，只是有些人想挑事，就随便抓几个文人开刀，纯粹属于赶上谁谁倒霉。

康熙对于文字狱印象最深的是在他即位两年后发生的一件事，也就是《明史》案。明朝天启宰相朱国桢告老还乡以后，写就了《明史》一书。这本书主要讲的是崇祯朝还有南明的一些事，尊南明的弘光、隆武、永历为正统，言语间多有对大清朝的诋毁。随着朱家慢慢衰落下去，庞大的家业渐渐空了，开始变卖东西。这本《明史》以千金的高价卖给了湖州的富户庄廷鑨。

庄廷鑨是个盲人，但是一个非常想有番作为的盲人，于是他给这本书做了一点儿增补，将作者姓名改成了自己，在庄廷鑨死后，他的父亲庄允城给这本书改了新名字——《明史辑略》，请了崇祯年间的进士、在南明政权里当礼部尚书的李令皙作序，又花钱请了十八个名士给这本书做修订。

庄廷鑨的岳父朱佑明是当地的富豪，他决定自己花钱出版这本书，赚赚自己的人气，让广大“大明”支持者聚集到自己门下，使庄家成为汉人心中的伟大家族。然而这本书出版后并没有让朱佑明得到想要的结果，很多人想利用这本书来敲庄家的竹杠。庄允城只能花钱堵这些人的嘴，这可不是开玩笑的。也幸好庄家家底丰厚。

后来，这件事被归安县原来的知县吴之荣盯上了，吴之荣马上就把庄家的事告诉了杭州将军松魁，松魁和巡抚朱昌祚商量后，将这件事上报给督学胡尚衡。庄家听到消息后，立即花大价钱才将事情摆平，随后对这本书做了修改，将书中对清朝的指责变得委婉一些。

吴之荣希望通过这件事东山再起，没想到当官的倒捞了一笔，没他什么事了。不甘心的吴之荣直接带着书去北京告状，吴之荣与朱佑明有过节，于是他说《明史辑略》里所讲的“旧史朱氏”就是朱佑明。为此事刑部专门去湖州调查。

这是康熙登基以来碰到的第一桩文字案，这个案子的结果给他留下了深刻的印象。当时鳌拜等四大辅臣辅政，康熙只能在一旁听听，学习他们处理事件的思路和方法，然后做出自己的判断。当时四大辅臣决定利用这件事做文章，教训下那些对明朝眷恋不舍的汉人。

最后刑部为此书定下八大罪。庄允城、朱佑明被押送到京城，最后不但杀了庄允城、朱佑明，以及他们的子嗣，连庄廷鑨也被掘墓戮尸。那些参与编辑校对这本书的“名士”也全部被杀，松魁等受贿官员也被杀的杀，免官的免官。同时，参与刻书、印书、订书、送板的、卖书的、买书的也都被斩首，此案波及人数非常之大。

这是康熙即位以来，见过最可怕的“文字魅力”。此案一共处死七十多人，二百二十一人受株连，这些罪犯家中的女眷命运则更为悲惨。吴之荣也达到了自己的目的，为此得到了庄家和朱家各一半家产。十几岁的康熙认识到，虽然这本《明史辑略》也让他有些讨厌，但是自从庄家对这本书进行过修改以后，反清思想已经可以忽略了。结果却是杀了那么多人，害了那么多无辜的人。从头到尾，这就是一场阴谋，无论是上告的人，还是判刑的人，都有对“书”以外的目的和盘算。

以此为鉴，康熙亲政后，对阴谋叛乱的人决不留情，但是对那些在文字上有嫌疑的人是比较宽容的，康熙明白汉人怀念明朝属于正常心理，现在大清想要扭转这种心理，巩固皇权，就要掌握好分寸，宽严得当，掌握好火候，该严的时候严，该宽的时候要宽。所以康熙对动用暴力很严，对搞“文字狱”就比较谨慎，视情况而定。

适可而止，把握惩戒的尺度

左都御史赵申乔给康熙的一封上疏中说戴名世十年前写的《南山集》语言放肆，想法胆大妄为，戴名世就是个居心叵测的狂放之徒。为了避嫌，赵申乔陈述自己跟这个戴名世没有恩怨，此次上疏纯粹是为了朝廷。但他是否别有目的也是众说纷纭。

康熙看完后，很谨慎。戴名世很有名，在全国文人心目中的地位很高，不能轻易动他。再说这个《南山集》都出来十年了，其中不可能有什么大问题。

赵申乔

如果这本书有什么大问题，就不会等十年的时间，早就有人告密了。

但也正是因为戴名世的名气大，所以影响力就大，他的问题不容小看。康熙下令将戴名世先抓起来审问下。在监狱里面，戴名世承认自己犯糊涂，写的东西太狂放了。他在不经意间交代了自己书里面出现的一个叫方学士的人，这个人写过一些糊涂话，自己的书中不应该出现他的名字。戴名世本来没把这话太当回事，却引来了一场大祸。康熙看了戴名世交代的内容以后，把他说的这个方学士和曾经协助吴三桂造反的一个叫方学诗的弄混了，于是事情就严重了。

康熙立即下旨，令刑部遍查全书。刑部不敢马虎。将书里面可能是毛病的全部挑出来呈给康熙看，刑部从《南山集》中找到五处罪证：第一，书中用大量篇幅来记录南明人物，主要体现在戴名世和一个叫余湛的人的通信中，来往信件当中两人谈及南明的事，由于这些信被戴名世的学生收录到《南山集》中，变成了公开信件。第二，对明朝的那些亡国君主使用尊称。第三，歌颂明朝的某些大臣。戴名世对明朝那些忠肝义胆，为大明殉难的士大夫表露出佩服之情，戴名世对他们的敬佩就令清政府反感。第四，书中主张给南明三朝应有的地位，不应该把它们完全无视。在“朱三太子案”扑不灭的情况下，呼吁南明地位问题，就显得不明智了。第五，书中写了清朝政府谋杀崇祯帝儿子们的历史，并且毫不避讳，还原了历史真相。在顺治帝元年的时候，清朝政府捉住崇祯帝的太子朱慈烺。清朝政府为了不引起汉人的强烈反感，诬陷朱慈烺是假太子，并密谋用假身份来篡权，以此为借口杀了他。

这些是清朝政府绝对不能碰的隐私，但戴名世偏偏不信这个邪，把这些真相揭露了出来。康熙震怒，判决戴家、方家的家族中男性全部被株连，家族中的女性卖给别人家做下人。另外方苞、汪灏为戴名世的逆书作过序，被斩首，其中一些相关人员也受到牵连。

就在此时，被康熙誉为“天下第一清官”的江苏巡抚张伯行上疏：最近科考之时，官员受贿的很多，其中包括江南江西总督噶礼。噶礼是康熙乳母的儿子，又是皇太子胤礽的人，背景很深。得知自己被告后，他搜罗了张伯行的七条罪状，七条罪状其中之一便是张伯行与方苞是好友，方苞和戴名世是好友。当初方苞给戴名世作序，这些事张伯行是知道的，将张伯行打成了戴名世的同党。

当皇太子胤礽站出来攻击张伯行后，南山案就和当时朋党之争纠缠到了一块了。大量官员、知名人士卷了进来，就连康熙非常信任的大臣也被牵连进来。这令康熙始料不及，因为一本十年前的书，牵扯这么大，康熙觉得这件事该到此为止了。下旨宣布：“戴名世免凌迟，改处斩。赦免方苞、张伯行、汪灏等人。”

这件事到此才结束。

康熙一开始觉得有些读书人越来越猖狂，什么都敢说，于是想教训教训他们，但火候不能太过了，康熙清楚文人“说点不该说的话”和阴谋家直接用暴力造反不同。文人发几句牢骚，就不能用暴力手段来处理，他们往往站在真理的一方，代表了天下人的意志。用暴力手段对付文人来巩固皇权，不能太过分，否则最后伤害的只能是自己的利益。

CHAPTER

第七章 取得的卓越功勋 7

在中国的历史长河中，自秦皇以来，北方游牧民族与南方耕种民族之间的矛盾就从来没有停止过，秦始皇修长城防匈奴，至此历代皇帝都对长城有所修缮。到了清朝初期，北方之患又加入了沙皇俄国。康熙凭借过人的智慧和远见卓识，通过多伦会盟彻底解决了蒙古问题，实现了中国这个多民族国家的民族和谐统一，构筑起坚实的“北疆长城”，派兵永驻黑龙江，击败沙俄侵略者，奠定了中国的版图。

东北之患，沙俄入侵黑龙江

康熙在很小的时候，苏麻喇姑就经常对他讲，他的曾祖父努尔哈赤二十四岁（1583）时为了报杀祖、父之仇，以十三副铠甲起兵，东征西讨，统一女真各部，反抗明朝，成为威震白山黑水的女真大汗，在他祖父皇太极即位后，原本归属于明朝管辖的黑龙江流域上下游都成了大清朝的土地。

白山黑水是满洲人的发源地，几千年来在这里繁衍生息，先辈的血汗挥洒在那里的每一片草地上，每一片森林中，先祖们的灵魂也安息在那片广阔的平原、起伏的峻岭和奔流不息的河川旁，那里是满洲人深深眷恋着的神圣土地。

努尔哈赤起兵的前一年，也就是1582年，一伙贪婪的侵略者越过了乌拉尔山向东开进，一路上烧杀掳掠，无恶不作，他们建立了一个个据点，魔爪不断向东方延伸。康熙不知道，苏麻喇姑不知道，就连努尔哈赤也不知道。皇太极统一东北之后，改年号为崇德元年（1636），就在这短短的五十年时间，那些侵略者横扫西伯利亚平原，行程六千多千米，抵达了太平洋沿岸。

沙俄的侵略者在勒拿河的支流尔丹河上听说有一条叫黑龙江的大河，他们四处寻找这条河，就在清军入关前半年（1643年10月），俄军文书官波雅尔科夫带着一小队哥萨克武装跨越外兴安岭，闯入黑龙江流域。

当时清政府正在全力以赴地镇压各民族的反抗，尽管摄政王多尔衮和顺治帝已经得知了黑龙江的情况，但实在是腾不出手来。哥萨克在达斡尔人村庄杀人放火，无恶不作，甚至吃人肉，这就是一伙恶魔。他们趁着清朝政府没有工夫管理北方的机会，大肆掠夺黑龙江，无数的居民在反抗哥萨克的战斗中死于哥萨克的枪弹之下。

在康熙出生的前后十几年的时间里，清朝驻守在宁古塔的驻军也数次与居住在黑龙江流域以及松花江流域的各族人民配合反击，给予沙俄侵略者沉重的打击，到康熙即位的时候，除黑龙江上游的尼布楚外，其他地区俄军据点都被攻克拆毁，侵略者被打散四处逃亡。

当时，顺治帝从清军对入侵黑龙江的沙俄侵略者的战斗来看，并不认为问题很严重，他用烧毁两岸房屋、禾田，将两岸居民迁往小兴安岭“坚壁清野”的方式，令侵略者无法长久立足。顺治帝十三年（1656），俄国使臣巴伊可夫和顺治帝十七年（1660）佩尔费列耶夫等到北京，由于他们抵赖罪行，言语傲慢，顺治帝都没有接见。康熙即位以后，沙俄侵略者被驱赶出黑龙江。

黑龙江两岸满目疮痍，沙俄侵略者卷土重来，于康熙四年冬天，重新占领雅克萨，并自贝加尔湖南下，入侵中国略尔卡蒙古地区，建立楚库柏兴和尼布楚据点，图谋黑龙江下游。康熙亲政不久后，就听到在沙俄的蛊惑下，索伦酋长根特木儿背叛了清政府，逃奔尼布楚，令边疆问题变得更加严重。

康熙此时是有心无力，刚刚解决掉鳌拜，朝廷内部势力才刚刚趋于稳定，全国反清势力也并没有完全消失，郑氏盘据台湾，虎视眈眈，以反清复明为志，三藩割据势力日益增强，各地灾害频发，盗贼丛生。康熙只能将主要精力放在南方，希望东北的问题能够通过和谈的方式解决。

因此，康熙派遣使臣两次前往尼布楚，邀请俄国人派人来北京商谈中俄边界问题。俄国尼布楚总管派米洛瓦诺夫等人同沙拉岱到北京。康熙在给俄国沙皇的信中，要求俄国遣返叛逃的根特木儿，以后不要挑起边界之争。随后康熙又派人到尼布楚催促，没有得到任何的答复，而俄国侵略者在黑龙江的侵略活动变得更加猖獗，看来通过和谈的方式是无法解决问题了。

康熙十年（1671）九月初三，在曙光的照射下，紫禁城宫阙泛起耀眼的光芒，午门之外，诸王贵族、文武百官跪伏在地，恭送康熙东巡盛京，康熙乘坐御驾之上，向文武百官告别，出朝阳门一路向东，踏上先祖二十八年前率铁骑横扫中原时的来路，巡视他魂牵梦萦的黑土地，康熙的心情无比舒畅。

辽阔的天空，清爽的秋风，尽管仍有无数的大小事务在等待着他处理，没有了紫禁城高墙的束缚，康熙心情也得到了最大的缓解。此行他最关心的还是沙俄入侵东北黑龙江的事情，康熙借着全国平定，致告太祖、太宗陵寝的名义，到东北去亲身勘察地形，了解风土人情。三河、遵化、通州、山海关被他甩在了身后，抵达盛京后，康熙当天便祭拜了福陵和昭陵，并派遣王公大臣祭祀永陵和开国功臣的陵墓。

康熙在盛京召见了现任的和退休的文武官员，赐酒、赐宴，并赏赐银两，检阅了盛京士兵，指示地方官员减免对流放犯人的罪行，减免奉天等地的两年赋税，赏赐宁古塔官兵两万两白银。同时，康熙还召见宁古塔将军巴海，了解黑龙江上下赫哲族、瓦尔喀等民族风情，现在的军事形势等，指示巴海要对地方各民族多加教化，对沙俄侵略者要严加防范，平时要加紧操练官兵，整顿武器，担当起守卫边防的重任。

两个月后，康熙返回北京。“三藩之乱”的爆发令康熙准备武力解决黑龙江的计划戛然而止，东北的形势变得更加恶劣。随后，蒙古布尔尼叛乱，噶尔丹于西北起祸端，台湾问题悬而未决，俄军在黑龙江上下游修筑堡垒，四处劫掠，东北边境处处危机。面对三藩叛乱凶猛的势头，康熙连抽调兵力防守黑龙江都做不到，面对严峻的形势，康熙只能期望通过谈判的方式稳住沙皇俄国，如果能够和平解决边界问题那是再好不过了。

寸土必争，驻兵永戍黑龙江

趁着康熙忙于平定“三藩之乱”和统一台湾之际，沙皇俄国殖民主义侵略势力的触手慢慢伸入我国黑龙江流域，严重侵犯了我国的主权和领土的完整，威胁到我国人民的生命和财产安全。

沙皇俄国在16世纪以前，还没有在亚洲侵占过一块土地，它本身也只是在

15 世纪末到 16 世纪初才以莫斯科为中心，逐渐形成统一的国家，到了 16 世纪后期，沙俄积极向东扩张，用了几十年的时间，把势力扩展到鄂霍次克海，霸占了西伯利亚。在明朝崇祯五年（1632），沙俄在勒拿河建立雅库茨克城，将侵略的触角伸向我国黑龙江地区。

明朝崇祯十六年（1643），雅库茨克的头目戈洛文派遣一百三十多人的哥萨克士兵闯入我黑龙江达斡尔族、女真人聚集地，进行野蛮的烧杀抢掠，以当地人为人质，用武力威胁他们缴纳粮食、毛皮等贡品，甚至杀人吃。

当时俄军头目波雅科夫用这种惨无人道的行径和手段，给黑龙江人民留下了可怕的印象，只要提到哥萨克，人们脑海中就会出现拷打、诱骗、死亡、吃人等可怕的景象，激起了当地各民族人民的强烈反抗。

波雅科夫又一次到达斡尔人村镇抢夺粮食，遭到达斡尔人的突然袭击，五十多名哥萨克士兵受到重创，十名被打死，在精奇里江的结雅河渡口，又遭到女真人偷袭，被杀死二十四人，只有两个人逃走。顺治帝二年（1645）年，波雅科夫仅剩下五十几个人，从海上逃走，直到第二年的 7 月，才返回了雅库茨克。

顺治帝六年（1649），经沙皇允准和新任雅库茨克统领弗兰茨别科的支持下，七十多名哥萨克人在哈巴罗夫的带领下，侵入黑龙江地区，遭到了达斡尔人的顽强抵御，哈巴罗夫意识到，只凭几十个人去征服幅员辽阔的达斡尔土地是不现实的，他连忙返回雅库茨克请求调六千兵力征服黑龙江。

哈巴罗夫像

沙皇俄国增派了二百多人，并要求哈巴罗夫远征达斡尔，同时新的指令与一封转交康熙的信件同时到达，要求中国皇帝“归顺”沙皇，永为“臣仆”，如果拒绝，沙俄宣称要动用武力，将中国人斩尽杀绝。第二年，哈巴罗夫率领侵略军和这两份信件再次进入黑龙江，攻取雅克萨。雅克萨位于黑龙江上游左岸，与额木尔河河口相对，是贝加尔湖和雅库茨克进入黑龙江水陆的咽喉要地，是达斡尔酋长的驻地，被沙俄侵占以后，在此地修建工事，作为进一步入侵黑龙江的据点，并根据达斡尔酋长阿尔巴西的名字更名为阿尔巴津。

沙俄侵略者在占据了雅克萨后，以此为据点，四处掠杀，用大炮、火枪对付手无寸铁的居民，将他们作为俘虏和人质，用极为残酷的手段对待他们。在桂古达尔的一个村庄中，他们用炮火打败了用竹箭顽强抵抗的达斡尔人，杀死六百六十一名居民，掠走二百四十三名妇女和一百八十个孩童，只有十五名达斡尔人幸免于难。

令人发指的是，这些灭绝人性的侵略者用孩子们父母的尸体搭成烧烤架子来烧烤孩子吃。侵略者惨无人道的行为并没有吓倒我国人民，相反，激起了我国各族人民的强烈反抗。乌苏里江一带的朱舍里和赫哲人一边抵抗，一边向驻守宁古塔的清军报警。清政府命令宁古塔昂邦章京海色率军阻击，当地各族人纷纷前来助战，在清军节节胜利的时候，海色下令要抓活的，结果给了哥萨克人喘息的机会，趁机拉回大炮，向清军猛轰，造成清军大量的伤亡，最后不得不放弃围剿。

乌扎拉村之战是中俄第一次军事对抗，迫使沙俄侵略者惶恐地向黑龙江上游撤走。顺治帝十二年（1655）四月，清朝都统明安达礼在呼玛尔重创俄军，但是因为缺乏粮饷供应，只能班师，令沙俄得以继续在黑龙江横行。顺治帝十三年（1656），另一支沙俄侵略军从叶尼塞斯克出发，侵入石勒格河流域，并随后侵占蒙古茂明安部居住地尼布楚，并将尼布楚改名为涅尔琴斯克，作为向黑龙江中下游扩张的中心。

随后，清军收复了雅克萨，拆除了俄军建立的堡垒，经过中国军民的多次打击，侵入我国黑龙江流域的俄国侵略军一度被肃清。但是因为当时清军缺乏长久打算，没有彻底消除沙俄侵略军，也没做任何的防御就撤兵了，沙俄侵略势力又到雅克萨筑城盘踞。在康熙四年（1665），沙俄的切尔尼科夫斯基再次率领侵略军占领了雅克萨，俄国沙皇正式任命切尔尼科夫斯基为雅克萨长官，康熙十四年（1675），沙俄将雅克萨划归尼布楚统辖。

清政府虽多次警告，都无济于事。在同沙俄的长期交涉中，康熙看出，不狠狠地打一下，沙俄是不知道疼的，于是决意征剿。康熙分析了当地的形势，认识到当初围剿却没剿干净的弊端，再者就是黑龙江一带没有驻兵，从宁古塔出兵反击，每次都因粮储不足而停止。另外沙俄侵略军虽为数不多，但由于耕种自给，加上尼布楚人与之贸易，因此使其得以生存。于是造成我进彼退、我退彼进，“用兵不已，边民不安”的局面。

针对这种情况，康熙采取恩威并用、剿抚兼施的方略，出兵驻守其来往之路，屯兵永戍黑龙江，建立城寨，与之对垒，进而取其田禾，使之自困。同时再辅以严正警告。如果侵略军仍执迷不悟，则坚决予以歼灭。

为此，康熙采取了一系列措施，加强边防建设，准备剿灭沙俄侵略军。侦察地形敌情，派兵割掉侵略军在雅克萨附近种植的庄稼，又令蒙古车臣汗断绝与俄人的贸易，以困惫和封锁侵略者；屯戍要地，康熙二十一年（1682）十二月，决定调乌喇、宁古塔兵一千五百人往黑龙江城一带，驻扎瑷珲、呼玛尔。由于这两处距雅克萨路途遥远，就命令呼玛尔驻兵改驻额苏里。第二年7月，宁古塔副都统萨布素率军进驻额苏里。9月，康熙命其在瑷珲筑城永戍，预备炮具、船舰。同时派乌喇、宁古塔兵五六百人、达斡尔兵四五百人，调往瑷珲一带，修整战具，设置驿站，运储军需。

康熙指出，黑龙江至外兴安岭地区距东北腹地遥隔数千里，同沙俄这样的入侵者斗争，单靠当地人民的部落武装是无法制止其侵略的。必须筹划全边，扼要屯兵戍卫，在适当地点控制一定兵力作机动，才能对付沙俄的反复侵扰。为此，需要建立相当数量的驿站和粮站，开辟水陆交通线和筹集运输工具，从而保障反击作战的胜利，并在反击胜利后建立一条较完整的边界防守线，才有利于长期的边防斗争。

边疆隐患，噶尔丹祸乱北方

蒙古自秦始皇以来两千多年，始终都是中原皇帝的一块心病。明末清初时，戈壁大漠上主要分布着三个部落：漠南蒙古、漠北蒙古、漠西蒙古。漠南蒙古在努尔哈赤和皇太极时平定，与清政府和平相处。漠北蒙古在皇太极时期，也已向清政府臣服，后来因政权更迭，产生动荡。漠西蒙古在皇太极时期，也已向清政府表示友好。

漠西蒙古的噶尔丹掌握政权后，野心极大，自身拥有的实力也很强大，很快成为中原的一大威胁。噶尔丹成势后，对清政府的态度有了明显转变，虽然表面上表示臣服，实际上却在东征西讨，想要与大清分庭抗礼。

清政府在北疆除这两个威胁之外，还有一个强劲的敌人——俄国。自崇祯时期起，俄国就对中国虎视眈眈。崇祯时期，中国势力渐弱，在大清入关以后，东北地区的主要军事力量转向中原，俄国人在东北就变得肆无忌惮。

康熙想解决掉京城以北的各种问题，但由于鳌拜、吴三桂、郑氏集团之乱始终困扰着他，让他腾不出手。直到康熙将这些麻烦都解决掉时，终于可以把目光转移到北面。漠北蒙古的实力并不算强，这个问题比较容易解决，主要问题来自于漠西蒙古的噶尔丹。如果漠北和漠西联手，处理起来就很棘手了。

俄国和漠北的情况差不多，他们刚到中国来的时候，正是中国多事之秋，没有时间去关注俄国，给了俄国可乘之机。在康熙兢兢业业的治理之下，中国经济复苏，解决了内患，逐步实现国富民强，终于可以腾出手来照顾下俄国人了。俄国入侵中国并没有拿出多少兵力、财力发动战争，解决起来应该不算太麻烦。

但问题又出在了噶尔丹身上。噶尔丹为了达到自己的目的，实现自己的野心，暗中和俄国勾结在了一起。俄国人很开心，有了噶尔丹的撑腰，俄国人在中国更加肆无忌惮。康熙清楚地看到，问题的关键是噶尔丹。大臣们建议先把噶尔丹平定了，噶尔丹只要被收服，其他人也自然就会归顺，击败那个闹得最凶的，其他人不用打，也就归顺了。

到时候，清政府想要招抚，就送点银子，不想招抚就送点大炮过去。虽然这方法并不新颖，但很实用，也是康熙一贯的手段，所以大臣们想要讨好康熙，就出了这么个主意。康熙给了这些大臣三个字的评语：死心眼。

这次要面对的情况与之前不同，噶尔丹拉拢漠北蒙古和俄国是为了共同对付清政府。在这种情况下，去攻打噶尔丹，正好中了噶尔丹的圈套。只要战争打响，清政府很可能就会面对三个敌人的围攻。

康熙分析了目前面对的情况，首先和噶尔丹开战，无法做到速战速决，战争必然会拖延一段时间。俄国和漠北蒙古必然趁机掺和进来，他们是清政府的敌人，所以他们即使不是为了噶尔丹，为了自己他们也会参与进来。其次和噶尔丹开战后，在占优势的情况下，情况不会变得很严重，令他们有所忌惮，如果为了自身利益，他们不想看到噶尔丹灭亡，那么还是很有可能参与进来。如果战事发展不利于清政府，情况就会变得很糟糕。

康熙认为在当前形势下，向噶尔丹开战并不是明智的选择。似乎问题没有了解决的办法，但康熙不这样认为，首先他看清了噶尔丹的为人，噶尔丹经常笼络人和自己一起干掉别人。然后再干掉被笼络的人。其次利用噶尔丹的品行，对噶尔丹的朋友下手要讲究策略，噶尔丹和漠北蒙古、俄国的关系并没有那么紧密，令他们相互攻伐就具备了可能性。破坏他们的盟友关系，引起他们之间的争斗，问题就很容易解决了，只要成功分化漠北蒙古、俄国和噶尔丹的关系，那时才是出兵噶尔丹的时机。所以治理北疆的问题，要用“铁血”和“权谋”双管齐下才行，现在形势的关键是使用权谋，分化噶尔丹和他的盟友。

军事外交，康熙收复雅克萨

随着三藩的平定，康熙终于可以腾出手来处理东北边疆的问题了，1682 年 9 月康熙派郎坦、彭春以猎鹿为名北上，到雅克萨去侦察地理环境。决定出兵三千人左右，但由于康熙认为准备要充分，并没有立即发兵，只同意在瑷珲和呼玛尔两地屯田储备粮食，修理船只，开辟驿站。

康熙二十二年（1683）九月，康熙勒令盘踞在雅克萨等地的沙俄侵略军撤离清朝国土。沙俄侵略军不予理睬，反而率兵窜至瑷珲劫掠，清将萨布素率领宁古塔的一千五百人，再加上盛京兵五百人，增调的藤牌兵五百人，共计二千五百人左右，将其击败，并将黑龙江下游侵略军建立的据点均予焚毁，使雅克萨成为孤城。但侵略军负隅顽抗，康熙二十四年（1685）正月二十三日，台湾的回归给了康熙彻底消除沙俄侵略的底气，康熙命都统彭春赴瑷珲，负责收复雅克萨。

4 月，彭春统率三千清军，携战舰、火炮和刀矛、盾牌等兵器，从瑷珲出发，分水陆两路向雅克萨开进，5 月 22 日抵达雅克萨城下，向侵略军头目托尔布津发出通牒。托尔布津凭借工事坚固，他拥有官兵四百五十余人，炮三门，鸟枪三百支，拒不从命。清军于 5 月 23 日分水陆两路列营攻击，陆军布阵城南，集战船于城东南，列炮于城北。25 日黎明，清军开炮攻击，重伤侵略军，托尔布津乞降，派遣使者要求在保留武装的条件下撤离雅克萨。经彭春同意后，俄军撤至尼布楚。清军赶走侵略军后，拆毁雅克萨城俄军侵略者建立的堡垒，然后回师，只留下部分兵力驻守瑷珲，另派兵在瑷珲、墨尔根屯田，加强黑龙江一带的防务。

沙俄侵略军被迫撤离雅克萨后，贼心不死，继续拼凑兵力，图谋再犯。康熙二十四年（1685）秋，莫斯科派兵六百人增援尼布楚。获知清军撤走时，侵略军头目托尔布津率大批沙俄侵略军再次窜到雅克萨。康熙接到奏报后大怒，立即下令反击。

7 月 24 日，清军两千多人进抵雅克萨城下，将城围困起来，勒令沙俄侵略军投降。托尔布津不理。8 月，清军开始攻城，托尔布津中弹身亡，改由杯敦代行指挥，继续顽抗。8 月 25 日，清军考虑到沙俄侵略者死守雅克萨，一定是在等待援兵，并且考虑冬天结冰后，舰船难以行动、马匹、粮饷等难以运送，于是在雅克萨城的南、北、东三面掘壕围困，在城西河上派战舰巡逻，切断守敌外援。

沙俄侵略军被围困，战死病死很多，八百二十六名侵略军，最后只剩六十六人，俄国摄政王索菲亚急忙向清请求撤围，派遣使议定边界。康熙答应了俄国的请求，只准许俄国侵略军残部撤往尼布楚。雅克萨反击战结束后，双方于康熙二十八年（1689）在尼布楚正式谈判。康熙迫于当时西北地区准噶尔部噶尔丹配合沙俄侵扰喀尔喀蒙古，割据叛乱势力十分猖獗，为避免两线作战，集中精力平定准噶尔，指示谈判代表做出让步。

雅克萨战役中，康熙根据侵占雅克萨的沙俄军队城坚炮利但人数较少的特点，以及清军火器较弱，但人数较多的情况，主动扬长避短，不急于在敌方炮火下发动强攻，而是在城周围挖壕，断其外援，作长期围困，使其炮火优势无从发挥。

康熙的正确决策起到了至关重要的作用，沙俄侵占雅克萨，正是清政府忙于平定“三藩之乱”，无暇他顾的时候，康熙暂时放弃使用武力，转而采取外交手段解决，等到三藩平定后的第二年，康熙就将以武力驱逐沙俄侵略者的问题提上议程，并在做好充分准备的基础上，先后两次出兵雅克萨，给予沙俄入侵者沉重的打击。

雅克萨战役体现了康熙卓越的战略眼光和政治手腕，将军事斗争与外交斗争相互配合，斗争有理、有利、有节。面对沙俄军队对中国黑龙江流域的不断侵略和蚕食，康熙本着先礼后兵的原则，曾多次与沙俄进行交涉，坚决要求沙俄军队停止侵略行径。当外交手段未能奏效时，才使用武力驱逐入侵者。康熙在军事上取得胜利之后，又通过外交手段来巩固军事斗争的胜利成果，使这场捍卫领土主权的斗争开展得有理有利有节，最终使沙俄不得不撤出雅克萨，承认中国在黑龙江流域的领土主权。

此战的胜利，是康熙与中国人民在辽阔的东北边界为保卫边防而进行的长期反复斗争的一次胜利，它挫败了沙俄跨越外兴安岭侵略中国黑龙江流域的企图，遏制了几十年来沙俄的侵略，清朝东北边境在以后一个半世纪里得到安宁。

平定北疆，签订《尼布楚条约》

东北是满族的发祥地，历来受到清政府的重视。清朝初年，沙皇俄国加紧向外扩张，先后在黑龙江流域建立了雅克萨和尼布楚两个据点，将它们作为进一步侵略中国的基地。清政府多次派军打击侵略者，但每次中国军队得胜回师之后，沙俄侵略者就卷土重来。

为了彻底解决东北边境问题，康熙亲自到东北了解情况，并决定增加兵力，镇守黑龙江地方。他还写信给沙皇，表示愿意和平解决两国争端，但沙皇迟迟不给答复，于是康熙派兵攻克了雅克萨城，沙俄政府见势不妙，只得同意进行边界谈判。

俄国在军事上未能得逞，外加远征克里米亚失败，战线拉得过长，只能竭力保持侵略获得的既得利益，不得不做出相应妥协。当时的清朝西北地区准噶尔部噶尔丹配合沙俄侵扰喀尔喀蒙古，割据叛乱势力十分猖獗，康熙为避免两线作战，集中兵力平定准噶尔，也指示谈判代表在谈判中做出让步，中俄双方于 1689 年 9 月 7 日达成协议，签订了中俄《尼布楚条约》。

《尼布楚条约》又称《尼布楚议界条约》，是中国和俄国之间签定的第一份边界条约，签订这个条约的清朝政府使用的国名是中国，康熙将“中国”作为主权国家的专称第一次用在国际条约中。比如中国首席代表索额图的全衔是：“中国大圣皇帝钦差、分界大臣、议政大臣、领侍卫内大臣”，表明他是中国皇帝的钦差，行使中国主权。《尼布楚条约》对疆界划分与两国人民归属的称谓，使用的也是“中国”与“中国人”。

1689年8月，中俄两国在尼布楚开始会谈，双方代表集中到中俄交界处的尼布楚城，展开一场针锋相对的外交谈判，清朝使团重要成员有领侍卫内大臣索额图、都统一等公佟国纲等，俄国使团由御前大臣戈洛文、伊拉托木斯克总督符拉索夫率领。

8月22日，中国钦差大臣索额图和俄国首席代表戈洛文各带四十名随员和二百六十名卫兵来到谈判地点。谈判地点设在距双方驻地各五里的地方，在那里搭起两座紧连在一起的大帐篷。戈洛文提出以黑龙江为界，河北岸划归俄罗斯帝国，南岸属于中华帝国。索额图根据史实，说明黑龙江两岸一直是中国领土，是俄国强行占领了中国的土地，要求归还尼布楚和雅克萨等地，提出两国应以勒拿河、贝加尔湖划界。双方辩论一天，双方各不相让，谈判进入僵局。

8月23日，中俄双方使臣举行第二次会议。俄方开始仍坚持原方案，中方坚决拒绝。双方坚持不让，谈判呈破裂危机，戈洛文见第一方案不能实现，便稍微降低要价，企图以牛满河或精奇里江为界。索额图根据康熙的意图，做出让步，抱着早日缔约划界的愿望，一方面明确表示不同意俄方的第二方案，另一方面做了重大让步，提出以尼布楚为界，尼布楚归属俄国，但仍遭俄方代表戈洛文拒绝。

签订《尼布楚条约》蜡像

8月24日至27日，中俄双方使者会外频繁接触，继续进行谈判，中国方面考虑俄方意愿，同意暂时搁置喀尔喀蒙古地区的划界，但俄方态度强横，谈判一度陷于僵局。8 月 28 日中国和俄国达成协议，俄接受中国方面提出的分界线，同意放弃对雅克萨的占领。9 月 1 日俄国代表横生枝节，就外兴安岭东端的分界线提出无理要求，再三纠缠，中国方面又做出让步，同意乌第河以南一片地区留待以后议定。9 月 3 日至 6 日中俄双方就贸易问题、沙皇称号问题、逃亡者的问题进行讨论，中国方面又再三让步，完成了条约的草稿，并就条约文本的交换，签字盖章、宣誓方式达成协议。

康熙二十八年七月十四日（1689 年 9 月 7 日），清政府全权使臣索额图和沙俄全权使臣戈洛文在尼布楚签订中俄《尼布楚条约》。条约内容以满、俄和拉丁文三种文字签订。条约明确划分了中俄两国东西边界，从法律上确立黑龙江和乌苏里江流域包括库页岛在内的广大地区属于中国领土，清政府同意把贝加尔湖以东的尼布楚之地划归俄国。

条约内容如下：

一、从黑龙江支流格尔必齐河到外兴安岭、直到海，岭南属于中国，岭北属于俄罗斯。西以额尔古纳河为界，南属中国，北属俄国，额尔古纳河南岸之黑里勒克河口诸房舍，应悉迁移于北岸。

二、雅克萨地方属于中国，拆毁雅克萨城，俄人迁回俄境。两国猎户人等不得擅自越境，否则捕拿问罪。十数人以上集体越境须报闻两国皇帝，依罪处以死刑。

三、此约订以前所有一切事情，永作罢论。自两国永好已定之日起，事后有逃亡者，各不收纳，并应械系遣还。

四、双方在对方国家的侨民“悉听如旧”。

五、两国人带有往来文票（护照）的，允许其边境贸易。

六、和好已定，两国永敦睦谊，自来边境一切争执永予废除，倘各严守约章，争端无自而起。

条约有满文、俄文、拉丁文三种文本，以拉丁文为准，并勒石立碑，碑文用满、汉、俄、蒙、拉丁五种文字刻成。根据此条约，俄国全部占领黑龙江流域的阴谋破灭，但与大清帝国建立了贸易关系。

《尼布楚条约》以外兴安岭和额尔古纳河为界划分俄国和中国，但没有确定外兴安岭和乌第河之间地区的归属，因为外兴安岭在乌第河源处分成南北两脉，南脉在河南入海，北脉沿北海上行在白令海入海。清朝所提的是乌第河以北、北主脉往南的地方属于争议地区，回去禀报后再议。

1693 年，俄国派使节赴北京觐见要求通商，由于俄国使节行三拜九叩礼，康熙非常高兴，特准俄国在北京建“俄馆”，每三年可以派二百人商队入京逗留八十天，其他国家没有这种待遇。

太子领兵，佟国纲护驾身亡

噶尔丹率部盘踞伊犁，那里是他的大本营，志在统一蒙古的噶尔丹说：“我噶尔丹的地盘应该囊括新疆、青海、西藏，乃至整个喀尔喀蒙古地区，康熙有什么权力来命令我。”噶尔丹屡次派使者去沙皇俄国，叮嘱使者转达他的意思，只要各国支持他夺取喀尔喀蒙古，俄国愿意在那儿建多少城堡就建多少城堡。俄国需要哪片土地，全部让给他。等到有了枪炮，就不怕夺不到土地。

噶尔丹的做法令俄国侵略者由衷地高兴，1690 年 5 月，俄国政府偷偷向噶尔丹提供了上千支火枪和近百门火炮，俄国政府想借噶尔丹的手，从清政府手中抢夺土地。在俄国政府的暗中支持下，噶尔丹叫嚣：“建功立业的时机到了，举兵东进，重新占领喀尔喀蒙古，让康熙和土谢图汗知道，喀尔喀蒙古只能臣服于我噶尔丹的统治之下。”

噶尔丹在三个月的时间内，组建了一种非常特殊的武器装备：驼城。所谓“驼城”，是由一万多头经过特殊训练的骆驼组成的。作战时，上万头骆驼一起卧地，卧成一个半圆形，骆驼背上安装箱垛，箱垛蒙着油毡，看起来像一段长城。

“驼城”利于防守，士兵躲在“驼城”的后面，从驼背箱垛的缝隙中向敌人放枪放箭，敌人的枪弹和箭矢则被驼背上蒙着的湿毡挡住，敌人很难冲破“驼城”。1690 年 6 月，噶尔丹带着三万骑兵和一万骆驼兵，踌躇满志地离开伊犁，向东方进军。

噶尔丹的五千骑兵逼近乌尔会河，一批清军骑兵正在河边饮马，并未发觉噶尔丹的军队。随后，数百条火枪、火铳，还有上千架弓箭，一起朝着乌尔会河东岸射去，正在饮马的清军，猝不及防地遭到袭击，阵脚大乱，向东逃去。

稳住阵脚的清军看出噶尔丹叛军只有数千人，火枪也不多，没有大炮。于是，清军就列好队形，强行横渡乌尔会河，要把这股叛军围歼在乌尔会河边。叛军向后撤了，一边撤一边向清军开枪放箭。这支清军骑兵被牵引着向西追击。

追击中的清军发现情况不妙，在他们的北、西、南三面，突然出现了大批的骆驼，这些骆驼趴在地上，骆驼的背上，覆着一层厚厚的油毡，油毡之内，还有一个个的箱子，看上去就像城墙。就在清军官兵面面相觑的时候，从骆驼的背后，射出一发发的炮弹，清军骑兵顿时人仰马翻，“驼城”不但可以用来防守，而且也可以用来进攻。最后清军骑兵只有二三千人得以逃脱。

噶尔丹大败清军，挟胜利之威，快速向东推进，十天十夜之后，到了乌兰布通。佟国纲、阿尔尼和土谢图汗都驻扎在乌兰布通，兵力近两万人。佟国纲率领一万一千余人的骑兵是康熙平定噶尔丹的先头部队。可等佟国纲再次回到乌兰布通，见着阿尔尼和土谢图汗时，佟国纲的身边，只有一千多人了。

佟国纲刚进乌兰布通，噶尔丹就从后面追了过来。佟国纲气急败坏地要出去拼命，被阿尔尼和土谢图汗劝住。阿尔尼指出叛匪虽然嚣张，但已经是疲惫之师，只要安排妥当，就能继击败他。于是，佟国纲、阿尔尼和土谢图汗等人，一边派人向康熙报告，一边急急地安排兵力准备与噶尔丹的叛军决战。

清军却犯了一个严重的错误，佟国纲也好，阿尔尼、土谢图汗也罢，他们都只注意防备噶尔丹的正面进攻，几乎把所有的兵力和大炮都摆放在了正面，而忽视了噶尔丹的叛军都是骑兵，机动性很强。噶尔丹将一万人马分成两部分，一部分六千人，一部分四千人，六千骑兵原地待命，准备从正面向清军发动攻击，四千骑兵绕到清军的背后。噶尔丹利用六千骑兵不停地冲击，吸引清军的注意力，为四千骑兵偷袭创造有利的条件。

战斗在夜晚打响，尽管清军的枪炮弓箭密集，但噶尔丹叛军的骑兵速度非常快，数百个叛军冲进了清军的营地，土谢图汗急忙亲率一千余名喀尔喀蒙古战士用大刀长矛将噶尔丹的军骑兵砍出了营地。

噶尔丹的进攻非常反常，无疑送死，此时佟国纲突然意识到噶尔丹一定是派了一支军队绕到了后面。但是，现在已经来不及了，噶尔丹的四千骑兵早从清军的背后杀了过来。佟国纲和阿尔尼护着土谢图汗拼命地抵抗，且战且退。

此时，一队叛军骑兵，冲到了佟国纲和阿尔尼的近前，大呼活捉土谢图汗。土谢图汗要下马迎战，被佟国纲等人劝住，在一千人马保护下落荒而逃。佟国纲和阿尔尼带着一支人马借着月色逃跑。

噶尔丹没有追来，这一战他的损失也很惨重，需要休兵整顿，就在乌兰布通安营扎寨，当佟国纲和阿尔尼回到京城之后，康熙决定御驾亲征。康熙封裕亲王福全为抚远大将军，兵部尚书明珠为副将，率两万清军出古北口，从南面包围乌兰布通。封恭亲王常宁为安北大将军，吏部尚书索额图为副将，命令二人率两万清军出喜峰口，从北面包围乌兰布通。

康熙亲自率领三万大军，从正面向乌兰布通开进，等到三路大军会合，一举歼灭噶尔丹。在1690年7月，抚远大将军福全和副将明珠，率两万清军西去，同时，安北大将军常宁和副将索额图也率两万清军西去。康熙

佟国纲大将军雕像

亲率三万清军浩浩荡荡地离开了京城，亲往乌兰布通。

随同康熙亲征的，还有两个人，一个是已经被革去都统之职的国舅佟国纲，一个是太子二阿哥胤礽。佟国纲是奉旨戴罪立功，胤礽则是主动请缨，参加平叛战斗。康熙考虑到胤礽已经十七岁了，作为太子，应该到战场上去锻炼锻炼，于是就同意了胤礽的请求。

大军开进不久后，康熙突然高烧不止。康熙这一病，不仅把身边十几位朝中大臣吓得不轻，三万清军也只得在波罗和屯一带滞留了下来。胤礽此番积极主动请战，就是听了索额图的建议，改变他在康熙心目中的印象。

胤礽对康熙说："父皇生病，可以停留在此，但三万大军不能停留，应该迅速进军与皇伯、皇叔会合，一举歼灭叛军。"康熙十分高兴，他召过佟国纲，做了一番叮嘱："朕染病在身，去不了乌兰布通了，就由你和太子一起，率军快马加鞭火速西往，早日和南北两路人马会师，平定噶尔丹叛军，在乌兰布通，围而歼之，太子年轻气盛，你要多加劝导。"

康熙第一次亲征噶尔丹叛军，因病暂留在波罗和屯。后来虽然康熙的病好得差不多了，但身体很弱，就放弃了亲赴前线的念头。在乌兰布通战役期间，康熙哪儿也没去，也没有返回京城，一直待在波罗和屯，密切关注清军与噶尔丹交战的情况。

中路清军在佟国纲和胤礽的率领下，西去的速度非常快。因为他们在波罗和屯耽搁了二三天，如果不日夜兼程，就不能够如期和南路、北路的清军一道完成对乌兰布通的合围。合围乌兰布通，是康熙亲自拟定的战术。康熙的意图很明显，此次清军西征，不仅要将噶尔丹叛军击溃，而且还要力争在乌兰布通将噶尔丹叛军一举全歼。

中路清军在佟国纲和胤礽的督促下，如期赶到了乌兰布通附近，与南路和北路的清军一道，完成了对乌兰布通的战略合围。盘踞在乌兰布通的噶尔丹正准备继续向东侵犯，得知清军大队人马赶到，就放弃了东犯的打算，而是固守在原地，准备与清军进行决战。

七万名清军，不断地缩小包围圈，在清军的包围圈内，盘踞着三万五千多名噶尔丹叛军，清军的人数是叛军的两倍，取胜在情理之中，实际上，事情并没有这么简单。首先，清军人数虽多，但是准备仓促，噶尔丹在乌兰布通经营很多天，准备充分，尤其是噶尔丹精心训练的“驼城”，将他的军队牢牢地圈在里面，易守难攻。其次，清军人数多达七万，后勤保障跟不上。如果在几天之内不能取胜，清军只能不战自退。噶尔丹叛军盘踞在乌兰布通多日，粮草囤积充足，打上一个月时间，也无粮草之虑。清军不仅要击溃叛军，而且还要力争全歼叛军，无形中增加了清军取胜的难度。

噶尔丹如果不是考虑到了自己占有很大的优势和胜算，在清军合围之前，早就逃走了。如果能在乌兰布通打垮清军，就可以长驱直入一直打进京城。噶尔丹的防线分为内外两层。外层防线在“驼城”的后面，潜伏着一万五千名叛军官兵，内层防线由一些建筑物和新挖掘的战壕工事组成，里面掩藏着两万名叛军骑兵。噶尔丹的意图是利用“驼城”来消耗清军的兵力和锐气，用那两万名养精蓄锐的骑兵，倾巢出动，一举将清军打垮。

从战术构思上来看，噶尔丹的想法看起来也很好，但是需要一个前提，那就是噶尔丹的“驼城”是否能够消耗清军的兵力和锐气。噶尔丹以为他们的“驼城”，至少可以抵挡清军五天的进攻，五天之后，清军所携带的粮草恐怕就岌岌可危了。清军完成了对叛军的战略包围之后，各路统帅立即召开会议。会上，佟国纲详细地叙述了上次在乌尔会河兵败的经过，佟国纲郑重地指出，叛匪“驼城”不能小看，处理不当，就要吃大亏。

参加会议的裕亲王福全、恭亲王常宁，还有索额图和明珠等人却很难找到解决“驼城”的办法，胤礽认为那些骆驼没有什么了不得的，用大炮一轰，什么样的骆驼都被炸飞了，这么简单的问题，值得大惊小怪吗？胤礽的口吻不妥当又极不礼貌。裕亲王福全和恭亲王常宁都是他的父辈，佟国纲和索额图更是他的爷爷辈，佟国纲是康熙生母的兄弟，索额图是胤礽生母的叔叔。但胤礽是清朝太子，就不能用一般的情理来论了。

福全、常宁、佟国纲，包括明珠在内，根据胤礽的想法，决定先集中所有大炮对着一个地方猛轰，炸开一条通道之后，派一支精锐骑兵冲进“驼城”圈内，消灭骆驼背后的叛军随后清军迅速收拢包围圈，将剩余叛军包围在第二道防线里，力争全歼。

问题是，谁去率领那支精锐骑兵。清军的大炮将叛军的骆驼炸开一条通道之后，如果那支精锐骑兵不能迅速地将骆驼后面的叛军解决掉，清军就很难完成收拢包围圈，叛军就极有可能溜掉。

索额图和明珠，包括恭亲王常宁在内，都争着向福全请求去率领那支骑兵。此时胤礽用毋庸争辩的语气说道：“你们都不用再争了！那支骑兵，由我去统率！”胤礽乃是大清太子，冲锋陷阵出了什么意外，谁敢承担这样大的责任。胤礽知道众人的心思，说：“各位大人不必惊慌，我向父皇请求来此参加战斗的目的，就是要杀敌立功的，如果不能杀敌立功，我又何必离开京城？”

胤礽向康熙请求来此参战，是索额图的建议，但索额图的原意是让胤礽跟在皇帝的身边，而不是让胤礽去冲锋陷阵，发生什么意外，索额图就危险了。于是索额图连忙说道：“殿下，你亲自来到平定叛军的第一线，已经是功不可没了，并不一定要亲自上阵杀敌啊！”

面对众位大臣的劝阻，胤礽横了一条心，就定下了此事。太子既然已经决定了，福全也只能听命。但是为了太子的安全，福全拨出了两万精兵，跟随太子出战，其中就有国舅佟国纲。佟国纲在临行前，康熙曾经对他千叮咛万嘱咐，要确保太子的安全，佟国纲丝毫不敢大意。

清军做好了一切战斗准备，并没有立即发动进攻，天黑下来之后，清军便把数十门大炮悄悄地集中在叛军防线的南端。清军炮兵准备好后，福全命令开炮，数十发炮弹在同一时间内一起飞离了炮膛，将叛军的骆驼阵炸开一大段，为太子胤礽的骑兵开辟道路。

噶尔丹叛军的大炮太过分散，没能对清军构成威胁。清军炮火一顿狂轰滥炸之后，叛军的“驼城”已经被清军炮火撕开了一个缺口。那缺口不算很大，大约有一百五十米的宽度，但这已经足够清军的骑兵发起冲锋了。

早已等得很不耐烦的胤礽，率领两万名清军骑兵，奋不顾身向前冲去。佟国纲带着亲兵，紧紧地护着胤礽。胤礽跃马横刀，冲在队伍的最前面。此时叛军想尽力堵住那个缺口，坐镇南面防线指挥的叛军首领，正是噶尔丹的妻子阿奴。见自己苦心训练的“驼城”被清军炮火炸开了缺口，赶紧率着数千人向缺口扑来，企图把冲过来的清军骑兵给堵回去。

然而，清军两万名骑兵已经全部冲入“驼城”里面，开始分东西两路向躲在骆驼背后的叛军发起攻击。“驼城”之内，胤礽杀得性起，哪里叛军多，就催马往哪里冲，佟国纲则带着一队亲兵，始终不离胤礽左右。胤礽正不顾一切地向前冲时，二百多高头大马的骑兵拦在了他面前，为首的正是噶尔丹的妻子阿奴。

佟国纲虽然武功平平，经验却十分丰富，密切地注意着阿奴的一举一动。突然阿奴右手的长剑就朝着胤礽掷了过来，直直地向着胤礽的胸膛射去，随后又掏出手枪，迅速地向着胤礽瞄准。枪响了，胤礽从马背上摔了下来，不过胤礽不是被枪打下来的，而是被佟国纲推下马背的。叛军逃跑，清军也没来得及追，因为太子和国舅摔下马了，更何况他们认为是被叛军用枪打下马的。

福全带人赶到后，听闻此事脑袋差点儿炸开，在听到胤礽的声音，看到他没事后，才将心放下来。当几个清军士兵将躺在地上的佟国纲抬到了福全面前时，佟国纲已经是奄奄一息了。佟国纲在奋起把胤礽推下马的时候，背部受到了枪弹足以致命的一击。康熙看到佟国纲的遗体时，一边流泪一边自言自语地道：“朕应该把他留在京城的……”

多伦会盟，坚固的北疆长城

清朝之前，修筑长城，巩固北疆。秦始皇修建长城是为了防匈奴，戚继光在长城上建敌楼是为了防蒙古。清朝实行满蒙联盟，将“长城防御北方蒙古”，变作以“蒙古为北疆长城”，清朝北部的“长城防线”，推到库页岛、外兴安岭、贝加尔湖、巴尔喀什湖一线。建立起新的、坚固的北疆长城。

康熙在处理北部蒙古问题、建立北疆长城时，做了三件事：第一是统筹蒙古，雄才大略；第二是多伦会盟，雄图高远；第三是三次亲征，雄心壮志。

明末清初，蒙古三大部，漠南蒙古、漠北蒙古、漠西蒙古分布在戈壁大漠的南面、北面和西面。游牧民族的南扰，先是匈奴，后是蒙古，这个难题，自秦始皇以来，两千多年都没有得到解决。清朝经过“三祖三宗”：太祖努尔哈赤、太宗皇太极、世祖顺治帝、圣祖康熙、世宗雍正、高宗乾隆六代历经一百多年的时间，才算解决了清代的蒙古问题。

清太祖、太宗实行满蒙联盟政策，通过联姻、编旗、封赏、重教、朝贡等措施，基本解决了漠南蒙古的问题。蒙古族出身的孝庄太后，身历天命、天聪、崇德、顺治帝、康熙五朝，两次辅佐幼帝。康熙亲政后，面临的不是漠南蒙古的问题，而是漠北喀尔喀蒙古和漠西厄鲁特蒙古的问题。

多伦会盟纪念碑

漠北喀尔喀蒙古有三大部：车臣汗部、土谢图汗部和札萨克图汗部，他们都是成吉思汗的后裔，他们在皇太极时期，表示臣服。土谢图汗与札萨克图汗，先祖本是兄弟，彼此相邻友善，后来却发生两部大汗的血案。康熙元年（1662），札萨克图汗旺舒克因私怨被部属所杀，发生内乱，许多部民，为避战祸，逃到土谢图汗部。

此事过后，康熙任命旺舒克的弟弟成衮承袭札萨克图汗，札萨克图汗沙喇要求土谢图汗察珲多尔济，将他收留的本部逃亡部民归还，土谢图汗一再拖延。札萨克图汗多次上疏康熙，要求土谢图汗归还部族。康熙出面进行调解，并指出：“你们因此相互交战，先不说人民受苦，你们两个首领还能够共存吗？”统一台湾后，康熙二十三年（1684）康熙派大臣与达赖喇嘛官员一起，到喀尔喀蒙古共同调解两部的纷争。康熙强调：“你们再不好好解决问题，就得打起来了，这样对你们谁都没有好处，所以，要尽释旧怨，言归于好。”

经过康熙的调解，札萨克图汗与土谢图汗，悬挂佛像盟誓：自今以后，永远和协。后来噶尔丹利用两部不和，拉拢札萨克图汗，想要达到吞并土谢图汗部的目的。札萨克图汗违背了誓言，与噶尔丹联军。土谢图汗以此为由，准备设计把他杀了，康熙二十六年（1687），土谢图汗派人将札萨克图汗沙喇及其台吉等诱骗到固尔班黑尔格杀害。又杀死了噶尔丹的弟弟多尔齐扎卜，随着噶尔丹的弟弟被杀，事情就闹大了。这里就不得不说野心勃勃的草原枭雄噶尔丹了。

厄鲁特蒙古由和硕特部、杜尔伯特部、土尔扈特部和准噶尔部四部组成，早在皇太极时期，厄鲁特蒙古已经向清政府臣服。准噶尔部在天山以北、伊犁河流域游牧，噶尔丹是准噶尔部的首领。

准噶尔部首领巴图尔浑台吉死后，他儿子僧格继位，此时的噶尔丹在西藏为僧。达赖喇嘛很赏识噶尔丹，授予他呼图克图（大活佛）名号，但是噶尔丹喜欢舞枪弄棒，广泛结交西藏上层人物。康熙十年（1671）僧格被杀，噶尔丹在达赖喇嘛等支持下，趁机回到本部，取得大权。噶尔丹既有呼图克图名号，又有准噶尔汗的权位，政治野心开始膨胀。

噶尔丹聪明狡黠，在康熙忙于平定“三藩之乱”时，他利用这个时机，向康熙进贡、贸易表示恭顺，同时取得达赖喇嘛的支持，另一边，噶尔丹却联络俄国，不断扩张势力。噶尔丹不断地发动战争，四处攻掠，势力膨胀，统一了厄鲁特蒙古各部。噶尔丹于康熙十九年（1680），派十二万骑兵进入喀什噶尔，控制了南疆，此时他的势力范围西接哈萨克，南临西藏，东到青海，东北到喀尔喀蒙古，西北接俄罗斯。

噶尔丹的扩张，造成两个严重后果：其一是，被其战败的厄鲁特蒙古部落，由西往东，涌向青海，进入甘肃，威胁到了中原。其二是，受到迫害的喀尔喀蒙古，由北往南，逼近长城，威胁到了北京。康熙二十七年（1688），噶尔丹率领三万劲旅东进，突袭喀尔喀蒙古，土谢图汗战败，部众不是逃跑就是被杀，宗教领袖哲布尊丹巴呼图克图（土谢图汗的弟弟）的营帐也遭洗劫。

土谢图汗率领残部败退，漫山遍野都是伤兵和逃亡的部族人民。哲布尊丹巴呼图克图随部队溃逃。土谢图汗与哲布尊丹巴呼图克图商议后路，他们面临两种选择，一是投奔俄国，二是投奔清朝。哲布尊丹巴呼图克图说，清朝皇帝遵奉藏传佛教，又同喀尔喀友善，我们应该投奔清朝。于是土谢图汗向清朝政府紧急求援。康熙闻讯震怒，立即派遣使者责问噶尔丹。噶尔丹将战争责任全推到土谢图汗身上，调停没有结果。土谢图汗部、哲布尊丹巴呼图克图所属等，逃到了长城边外，噶尔丹也借口追赶土谢图汗而到达乌兰布通。

噶尔丹这次发动东侵喀尔喀的战争，受到俄国的暗中驱使，以此来干扰中俄尼布楚谈判，直接影响了当时边界的划定，为此清朝政府向俄国做出让步，损失了不少的领土。

摆在康熙面前解决喀尔喀蒙古问题的办法有四种：第一就是支持札萨克图汗部，打击土谢图汗部；第二是支持土谢图汗部，打击札萨克图汗部；第三是同时打击札萨克图汗部与土谢图汗部；第四是将哲布尊丹巴呼图克图和土谢图汗交给噶尔丹。康熙是一位善于把握时机、善于运用策略、讲求实效的君主，他抓住取得乌兰布通胜利、击退噶尔丹内犯之后的有利时机，利用喀尔喀蒙古内部的纷争，采取会盟的办法，解决喀尔喀蒙古的难题。

喀尔喀蒙古各部纷争，牵扯到俄国和噶尔丹的干涉，事情变得相当复杂。喀尔喀内部的纷争，不能用武力解决，只能协商调解。为此，康熙决定亲临塞外，主持会盟。康熙三十年（1691）四月，康熙亲率官兵到达距北京八百里的多伦诺尔驻营，喀尔喀蒙古三大部、内蒙古四十九旗王公贵族的营帐，以康熙大营为中心，众星捧月，四面环绕，开始了从5月1日到6日的会盟。

会盟的首日，康熙派内大臣索额图传达谕旨：土谢图汗对杀死札萨克图汗写出认罪书，讲述他认罪态度良好，随后将他的“认罪书”发给与盟的各部首领，谋求取得札萨克图汗弟策妄扎布等的谅解与各部首领的宽容。次日，会盟正式开始，在康熙的御营外搭起黄色御帐篷，御帐篷南向两侧，为参加会盟的大臣、蒙古王公而设紫红色长帐篷，正对御座有一帐篷，帐内桌上摆满了金银器、酒杯等用具。在皇帝御帐两侧的长桌上，摆满了丰盛的食物。还有从北京带来的四头大象，装饰华丽，象征祥和。哲布尊丹巴呼图克图、土谢图汗、札萨克图汗弟策妄扎布、车臣汗四人坐在第一排，其他官员按顺序入座。清晨，康熙穿着朝服在御营升座，鼓乐齐鸣，喀尔喀王公贵族行三跪九叩礼，会盟进入议程。

经过调解，康熙宣布赦免土谢图汗之罪，将册文和汗印授予土谢图汗，封被土谢图汗杀害的札萨克图汗弟策妄扎布承袭其兄为札萨克图汗，康熙应允喀尔喀贵族请求，分喀尔喀为三十四旗，下设参领、佐领，从行政建制上与内蒙古各旗统一。当日议程结束后，康熙主持约二百桌的盛大宴会，亲手把酒递给哲布尊丹巴，然后是三位喀尔喀亲王，再次给二十位主要台吉。在宴会过程中，有各种杂技、木偶演出助兴，喀尔喀人从来没有见过如此庄严隆重、声势浩大、气氛热烈、情感融洽的场面与表演，既非常高兴，又十分惊异。他们欢欣雀跃，以致很多人都忘记了吃酒席。

会盟第三天主要是册封和赏赐，康熙对哲布尊丹巴、三部汗各赏银千两，蟒缎、彩缎各十五匹。再次召见哲布尊丹巴、土谢图汗、策妄扎布、车臣汗等共三十五人赐宴，康熙用蒙古语与他们边吃边聊，气氛融洽。土谢图汗、车臣汗等都说皇帝仁厚，他们实在是归顺得太晚了。随后，康熙分别赐封亲王、郡王、贝勒、贝子、公、台吉，在爵位上完成了等级序列，实行清朝封爵制度和法律制度。

会盟第四天，康熙身着戎装，头戴镶有貂皮的头盔，佩带短刀和弓箭，骑马绕场一周，弯弓射箭，十矢九中。蒙古王公贵族感叹皇帝神武，随后进入阅兵式。受检阅的部队，按八旗序列，有骑兵、步兵、炮兵等，据随行的张诚统计，约一千两百名骑兵和一万名步兵，排列十里。步兵和炮兵居中，骑兵分列两翼，康熙乘马由中间通过检阅部队，然后登上一座小山包，在这里安设御帐，命喀尔喀王公来到帐前站在右侧，八旗大臣、都统站在左侧，阅兵随之开始。先是步兵列队前进，随角鸣声三进三停，号角声大作，所有骑兵，万马奔腾，声动山谷，随之，汉军火器营，枪炮齐射，声震大地。演习部队奔驰到康熙所在地的附近，戛然而止，整好队形，演习完毕。喀尔喀王公被清军强大的阵容和军纪所折服，清军炮兵又进行了打靶表演，土谢图汗等惊惧失态，几乎躲避，喀尔喀人为之震惊慑服。

会盟第五日，康熙敕建汇宗寺，寓意江河之归于大海，康熙还巡视了喀尔喀营地，对穷困的人赏赐银币，对喀尔喀贵族赏赐大批牛羊。日后汇宗寺成为居住在内蒙喀尔喀人朝拜的宗教中心。康熙回京前，再一次单独会见哲布尊丹巴、土谢图汗，并赏赐御用帐幕和金盘、瓷碗等物，喀尔喀王公贵族列队跪送皇帝车驾回京。

多伦会盟，康熙通过土谢图汗请罪、众议、赦免、赐宴、封赏、大阅、建寺、编旗等形式，平息喀尔喀两部的积怨与纷争，推行清朝的编旗、封爵和法律制度，稳定喀尔喀蒙古社会秩序，加强了中央集权，体现了康熙的雄才大略，是康熙为国家统一大业建立的又一大历史功绩。

唐卡中的哲布尊丹巴

噶尔丹公然向康熙提出康熙统治南方，他统治北方的论调，康熙为和平解决同噶尔丹的矛盾，剿抚并用，反复劝说。但噶尔丹野心勃勃，将事闹大，威胁京师。康熙清楚噶尔丹“一日不灭，则边陲一日不宁”，为此康熙三次御驾亲征。

第一次亲征，康熙亲率大军围剿噶尔丹于乌兰布通，但福全误中噶尔丹缓兵之计，坐失战机，没有全歼噶尔丹。噶尔丹逃跑后野心不灭，康熙决定再次亲征。第二次亲征，清军于昭莫多之战歼灭噶尔丹精锐力量，使其成为大漠幽魂。但噶尔丹不甘心失败，继续制造麻烦。第三次亲征，康熙三十六年(1697)，康熙亲征到达克鲁伦河北岸的托诺山后，噶尔丹在众叛亲离下死于逃亡途中，康熙不战而胜，班师回京。

康熙在三次御驾亲征过程中，不论是武器、兵力、粮饷、情报等，他都亲自筹划，周详部署，知己知彼，谋定而战，用望远镜观察，制造火炮随行，无视大漠尘沙，不惧沙俄威胁，长途跋涉，不避辛苦，不怕艰险，表现出了他过人的胆识与意志。

康熙说："当初秦朝兴土木，修筑长城，我大清朝施恩于喀尔喀，固守北方，比长城更坚固。"在处理蒙古的难题上，康熙表现出三个"雄"字：第一，在处理整个蒙古事件中，体现出一代帝王的雄才大略；第二，在处理喀尔喀蒙古事件中，展现出一代帝王的雄图远谋；第三，在处理准噶尔蒙古事件中，展现出一代帝王的雄伟气魄。匈奴、蒙古等游牧民族南扰历来是中原农耕民族的麻烦事，清朝经过几代人的努力，基本解决了蒙古难题，这是一笔宝贵的财富。

CHAPTER

第八章 8

铁血亲征噶尔丹

康熙面对噶尔丹分裂民族的反动势力，力排众议，三次亲自率部进军漠北，最终平定了噶尔丹部，缓和了清朝政府与蒙古各部的关系，实现了漠北蒙古的统一。三次铁血亲征，体现了康熙维护国家统一和民族安定的坚定决心，再一次展现了这位千古一帝的绝世风采。

近攻谋权，噶尔丹野心勃勃

噶尔丹生于顺治帝元年（1644），是准噶尔部著名首领巴图尔珲台吉第六子，年少时到西藏当了和尚，颇得达赖五世器重，授予呼图克图的尊号。但噶尔丹并未潜心于佛门之道，而是喜欢舞枪弄棒，并与当时西藏的实权人物第巴桑结嘉措相交甚密。噶尔丹在西藏期间，也未脱离卫拉特（指瓦剌，古代西部蒙古民族）蒙古的政治生活，不时返回准噶尔参与他哥哥僧格的政治及外交活动。

漠西厄鲁特（古代对西部蒙古的称呼）蒙古有四个部落：和硕特部、杜尔伯特部、土尔扈特部和准噶尔部，噶尔丹属于漠西蒙古的准噶尔部落。巴图尔珲台吉是准噶尔部落的杰出领袖，1653 年，巴图尔珲台吉临终前指定他的第五个儿子僧格为继任者，僧格与清朝的关系很好，后来不满俄国强行对准噶尔部征税，僧格抗议，曾出兵攻打俄军哨所。1670 年，僧格被同父异母的兄弟车臣台吉和卓特巴巴图尔谋杀。次年，噶尔丹自西藏返回，击败政敌，夺得准噶尔部统治权，这一年他二十八岁。

噶尔丹在夺取政权后，野心开始膨胀，此时，清朝国内发生了“三藩之乱”，他觉得这是个好机会。为此，他做了四件事：第一件事是向康熙示好，在康熙被三藩叛乱弄得焦头烂额的时候，噶尔丹不仅没有趁火打劫，反而非常依顺康熙；第二件事是讨好达赖喇嘛，取得他

达赖五世故居

的支持；第三件事是与俄国勾结在一起，狼狈为奸；第四件事是用各种手段扩大自己的势力范围。

噶尔丹认为哥哥僧格的儿子，也就是自己的侄子策妄阿拉布坦对自己有威胁，毕竟自己现在的位置应该是策妄阿拉布坦的。噶尔丹开始想办法永绝后患，于是噶尔丹霸占了策妄阿拉布坦的未婚妻，而且这女孩儿还是噶尔丹老婆的亲妹妹。策妄阿拉布坦又羞又怒，他知道噶尔丹要对自己下手了，于是他带上五千骑兵就逃走了。从此以后，叔侄俩结下了不解之仇。

紧接着，噶尔丹又击败了车臣与卓特巴巴图尔联军，车臣兵败被杀，卓特巴巴图尔携幼弟达哩及残部逃到青海，噶尔丹成为准噶尔政坛的风云人物。

自己家里的事解决完了，噶尔丹的目光盯上了漠北蒙古。当初康熙刚派遣使臣调节漠北土谢图汗和札萨克图汗的关系，噶尔丹就找到了札萨克图汗，开始了挑拨离间，说："你太好欺负了，土谢图汗不把你放在眼里，故意找碴儿，将你羞辱一番，大清朝派来的人也只是给他面子，与你和解。所谓的和解就是觉得已经高你一等，才放你一马。你却忍气吞声，一个字也不敢多说。你太懦弱了，这样下去，有第一次就有第二次，早晚人家还会来羞辱你的。等他下手，还不如你先下手。这样既能取得先机，又能夺回面子。我是站在你这边的，有什么事，我帮你。"

在噶尔丹的煽动下，札萨克图汗背叛誓言，与噶尔丹兵合一处，企图消灭土谢图汗。土谢图汗得知此事后，于康熙二十六年，将札萨克图汗沙喇和其台吉等人诱骗到固尔班黑尔格后杀死，随后又杀死了噶尔丹的弟弟多尔齐扎卜。噶尔丹万万没有想到土谢图汗如此心狠手辣，决定剿灭土谢图汗。

康熙二十七年，噶尔丹率领三万大军突袭漠北蒙古，土谢图汗根本不是噶尔丹的对手，带着家眷和牲口逃走。逃走后的土谢图汗给康熙写了一封加急信求救。康熙接到土谢图汗的信后非常气愤。"没经过我的同意你竟然打到漠北蒙古去了，将大清朝廷完全不放在眼中。"康熙立即派遣使者去责问噶尔丹。

噶尔丹进攻喀尔喀蒙古，产生了极严重的后果。首先，噶尔丹出兵，是从背后向正在抗击俄国侵略的蒙古人民猛砍一刀，使他们陷入腹背受敌、两线作战的不利地位。其次，噶尔丹占领漠北后，参加尼布楚谈判的清朝使团不得不中途撤回，影响了清政府在谈判中的实力地位，使清朝政府在谈判中对俄国做出重大让步的决策。

东进政策，噶尔丹挑起战争

噶尔丹执政后向外扩展的战略第一步是实施“近攻计”。其实，噶尔丹心中始终牵挂的是对外扩展战略的第二步，即实施“东进政策”。噶尔丹“东进政策”的核心是与已定鼎中原的清政府争夺对青海和硕特与漠北喀尔喀的控制权，实现其一统蒙古、建立大蒙古帝国的伟业。他向往缔造一个和他先辈成吉思汗那样的不依附于任何政治势力的、统一的蒙古帝国。“近攻计”的顺利实施为“东进政策”的付诸行动准备了条件。但“东进政策”的实施必然要与强大的清王朝发生正面冲突。

当时随着准噶尔与清政府之间以互遣贡使为主要内容的政治关系得到正常发展，双方的贸易往来也不断增加。在那段时期，准噶尔的商队一般是随贡使同行，多在每年春、秋二季。当时准噶尔牧民所用的棉絮、棉线以及台吉、宰桑用的绸缎、丝绣等物，都需要向中原地区购买，准噶尔贵族对中原所产的奢侈品十分倾慕。

康熙十七年（1678）三月，噶尔丹为实施其“东进政策”，准备进军青海，理由是和硕特是卫拉特蒙古的一部分，理应归他管辖。康熙在得到这个消息后，立即命令甘肃提督张勇等整顿军队严加防范，同时命令噶尔丹，要他立誓不得扰民。此时，噶尔丹羽翼未丰，他从清朝政府的强烈反应中清楚看到，青海和硕特与清政府关系相当密切，甚至在很大程度上存在着依附关系，他若贸然进军，清政府决不会袖手旁观，而一旦与清政府正面交锋，显然是力所不敌，所以大军开拔十一天后，噶尔丹就命令撤回，主动改变了进军青海的计划。

实施“东进政策”是噶尔丹既定的战略方针，为此，他开始全面调整与俄国的关系，以谋求俄国的支持，增强与清朝政府抗衡的实力，噶尔丹派出两名使者带着一支商队，携带致沙皇的信件抵达伊尔库茨克，宣称噶尔丹听到俄国与中国在黑龙江流域发生摩擦的消息，特地派他们到莫斯科来。噶尔丹选择了一个合适的借口，表达了自己对俄国的支持。当时的背景是噶尔丹进军青海战略行动的中止，另外，清政府刚宣布限制准噶尔贡使入京人数。噶尔丹选择清、俄雅克萨之战处在胶着状态的时候，是调整对俄关系的重要政治步骤，在打击喀尔喀蒙古各部首领这一点上，准噶尔贵族与俄国殖民者找到了利益的交汇点。

噶尔丹要实施“东进政策”，当然要打击与清政府保持臣附与友好关系的喀尔喀蒙古各部首领，此时喀尔喀蒙古各部首领对俄国侵略者立场强硬，是参加中俄尼布楚谈判的俄国代表费多尔·阿列克谢维奇·戈洛文的眼中钉，为了使俄国在未来的中俄谈判中处于有利地位，必须打击抗俄最坚决的土谢图汗。

1686 年以来，戈洛文极力希望与博硕克图汗对向蒙古人武装进攻一事达成一致意见，戈洛文在外务衙门的报告中提出建立俄国厄鲁特联盟的想法。得到俄国全权大使的支持，噶尔丹认为实施楚寐以求的“东进政策”时机已趋成熟，既有西藏僧俗上层的庇护，又得到俄国势力的支持，是实现建立统一大蒙古帝国的最好时机。

康熙二十七年（1688），噶尔丹借口声讨两年前喀尔喀蒙古诸部的枯冷白齐尔盟会上，哲布尊丹巴·呼图克图不尊敬达赖喇嘛使者的事，率军三万，越过杭爱山，大举进攻喀尔喀蒙古游牧地区。噶尔丹派遣千余名喇嘛作内应，土谢图汗仓促迎战，初战即失利，噶尔丹的骑兵乘势击溃车臣汗和扎萨克图汗两部，大肆掠夺土谢图汗和哲布尊丹巴·呼图克图的牧地，致使喀尔喀蒙古诸部蒙受空前浩劫，举部内迁。

噶尔丹进军喀尔喀蒙古初战获胜，声势大振，但在此时，准噶尔内部发生了严重分裂。一直与噶尔丹同牧的僧格之子策妄阿拉布坦、索诺木阿拉布坦、丹津鄂木布均已成年，噶尔丹视他们为准噶尔汗位的潜在争夺者，噶尔丹与亲信奈冲鄂木布合谋，毒杀索诺木阿拉布坦，又试图谋杀策妄阿拉布坦。1688 年冬，策妄阿拉布坦率部众五千人逃往额琳哈毕尔噶，不久又徙牧至噶尔丹的冬营地博尔塔拉。

噶尔丹现在还不想惹怒康熙，他认为现在时机未到，噶尔丹的目的是先稳住康熙，解决掉土谢图汗，把责任推到土谢图汗身上。就在这时候，土谢图汗逃到了内蒙古，也就是到了长城边外。噶尔丹借口追赶土谢图汗也带兵到了内蒙古的乌兰布通。而这里离京城只有三百五十千米。

康熙愤怒了，虽然噶尔丹对待清朝使者的态度很好，但这种伎俩怎么会蒙骗到睿智的康熙。噶尔丹带大军已经跑到清朝的家门口了，对于噶尔丹，康熙有了新的认识，此人野心勃勃，所图非小。康熙心胸宽广，能容天下是不假，但是惹怒他的人，下场一般都不会很好，现在噶尔丹正在做着激怒康熙的事情。

灭敌气焰，康熙亲征噶尔丹

为了征讨无法无天的噶尔丹，康熙倾尽全力，噶尔丹气势汹汹，野心不小，康熙召集大臣宣布他决定亲征噶尔丹，康熙二十九年（1690）七月，康熙分兵两路：左路由抚远大将军福全率领，出古北口；右路由安北大将军常宁率领，出喜峰口，康熙亲自带兵在后面指挥，大臣索额图等人带兵绕道到噶尔丹的侧后；最后准备一队人马随时伺机攻打噶尔丹，并听候差遣，不论噶尔丹绕道到哪一个方向，都有清军等待着他。

福全率领大军到达了乌兰布通附近。为了周全，福全给噶尔丹写了一封信，约噶尔丹谈判。福全认为现清军大军出动，用武力威慑噶尔丹，噶尔丹没有不屈从的道理，然而令福全没想到的是，噶尔丹却在利用这个机会积极备战。噶尔丹一边虚应拖延时间，一边备战，等备战的差不多时，噶尔丹要求必须把土谢图汗和哲布尊丹巴交给自己才行。康熙听到噶尔丹的条件，就知道他没有和谈的诚意，那就只有用武力解决问题了。

康熙骑马征战

就在此时康熙生了大病，高烧不退。大臣们跪求康熙回京调养身体。康熙不同意，为了这一天，他已经等了很久，也付出了太多。噶尔丹远在千里，出兵征讨非常困难，现在他自己带兵过来了，远离他自己的大后方，根本就没有后续部队和后援。现在正是杀他的大好机会。

8 月 1 日，大战的序幕终于拉开了。噶尔丹的帐篷在一个山峰的顶上，向下俯瞰。前面的地形十分复杂，河流、丛林、沼泽应有尽有。在这片复杂的地形上，噶尔丹摆了一种奇特的阵形，噶尔丹命人将成千上万的骆驼趴在地上摆了一座“驼城”，骆驼的四条腿被绑着动弹不得，老老实实地趴着。驼峰上面放着木箱，箱子上面蒙上一层浇湿了的毡毯。蒙古兵透过木箱之间的空隙向河对岸的清军开火，噶尔丹为此费了不少心思。

清军非常疑惑，不清楚噶尔丹这是做什么，而噶尔丹很满意自己的杰作，想通过“驼城”阻挡清军渡河，与清军对射。很快噶尔丹就痛苦了，对射是没错，他用的是火枪，清军用的是大炮，炮声隆隆，响声震天动地。“驼城”被打开了缺口。清军的步兵骑兵一起冲杀过去，福全又派兵绕出山后夹击，噶尔丹的军队被杀得七零八落，纷纷丢了营寨逃走。

第二天，噶尔丹一看形势不利，赶快派个喇嘛到清营求和。康熙不在，军中大事福全要拿主意，福全想西藏人一掺和进来，事情就有点儿复杂了，他怕出什

打击噶尔丹的乌兰布通之战

么事，福全一面停止追击，一面派人向康熙请示。康熙赶紧急令："快进军追击！别中了贼人的诡计。"果然，噶尔丹求和只是缓兵之计，等清军奉命追击的时候，噶尔丹已经带着残兵逃到漠北去了。康熙为此心痛不已，如果当时自己在，噶尔丹绝对跑不掉。

噶尔丹在乌兰布通打仗的时候，当初被噶尔丹夺妻、迫害的侄子策妄阿拉布坦带兵攻入他的老巢，抢走了他的老婆、子女还有大量玉帛牛羊。

得到这个消息后，康熙马上派人到了吐鲁番，送给策妄阿拉布坦一大堆礼物来笼络他，在噶尔丹的大后方安插了一枚钉子，康熙又和漠北蒙古、内蒙四十九旗的首领见面，软硬兼施之下收服了这些人。

在这种情况下，噶尔丹本应该踏实点了，但他根本没有忍辱负重，噶尔丹回到漠北，表面向清朝政府表示屈服，暗地里重新招兵买马，1694 年，康熙约噶尔丹会见，订立盟约。噶尔丹不但不来，还暗地派人到漠南煽动叛乱，扬言他们已经向俄国政府借到鸟枪兵六万，将大举进攻，内蒙古各部亲王纷纷向康熙告发。康熙大怒，这时来了噶尔丹的一封信，当年他兵败逃跑的时候，没带上他手下的一拨人，现在要求康熙给他送回去。康熙彻底恼火了，这个噶尔丹，必须除掉。

再次亲征，歼灭噶尔丹精锐

噶尔丹兵败乌兰布通后反复立誓，表示"不犯中华皇帝属下喀尔喀以及众民”，康熙深知噶尔丹的为人，保持着对他的高度警惕，康熙部署兵力于张家口、独石口、大同和宣府等地，准备随时出征。同时命令边防将领时常派人打探噶尔丹的行踪，并不失时机地继续用和谈与噶尔丹周旋。

噶尔丹在乌兰布通惨败后，极其穷困，四处掠夺，但收获不大。为生计所逼，他不得不向清朝政府乞赐白银，以解燃眉之急，清朝政府和议政王大臣用“无赐白金之例”一口回绝了他。为了羁绊住噶尔丹，康熙却批复赠予白银千两，同时，多次派遣大臣前往噶尔丹处劝降，许诺优厚的待遇和封地。

噶尔丹也使用两面手法，同清朝政府对抗。他以进贡为幌子，派遣官员率领男女两千多人来到清军防地，明着是为了修好关系，实际上是安插这些人探听清军虚实。他还狂妄地向清政府索取土谢图汗与哲布尊丹巴，这些无理要求，都受到康熙的严厉斥责，噶尔丹却置若罔闻，不断挑起事端。清员外郎马迪奉旨前往策妄阿拉布坦处，在离哈密城五里的地方，突然遭到噶尔丹部属的袭击，马迪、笔帖式和拨什库等被杀，马驼行李全被劫去。

噶尔丹还派厄尔德尼倬尔济等唆使科尔沁土谢图汗亲王沙津叛离清朝，阻止班禅胡土克图赴京。康熙三十四年（1695），噶尔丹亲自率领三万骑兵沿克鲁伦河，潜入巴颜乌兰，劫掠喀尔喀部纳木札尔陀音，扬言“借俄罗斯鸟枪兵六万，将大举进攻”。

康熙说道：“噶尔丹一日不灭，则边陲一日不宁。”因此，康熙力排众议，决定再次亲征，他后来回忆当时的情况时说：“昔朕欲亲征噶尔丹，众皆劝阻，唯独费扬古言其当讨。后两次出师，皆朕独断。”

康熙三十五年（1696），康熙下诏亲征。他调动十万大军，分东、西、中三路，出师剿灭噶尔丹。东路军由黑龙江将军萨布素率领东三省之兵沿克鲁伦河进征；西路军由抚远大将军费扬古统帅振武将军孙思克、扬威将军舒恕、安西将军傅霁等领陕甘官兵出宁夏，向土拉进发；康熙统领中路军，由独石口出发北进，与费扬古相约会师于土拉。

行军过程中，康熙事无巨细都亲自过问，做到细心体察，具体指示。每天，康熙总在凌晨就拔营上路，但是在他开拔时，发现军营炊烟缭绕，军士还在吃饭，军队的帐房行李迟迟不能开拔。在无边无际的沙漠草原的征途中，康熙写下了《瀚海》一诗：“四月天山路，今朝瀚海行。积沙流绝塞，落日度连营。战伐因声罪，驰驱为息兵。敢云黄屋重？辛苦事亲征。”

康熙对部分大臣的怯懦退缩进行了严厉的斥责。康熙的中路军到了科图，遇到了敌军前锋，但东西两路还没有到达，这时候，有人传言俄国将要出兵帮助噶尔丹。大臣佟国维、索额图、伊桑阿等劝说康熙班师回京，只留西路兵进剿。康熙气愤地说：“我这次出征，没有见到叛贼就退兵，怎么向天下人交代，我中路一退，叛军全力对付西路，西路不是危险了吗？”康熙召集大臣开会，他当众告诫大臣们，再有人说退兵的事就砍头。

大军渐渐逼近噶尔丹驻地。这时，西路军因进入戈壁沙漠后，人畜相继死亡，尤其是原有水草的地方已被噶尔丹烧毁，数百里范围内，全是一片灰烬，部队不得不绕道而行，延误了行期，导致不能与中路军如期会师于土拉。

因此，近侍大臣们的意见产生分歧，有的认为中路军等待西路军，两方夹击。有的认为等待西路军，必将拖延时间，到时候噶尔丹听到消息肯定会逃跑，以中路大军剿灭噶尔丹虽然兵力不足，但可以一面乘敌不备，前往袭击，一面催促西路军加快速度。康熙听取多方面的意见后，经过深思熟虑，决定一面派兵追击，一面赶快通知西路军大将费扬古，要他们在半路上截击。

5月初，多禅、阿必达等人走到克鲁伦河，遇到厄鲁特丹济拉带领的一千余人来截取马群，清侍读学士殷扎纳陪同带来的厄鲁特人等迎上前去，殷扎纳上前斥责丹济拉：“你们怎么这样无理，皇帝陛下亲自率军前来，西路大军费扬古从土拉正在赶来的路上。”厄鲁特人俄齐尔也立刻告诉丹济拉：“康熙亲自率军前来。”

丹济拉顿时惊慌失色，急忙领了敕书和四个厄鲁特人，匆匆收兵，飞快地去转告噶尔丹。噶尔丹听到消息惊恐万分。当时，清朝大军已抵达克鲁伦河，噶尔丹亲自到孟纳尔山遥望，看到御营中挂着龙旗，放着皇帝乘坐的车子，御营四周有帷幕围起来的皇城，其外又有网城，军容如山，噶尔丹惊呼："兵从天降。"立即传令部队，放弃庐帐器械、甲胄和老幼病残，拔营逃跑。

康熙听到噶尔丹逃跑的消息，立刻命令侍卫内大臣马思哈为平北大将军，率领轻骑兵飞速向巴颜乌兰追击，又传令费扬古迅速领兵截击噶尔丹的退路，康熙亲自统大军追到拖诺山下。

噶尔丹带兵奔走了五天五夜，到了昭莫多（今蒙古人民共和国乌兰巴托东南）正好遇到费扬古军。昭莫多原是一座大树林，前面有一个开阔地带，历来是漠北的战场。费扬古按照康熙的部署，在小山的树林茂密地方设下埋伏，先派先锋四百人诱战，边战边退，把叛军引到预先埋伏的地方，清军先下马步战，听到号角声起，就一跃上马，占据了山顶。叛军向山顶进攻，清军从山顶放箭发枪，展开了一场激战。费扬古又派出一支人马在山下袭击叛军辎重，前后夹击，叛军死的死、降的降。最后，噶尔丹只带了几十名骑兵脱逃。

昭莫多之战，全歼噶尔丹精骑，是清朝政府平定噶尔丹的决定性战役。康熙接到捷报后立即命令费扬古留防科图，保护喀尔喀游牧地。康熙班师回到归化城，亲自犒劳西路凯旋大军。六月，康熙返回北京。经过两次大战，噶尔丹判乱集团土崩瓦解，康熙让噶尔丹投降，但是噶尔丹继续顽抗。

帝王铁血，灭噶尔丹平漠北

噶尔丹经过两次惨败，精锐丧尽，牲畜财产所剩无几。他伊犁的根据地也被他的侄子策妄阿拉布坦占据，阿尔泰山西诸部、天山南路的回部、青海、哈萨克等地也先后摆脱了他的控制。西归伊犁，噶尔丹怕被策妄阿拉布坦吞没；南投西藏，路途又太遥远；北赴俄罗斯，又怕俄国不敢接纳，噶尔丹只能在塔米尔河流窜。

噶尔丹派人收集丹津阿拉布坦、丹济拉、丹津鄂木多和伊拉克三胡土克图等部属，有五千多人，他们马驼不多，牛羊非常少，也没有大的庐帐。噶尔丹打算由翁金前往哈密，如果哈密像以前一样对他欢好如初，就能得到粮食资助，暂渡困难，如果哈密与之翻脸，那就攻取下来，当作基地。

随着噶尔丹的处境越来越困难，跟随他的部下大多都是老弱，除为数不多的马驼外，没有牛羊，只能依靠捕兽为食，捕不到兽，就只能杀马驼吃，实在没有办法就挖草根充饥，溃散逃亡和冻死、饿死的人非常多。因此厄鲁特诸台吉纷纷离去，自谋生路。正因如此，向清军投降的人也越来越多，不但青海诸台吉都投降了，而且追随噶尔丹的台吉寨桑等也不断归附清朝。康熙三十五年（1696）九月，向噶尔丹纳贡的西赖古尔黄番、黑番等人以及噶尔丹派遣督促缴纳贡物的厄鲁特达尔罕寨桑卜尔奇等七千四百余人，投降清政府。同年 11 月，厄鲁特布达里、塞桑诺尔布等也都先后归附。

穷困至极的噶尔丹派遣格垒沽英等二十人来清政府乞降，康熙命格垒沽英入朝相见，康熙向格垒沽英历数了噶尔丹屡次挑起战争的罪行，指出噶尔丹现在这样，完全是咎由自取，康熙要格垒沽英毫无隐瞒地说出噶尔丹的目的。

康熙深知噶尔丹的狡诈，不能相信，指出：噶尔丹穷迫已极，趁着这个机会，要迅速剿灭，不能给他机会。同时康熙用最大的耐心继续采取招抚办法，用和平方式来解决清朝政府与噶尔丹之间的矛盾。康熙对噶尔丹派遣过来的使者说，“限期让噶尔丹亲身过来投降，七十天没有消息，朕将出兵讨伐”。

噶尔丹实无降意，但当时噶尔丹部属大都主张归降清朝政府。有一天，噶尔丹到诺颜格隆家，丹济拉、阿巴、吴尔占扎卜等人正坐在一起饮酒。吴尔占扎卜对噶尔丹说：“我们去年冬天因为萨克萨特呼里克野兽多，所以住在这里。现在野兽逃散，生活困难，如果投降清政府，可以靠近边汛地居住，如果不降，就要另想办法了，不能坐以待毙啊。”噶尔丹无言以对，格垒沽英也曾多次劝噶尔丹投降，丹济拉也劝过，噶尔丹都没有答应。丹济拉背地里派部属常达偷偷地去见清朝使者博什希，表示自己愿意归降。格垒沽英深知噶尔丹没有投降的意思，却又要派他出使清朝政府，于是他就带着妻儿投奔了清朝。后来，噶尔丹再次派遣喇木札卜随清员外郎博什希和笔帖式閶寿前往清朝政府求和，噶尔丹的使者及其一家人又都投降了清朝，此时噶尔丹成为真正的孤家寡人了。

康熙非常注重妥善安置这些被俘或归降的厄鲁特部众，康熙三十五年（1696）十月，康熙命令内大臣特派一位大臣留在归化城主持接收和安置厄鲁特俘虏和投降的人，丹巴、哈什哈、沙先朱坡等先后率家口、部属前来投诚，康熙除了给予官职，还对来降众人中有子女被清军俘获的，经过核查，让他们的父母兄弟夫妇团聚。

康熙优待俘虏和投降的人，对分化瓦解敌人起了很大作用。为了根绝噶尔丹的民族分裂势力，康熙三十五年（1696）九月，康熙再次前往归化城，召大将军费扬古策划第三次军事征剿。同时命令策妄阿拉布坦和青海诸台吉协助政府擒捕噶尔丹，同时派遣使者分别赶往厄鲁特各部去做劝降工作，命令边汛将领和蒙古诸部密切注视噶尔丹的动向，随时上报。

康熙三十六年（1697），康熙亲自赶往宁夏，命费扬古、马思哈两路进军，扼住噶尔丹向外逃跑的必经之路，使噶尔丹龟缩在塔米尔河流的萨克萨特里克。噶尔丹想要投奔西藏，但听说甘肃有清兵把守，走到萨哈萨免呼鲁就不敢前进，因为没有了粮饷，就派遣他的儿子赛卜腾巴珠去哈密征集军粮，但是赛卜腾巴珠走到巴尔思库时，被哈密的维吾尔族首领杜拉达尔汉伯克之子郭帕伯克擒住。

此时的噶尔丹已是众叛亲离，忠于他的丹济拉也与他脱离关系，两次相召，丹济拉都没有理睬。噶尔丹又派人去召唤另一个亲信杜哈尔阿拉布坦，杜哈尔阿拉布坦反过来夺走了来人的马驼。其他厄鲁特喀尔喀各部，或争先充当向导带领清军深入平叛，有的搜集噶尔丹动向，及时上报，还有的出兵配合清军征讨。噶尔丹现在四面楚歌，身边仅剩下几个人跟随，听到清军到来的消息，逃脱无望的他，于 3 月 13 日在阿察阿穆塔台自杀。

丹济拉等焚毁噶尔丹尸体，率领家属七十九人，携带噶尔丹尸骨以及他的女儿钟齐海去清朝军营投降，在途中噶尔丹尸骨和钟齐海被大策凌敦多卜抢去。

丹济拉和他的家属赶赴哈密，请求维吾尔族首领杜拉达尔汉伯克帮忙面见康熙。杜拉达尔汉伯克派他的儿子郭帕伯克送丹济拉到康熙驻扎的罕特穆尔岭，由大学士阿兰泰及郎中阿尔法带着觐见康熙。这时，丹济拉胆战心惊，六神无主。康熙见丹济拉进来，马上屏去左右，并令阿兰泰、阿尔法出去，独留丹济拉在内，丹济拉这才松了口气，康熙的做法令丹济拉诚信归顺。

康熙三次亲征，深入沙漠，终于平定了噶尔丹这股分裂势力，同时以和睦亲善的民族政策，妥善地处理了清朝政府与蒙古诸部的关系，实现了统一漠北蒙古的目的，使北方边境得以安定。康熙三十六年（1697），清政府遣送喀尔喀各部重新返回自己原来的牧场，又在科布多、乌里雅苏台等地派驻将军和参赞大臣，进一步加强对蒙古的统辖。

CHAPTER

第九章

振兴格鲁派，进兵安藏 9

西藏与其他地区权力构成不同，西藏是政教合一的统治形式。从清朝初期，西藏与清政府的关系一直都十分友好，但是西藏内部教派之间和西藏与各蒙古部落间的矛盾在康熙执政时愈演愈烈，康熙从维护国家统一和地方安定的角度，用他的智慧恩威并施，处理了一个又一个的难题，为中华民族版图的完整做出了巨大贡献。

尊崇达赖，间接地统治西藏

元明以来，西藏就在中国封建政府的直接管辖之下实行政教合一的统治，在西藏佛教中，除萨迦派势力较大外，还有噶举派、宁玛派、本部派等佛教宗派。明朝初期，噶举派的僧人宗格巴创立格鲁派，实行了宗教改革。

明朝中期，格鲁派势力兴盛，当时明朝册封的青海蒙古族的顺义王俺答汗邀请西藏政教首领格鲁派的索南嘉措前往青海，建造仰华寺，与蒙古各部落首领会晤。索南嘉措为俺答汗受戒传法，俺答汗授予索南嘉措“圣识一切瓦齐尔达赖喇嘛”的尊号。“达赖”是蒙语中智慧海的意思。

俺答汗派兵护送达赖到西藏，西藏的大宝、大乘各法王都俯首称弟子，格鲁派在西藏逐渐取得了支配地位，将势力波及青海、蒙古以及新疆等地区。同时，格鲁派上层集团将俺答汗赐予索南嘉措的尊号作为格鲁派首领转世传承的固定尊号，于是就有了达赖活佛转世。活佛就是化身的意思，活佛在死了以后，不失本性，脱胎转世，达赖自称是千手观音的化身，意思也就是千手观音转世的，这种转世活佛的说法，也起源于格鲁派。

原来西藏是由宁玛派掌权的，宁玛派是允许娶妻生子的，地位继承由父子相传，世代不绝，所以当时还没有活佛的说法。可是当格鲁派创立以来，禁止喇嘛娶妻，传承上就出现了问题，1478 年，宗喀巴临死前，遗言根敦主巴和凯朱结格雷贝桑两大弟子，世世以“呼毕勒罕”转生来解决传承问题，转世活佛的制度就这么产生了。

达赖喇嘛是西藏政教的首领和最高活佛，他死了之后，由他转世的被称为“灵童”的男性婴儿接替他的位置。这个男婴也不是随便选的，所谓“灵童”是按照达赖临死前指示的地点、方向以及与达赖逝世时的时间同时出生的婴儿为条件，由达赖的弟子挑选确认。等到“灵童”长到十八岁成人之后，才能够正式传承达赖的职位。

这种转世传承的制度是应西藏政教合一的社会制度的需要而产生的，索南嘉措被指定为第三世达赖喇嘛，追认哲蚌寺前任寺主根敦嘉措为第二世达赖喇嘛，追认宗喀巴弟子、扎什伦布寺的创建者根敦主巴为第一世达赖喇嘛。

明朝末期，虔奉藏传佛教的青海厄鲁特蒙古和硕特部首领固始汗进兵西藏，支持五世达赖喇嘛建立了噶丹颇章政权，五世达赖喇嘛成为政教合一的首领，同时，固始汗又特别设置班禅活佛，尊奉班禅罗桑却吉坚赞为师。

罗桑却吉坚赞是明末格鲁派的重要决策性人物，在1616年四世达赖去世后，罗桑却吉坚赞主持了当时格鲁派对内和对外的许多重大事务，五世达赖喇嘛就是罗桑却吉坚赞认定的。1645年，固始汗又赠予罗桑却吉坚赞“班禅博克多”的尊号，“班禅”是大学者的意思，“博克多”是蒙语中对睿智英武者的尊称。从此，班禅成为扎什伦布寺主专有的尊号，罗桑却吉坚赞被确定为四世班禅，再向前追认宗喀巴的另一位大弟子凯朱结格雷贝桑为一世班禅，索南吉朗和罗桑敦朱分别为二、三世班禅。

固始汗和五世达赖喇嘛将西藏部分地区划给班禅管理，居住在扎什伦布寺，达赖管理前藏，居拉萨的布达拉宫，从此，固始汗完全控制了西藏，西藏也至此成为和硕特蒙古的势力范围。

清朝在入关之前，与西藏的关系就很密切，彼此不断通信，在固始汗的带动下，达赖喇嘛和班禅都派遣使者向清朝进贡，称呼清朝太宗皇帝皇太极为“曼殊师利大皇帝”，意思是吉祥的皇帝，受到皇太极的热情接待。顺治帝的时候，也邀请达赖到北京，1652年五世达赖到北京觐见，顺治帝当时以狩猎为名，出城迎接五世达赖，既顾全了皇帝的面子，又令达赖心存感激，顺治帝先后在太和殿设宴款待五世达赖，不行君臣之礼，没有尊卑之分。

五世达赖到达北京的当天，顺治帝就赐予九万两白银，在五世达赖临别的时候，顺治帝又赏赐黄金一百五十两，白银一万二千两，绸缎一百匹，另外还赐予了很多贵重物品。之后在1653年，在五世达赖喇嘛返藏的途中，清政府又派礼部尚书觉罗朗丘和理藩院侍郎席达礼为首的官员携带刻有满、蒙、藏、汗四种文体的金册、金印赶到代噶，正式册封五世达赖为“西天大善自在佛所领天下释教普通瓦赤喇怛喇达赖喇嘛”，同年，又册封握着西藏军政大权的和硕特部首领固始汗为“遵行文义敏慧固始汗”，通过两次册封，在确定了西藏地区宗教领袖和政治领袖的同时，清政府实现了对西藏的间接统治。

固始汗去世后，他的继任者达颜汗孱弱，格鲁派通过不断蚕食逐渐取得了西藏政权，康熙七年（1668），达颜汗和第巴陈列嘉措同年去世，任命第巴的权力就落到五世达赖的手中，借着这个机会，五世达赖将自己的亲信却本罗丧图道任命为第巴，之后接任却本罗丧图道第巴的职位，也是五世达赖提名的桑结嘉措。

桑结嘉措与当时在西藏出家的噶尔丹都拜五世达赖为师，关系比较不错，随着噶尔丹掌控准噶尔部政权后，双方暗中结盟，勾结在一起，引起了康熙的担忧，并给予了严厉的指责。1682年，五世达赖圆寂后，桑结嘉措选择了与五世达赖相貌酷似的一个喇嘛，穿上五世达赖的衣服，坐在布达拉宫的宝座上，对外宣称达赖喇嘛“入定”，一切事情由他来处理。

康熙三十二年（1693），第巴桑结嘉措为了骗取康熙的信任，上疏请封，当时康熙并不知道五世达赖已经去世了，出于对达赖的尊重，封桑结嘉措为土伯特国王，授予金印，当时桑结嘉措已经与噶尔丹勾结，于是请求康熙撤走青海的守军，遭到康熙的拒绝。

化导悖乱，加强西藏的统治

康熙三十五年（1696），清军大败噶尔丹于昭莫多，康熙从缴获的物品中发现第巴桑结嘉措与噶尔丹来往的文书，又从投降的战俘中得知五世达赖早已圆寂的消息，因而大怒。同年8月，康熙派人带着手谕前往班禅和达颜汗的继任者达赖汗处揭发第巴桑结嘉措勾结噶尔丹，欺骗政府的罪行。

对于阳奉阴违的第巴桑结嘉措，康熙指出其“阳则奉宗喀吧之教，阴则与噶尔丹朋比，欺达赖喇嘛、班禅胡土克图而坏宗喀巴之教”，先后两次派理藩院主事携带诏书前去质问，并勒令第巴桑结嘉措将问题交代清楚。

诏书中，康熙首先责问五世达赖早已经去世，为什么不向皇帝报告，秘不发丧，命令其将五世达赖喇嘛去世的始末迅速奏报上来。其次，质问第巴桑结嘉措为什么与噶尔丹狼狈为奸，帮助其兴风作浪，为什么派往噶尔丹的济隆活佛不但不劝阻反而助纣为虐？在噶尔丹战败时，又帮助噶尔丹逃脱？命令其将济隆活佛迅速押送到北京治罪。再次，为什么在五世达赖去世后，不请五世班禅主持格鲁派事务，当政府邀请五世班禅进京时，为什么以噶尔丹要杀他来恐吓班禅，阻挡班禅进京？命令其请五世班禅主持格鲁派事务，并让五世班禅进京朝见。最后，速将嫁给青海和硕特部博硕克图济农之子的噶尔丹之女押送北京。

康熙在诏书中警告第巴桑结嘉措：“诏书中所列的问题和事物，缺一条朕就会出兵讨伐你，噶尔丹就是你的例子，朕要么亲自征讨你，要么派诸王大臣征讨你，你对朕说，厄鲁特守护着你，你要他们来帮你，朕就是要看看，他们怎么帮你。赶紧将这些事办了，不然后果自负。”

诏书中明确地表达出康熙的强硬态度，当时蒙古各部归顺清朝政府，削弱了西藏政权的军事依靠，五世达赖的圆寂和桑结嘉措的行为导致了西藏本身对蒙古的宗教凝聚力遭到破坏，康熙认为，清政府对西藏实现直接统治的时机已经成熟。

桑结嘉措不敢耽搁，对康熙的诏书迅速做了回复：第一，五世达赖圆寂已经十六年了，因为当时形势艰难，为了防止西藏发生变乱，就没敢发丧，现在六世达赖已经十五岁了，恳请皇帝在六世达赖坐床典礼前对此事保密。第二，济隆活佛有罪，西藏地方已经革去他住持大喇嘛并抄没了他的家产，现在已经将他解送北京，希望皇帝开恩，不要处死他。第三，五世班禅迟迟没有进京的原因是噶尔丹派遣的使者言语恫吓导致的，现在班禅去北京的日子，等到定下来再禀明皇上。第四，噶尔丹的女儿与博硕克图济农的儿子是在噶尔丹攻打喀尔喀之前订的婚，他们结婚也在噶尔丹犯罪之前，请皇帝开恩不要将噶尔丹的女儿押送北京治罪，以免他们夫妻离散。

随后，桑结嘉措又派使者进京向康熙密奏五世达赖逝世以及六世达赖转世和坐床的详情，祈求进一步得到康熙的谅解。为了蒙古各部的团结和西藏局势的稳定，康熙对第巴桑结嘉措做出了让步。宽恕了第巴桑结嘉措的罪行。

康熙最后还是以和为贵，没有要求桑结嘉措践行全部的要求，济隆活佛被押送到北京后，遭到软禁，不久后病死。1697 年，康熙派遣理藩院主事保住等人再次进藏，并命令他们对小达赖喇嘛的事情弄明白后回奏，这也是清政府对扩大西藏事务管理权的一种表现。同年，康熙在保和殿接见固始汗之子青海扎什巴图尔台吉，赞扬了他对清朝政府的忠诚。第二年的正月，康熙赐封扎什巴图尔台吉为亲王，分别封随他而来的其他台吉为贝勒、贝子，命他们同游五台山，并赏赐马驼等，并派官员护送他们回青海。

从此，青海众台吉开始摆脱对达赖喇嘛和分裂势力的依赖，并帮助清朝政府，对安定西藏做出了重要的贡献。康熙面对的西藏问题，实质上已经不是单纯的西藏一地的问题，它涉及西藏内部的教派之争，以及长期以来西藏地方统治集团与和硕特蒙古汗王之间的政治权力之争。

康熙三十七年（1698），与噶尔丹决裂的策妄阿拉布坦几次上疏陈述第巴桑结嘉措破坏法门之教，罪不可恕。策妄阿拉布坦企图以此讨好康熙，谋求对西藏的统治权，蒙古各部愈来愈要摆脱桑结嘉措的控制，这也是他在西藏独揽大权，与在西藏的蒙古和硕特部汗王之间的矛盾日益激烈造成的结果。

康熙四十年（1701）达赖汗去世，其子旺扎尔继位，两年后旺扎尔的弟弟拉藏汗取而代之，即位的拉藏汗与桑结嘉措爆发冲突，于康熙四十四年（1705）在拉萨直接交锋，桑结嘉措兵败身死，拉藏汗重新夺回了和硕特蒙古在西藏地方政府中的权力。

随后，拉藏汗立即派人到北京，向康熙陈述了事情发生的经过和原因，取得了康熙的信任，取得了清朝政府的支持和对此次行动的承认。康熙也觉得有必要通过拉藏汗来稳定西藏的局势，于是派遣护军统领席柱、学士舒兰奔赴西藏，封拉藏汗为“翊法恭顺汗”并赐予金印。康熙将拉藏汗当作清朝的代理统治者，进一步加强了清朝政府对西藏的控制权，但是康熙也清楚，拉藏汗面临的危机非常巨大。

挥师平叛，准噶尔入侵西藏

康熙五十六年（1717），厄鲁特蒙古准噶尔部入侵西藏，杀害了拉藏汗，推翻了和硕特贵族在西藏的统治，盘踞西藏，对清政府构成了威胁。康熙面对危机，以“振兴格鲁派，驱逐准噶尔部出西藏”为口号，两次派兵征讨，动用了大量的人力、物力、财力，将准噶尔军驱逐出藏，将西藏地区置于清朝中央政府的直接统治之下。此战对于维护国家统一、保证多民族国家的安全，维护边疆地区的稳定和发展具有重要的历史意义。

康熙五十五年（1716），策妄阿拉布坦以护卫格鲁派的名义，派遣大策凌敦多布等人率军进攻西藏的拉藏汗。经过达木之战后，准噶尔军队攻占拉萨，拉藏汗战死。准噶尔势力侵入西藏，对清朝的边疆安全造成了威胁，准噶尔军入侵西藏的消息，最早是由驻守巴尔库尔的靖逆将军富宁安于康熙五十六年（1717）七月向清政府报告的。

康熙对当时的情况做了分析，他认为策妄阿拉布坦为人狡诈，不能相信他说的话。而策妄阿拉布坦的目的也不确定，康熙分析出三种可能性：帮助拉藏汗征伐不丹；攻打拉藏汗，占据西藏；与拉藏汗会合攻打青海和硕特蒙古。康熙知道拉藏汗和青海蒙古诸台吉有矛盾，对拉藏汗是否会与准噶尔合兵攻打青海一事也不太放心，就命曾经入藏协理西藏事务的赫寿写信给拉藏汗，劝告拉藏汗不要联合准噶尔军入侵青海。

准噶尔军入藏时，康熙并没有弄清楚其意图，因此，当驻扎在西宁的侍读学士查礼浑等在八月得到报告准噶尔军已经抵达纳克产边界时，清政府也做出相应的部署，命四川提督康泰、主事巴特玛率领三千官兵，出松潘，至阿尔布尔地方扎营，总督额伦特、侍读学士禅里浑至青海阿尔布阿地方扎营，密切观察已经进入西藏的准噶尔军的动静，以防来犯。康熙还下令从荆州调两千名满洲兵赶赴成都驻防，从太原调五百名满洲兵赶赴西安驻防，以增强前线兵力，但并没有做出派兵援藏的举措。

随着战事的发展，康熙逐渐了解到准噶尔军是来进攻拉藏汗的，但过高估计了拉藏汗的作战能力。拉藏汗与准噶尔军作战时曾向康熙报告战况，康熙得到拉藏汗向他报告的战况后，对拉藏汗军取胜抱乐观态度，认为事态正在好转。同时康熙有意让青海蒙古去援助拉藏汗，但青海蒙古由于与拉藏汗有矛盾，加之自身内部也矛盾重重，并没有派出援兵，而是坐视拉藏汗被准噶尔军消灭。

康熙五十七年（1718）二月，清朝政府又接到拉藏汗的告急文书："臣世受圣主洪恩，不意恶逆策妄阿拉布坦发兵六千，与我土伯特兵交战数月，虽并无胜负，而敌兵复又入昭。臣现在率兵守护昭地，但土伯特兵少，甚属可虑。若将喀木、危、藏之地被伊据去，将使黄教殄灭。为此恳求皇上圣鉴，速发救兵并青海之兵，即来策应。"

可是康熙接到这封求助文书的时候，拉藏汗遇害已经快四个月了。康熙觉察到事情不妙，迅速做出了反应，令西宁、松潘、打箭炉、噶斯等处预备兵马，并调用洮州土司杨如松所部兵丁。同时令侍卫色楞、侍读学士查礼浑挑选西宁满洲兵、绿营兵、土司兵共一千四百名，会同青海王、台吉商议行事。

救援决定刚刚做出两天后，康熙就获悉了拉藏汗战死的消息，于是迅速做出了战略调整，取消了西北两路用兵攻伊犁的计划，以便集中力量进攻西藏的准噶尔军，康熙下令驻扎于青海的侍卫色楞统率大军征剿西藏。

但在此时，驻守西宁的署西安将军、原任湖广总督额伦特和色楞的意见发生了矛盾。额伦特，是满洲镶红旗人，当初是西安驻防佐领，在征讨噶尔丹时有功，升协领，后来连续升迁至副都统、提督，康熙五十二年（1713），授湖广总督，康熙五十五年（1716），赐封西安将军，康熙称赞他方略过人，是一名有谋略的将领。

额伦特主张进军西藏应分两路用兵，由色楞、额伦特分别率领，分路进军，“若贼众一路迎敌，则我师又有一路可以直取藏地，攻其后尾；若贼众两路迎敌，彼势既分，亦无难于剪灭”。额伦特又策划了诱敌之计，这本是一个稳妥的计划，利用察罕丹津曾与准部有秘密协议的事实，将准噶尔军引诱到青海来打，可以以逸待劳。

但就在此时，边界的色楞已经向西藏进军了。色楞到达巴颜喀喇时接到了额伦特的密函，额伦特告诉察罕丹津遣使诱敌的事，希望色楞能够等待皇帝下旨后再决定进止。而色楞则认为巴颜喀喇距离木鲁斯乌苏太远，继续进军有利于安抚木鲁斯乌苏周围的藏族部落，并有利于探听敌情，于是继续率军前行。

当时色楞的兵力有西安满洲兵六百人、总督标兵四百人、西宁总兵官标兵四百四十人、凉州总兵官康海兵五百人，加上土司杨如松、鲁华龄等部，共二千六百余人，可谓兵强马壮粮足。色楞对准噶尔军颇为轻视：“准噶尔兵虽足有四千，但往班禅地方派兵，分散驻扎，且无法纪，凭借夜深骚扰盗马外，无他本领。”

与拉藏汗请援时的态度相似，色楞对准噶尔军的战斗力作了过低估计，康熙看到色楞貌似周全的进军计划后，批准了色楞的作战方案，朝中群臣对色楞的建议也深表赞同，康熙还特地致书策妄阿拉布坦，向他告知自己的军事行动计划："本年五月我大军一万，青海兵二万，整饬兵力起程前往拯救西招，今日想必已到，拯救昭地后，我军将竟驻守昭地。"康熙表现出一副踌躇满志、志在必得的姿态，然而，康熙不会想到，迎接他的将是一次前所未有的惨败。

初战失利，"驱准保藏"再出征

得到皇帝批准后，色楞于6月11日单独南进，而驻守西宁的额伦特奉旨迅速进军策应。

额伦特五月初七率五十名亲兵自西宁启程，大军后续跟进，于六月初九抵达木鲁斯乌苏追上了色楞，但色楞又继续前进。额伦特驻扎于木鲁斯乌苏河岸制造渡河的皮船，等候后续部队一起渡河。

额伦特后续部队到达，正在渡河时，色楞部负责押送粮饷的知州王党、达尔汗博克回来报告，色楞因多伦鄂罗木处水深难渡，改道由陆路前往。额伦特闻讯后，担心与色楞失去联系，立即率领已渡河的一千二百名兵士追赶。额伦特于7月16日自门赞西里克启程，追至齐伦郭勒，遭到准噶尔军的袭击，将清军军马赶走一百余匹。清军还击，将准噶尔军击退，抓获一名受伤的准噶尔士兵，从他口中得知，准噶尔军由托布齐、杜噶尔率兵四千由喀喇乌苏河西的小路赶来。额伦特一面命人通知策旺诺尔布带兵来援，一面加紧追赶色楞。7月19日夜间，准噶尔军两千余人再次袭额伦特营，双方从半夜战至中午，清军才将准噶尔军击败。

同一天，色楞驻扎拜都岭，和硕特蒙古台吉卓里克图之子博音马松、丹津绰音达克前来迎接。7 月 20 日，色楞军抵达喀喇乌苏扎营，色楞得知额伦特与准噶尔军交战，派遣护卫达克巴藏布前往额伦特军营联系。7 月 21 日，色楞率军一千四百名与三千名准噶尔军交战于察罕额波图，战事颇为顺利，清军士气高涨，连续夺取三座山梁，第四座山上的准噶尔军见状逃走。色楞部清军在此山驻守一夜，第二天与准噶尔军再度交战，准噶尔军损失二百余人，26 日，色楞派遣侍卫诺里勒达来请额伦特。

7 月 28 日，额伦特率四百兵卒渡哈喇乌苏，追赶色楞之军，其余官兵留守齐伦郭勒。7 月 29 日，两将军会商作战，各率兵列阵迎战准噶尔军，中午，准噶尔军撤退。此时色楞采取了一个很不明智的举措，他认为准噶尔兵离清军远，下令本部兵丁先回营吃饭。战场上只剩下额伦特部，准噶尔军趁清军队伍散乱之际进击额伦特，额伦特两次向色楞求援，但色楞始终没有救援。额伦特被包围在准噶尔军之中，多次突围未果。傍晚，西宁把总陈吉率领鸟枪兵二十名从阵外撕开一条血路，将额伦特救出，而陈吉则在激战中阵亡，额伦特突围后，色楞才带兵与其会合，一并回营。

8 月 5 日，额伦特的后续部队抵达北山，遭到准噶尔军一千七百余人的伏击，参将冯秀、守备李有宁阵亡，粮食也被夺走。交战中，准噶尔军将领都噶尔也中枪阵亡，额伦特闻讯后立即派兵二百名渡河援助，击退了准噶尔军，并夺回了大部分粮食。

8 月 6 日，准噶尔军又大举围攻额伦特营，并在山上垒墙，向额伦特营施放鸟枪。激战半月后，准噶尔军见一时难以奏效，于 20 日解围退去，准备以计取之。8 月 21 日，土司杨如松率领兵丁五百名，押送粮饷抵达木鲁斯乌苏，遭到准噶尔军的伏击，杨如松等突围，但所运粮饷被准噶尔军劫走。

经过多天的沉寂后，准噶尔军突然从两边的山中杀出，突袭了额伦特营，将清军在营外十余里处放牧的马匹全部劫走，并将看马夫役也掳掠而去。此前色楞已认识到准噶尔军善于凭借夜深之时骚扰盗马，但显然大多数清军对此没有足够的防范措施。大批马匹丢失，使得清军丧失了机动能力，对士气打击颇重，清军遭此巨大挫折，逐渐转入颓势。

随后，准噶尔军又调来数门大炮向清军营内猛轰，清军形势更加雪上加霜，准噶尔军又驱使藏兵向清军营内开枪，这些藏兵并不愿意与清军交战，但其到来毕竟壮大了准噶尔军的声势，给清军以更大的压力，清军形势更为严峻。

此时的清军粮饷已尽，想要突围马匹又被夺走，陷入极端不利的态势。清军留驻木鲁斯乌苏的清军副都统宗查布人少力单，色楞军、额伦特军来时，沿路设置兵站很少，后勤也无法正常供给。这期间，班禅曾经赶来调解冲突，试图挽救被围困的清军，但准噶尔军拒绝了他的要求。

清军在饥寒交迫中困守了一个多月，终于支撑不住了。额伦特于 9 月 28 日率一支部队趁夜间北渡喀喇乌苏，计划迎接粮饷并乘机撤退，被准噶尔军发觉后立即追赶。9 月 29 日中午，因没有马匹，尚未走远的清军被追上。交战中，准噶尔军向清军施放鸟枪，额伦特额头中枪身亡，营长克什图也阵亡。幸存的清军将额伦特尸首抬回大营，大哭。恸哭之声被大策凌敦多布听到，大策凌敦多布差人前来探问，才知道额伦特已经阵亡。大策凌敦多布向清军表示他对额伦特阵亡的惋惜。

之后，大策凌敦多布又要求清军将领色楞、达克巴藏布等前去会晤，清军此时已经无法再战，只好答应他的要求，色楞、达克巴藏布被迫前往准噶尔军营。色楞到了后，大策凌敦多布等准噶尔军将领摆出一副胜利者的姿态，先强令色楞下跪，色楞态度颇为强硬，立而不跪，又欲自杀，最终大策凌敦多布强迫他跪下。大策凌敦多布将查里珲、布达里、石安泰、马啸扣留在准噶尔军营中，将巴彦图等放回。

因为清朝和准噶尔双方的实力对比悬殊，准噶尔首领策妄阿拉布坦此时也没有与清朝全面开战的打算。他派大策凌敦多布入藏歼灭拉藏汗，并没有授意其与清朝发生直接冲突。作为策妄阿拉布坦的部下，大策凌敦多布自然也不愿意与一个强大的对手交锋，他与清军将领的谈话中一直在表白自己在力避冲突，以此来表示他不愿与清朝交战的意图。大策凌敦多布没有对被俘清军斩尽杀绝，甚至还有意放回一批清兵，他为自己留有余地，不想与强大的清政府结下太大的仇怨。

此次入藏之战，清军额伦特、康泰、康海、司九经等将领殉难，康熙五十八年（1719）二月，准噶尔将领三吉和郭莽喇嘛率兵将色楞带往准噶尔本部，在行路过程中，色楞将捆手的缰绳在火上烧开，顺势砍死两名看守，企图逃走，但没有成功。准噶尔士兵将色楞抓获捆缚起来，此后不再供给食物，十几天后色楞终被饿死。

康熙第一次用兵西藏以惨败而告终。入藏清军战败的消息传到北京后，满朝震惊，康熙开始重新认真考虑“驱准保藏”的事。第一次征伐西藏的官兵在逆境之中英勇作战，精神颇为可嘉，康熙认为入藏将士有功无罪。

准噶尔部也终于成功地惹火了康熙，让他重视起来。惹怒康熙的人，一般结局都不太理想。康熙根据各种信息，吸取了第一次用兵失败的教训，亲自制订了作战计划，进行了周密的战略部署，康熙此次任命皇十四子、固山贝子胤禵为抚远大将军，统兵征讨西藏，清军节节胜利，最终取得了驱准保藏之战的胜利。

CHAPTER

第十章 经世策论以定国 10

康熙亲政后，清朝社会各种矛盾重重，朝中政权纷乱，有专权的辅政大臣，有兵权的八旗贵族，三藩势力也越来越超出朝廷的掌控，反清复明的声音此起彼伏，台湾问题、东北问题等，其中任何一个问题都足以困扰一个皇帝了，但康熙从扳倒鳌拜，到平三藩，清朝从“乱”到“治”，似乎这些难题在康熙面前，都显得那么无力。

吏治积弊，危及政权的统治

康熙亲政后，除鳌拜，平三藩，消除了以鳌拜为首的辅政大臣的影响，重新建起了以皇帝为中心的政治体系。康熙也通过各种途径看到了清初吏治的积弊，如许多事不能直接决断，各部门推诿，导致许多案件经过许多年都还没有解决。许多官吏为官不求有所作为，却得过且过，官僚队伍中充斥着这种怠政的氛围，革新政治也就成了一句空话。

本来，设立言官是要执行弹劾贪腐的责任，可事实上，康熙发现言官的奏疏中，都是浮夸之言，还有拿很多已经了结了的事情充字数，而且奏疏规定不能超过三百字，这样一来，奏疏里基本就没什么实质性内容了。另外就是一些减免政策颁布下去，到了地方，不但不执行，还会变成苛政，有的官吏为了博得上司的欢心，求取升迁，常常置百姓安危于不顾，以致“鞭笞敲剥”，无所不为。

经济官员上下结伙贪污，导致政治上的拉帮结派，在推举官员方面，也做不到公正、公平，或者是草率了事，或者是极力推荐自己的亲朋好友、同乡或者门生。官员间结为党援，互相包庇，徇私舞弊。康熙发现山西巡抚穆尔赛贪墨无度，劣迹斑斑，当康熙向大学士、九卿等问其做官如何时，大学士勒德洪等大臣极力包庇。康熙还了解到自工部尚书至侍郎以及各分司官员，充塞着一大批互相勾结的贪污分子，而这是治河工程年年治理，全无效果，反而越治理危害越大的根源所在。

书吏为害更是贯穿整个清王朝的严重问题。书吏为害的情况在历朝历代都是存在的，清朝初期尤为严重。清代书吏弊害大致分为四种情况。

首先，控例越权，暗操政务。严格按照清朝的官制制度，书吏是不可能操纵政务的，但是由于当时吏治的腐败，许多主官昏庸无能，他们管理政务多流于形式，只是敷衍上级，尤其在司法领域，按照旧的判例判决案件的现象十分普遍。书吏任职不必经过科举考试，他们专门研究律法、判例，练习文书写作，处理起官府的文书档案得心应手。因此，在处理官府政务时，勤政的官员还要向书吏学习，请他们协助处理事务，而那些昏庸无能之辈，就干脆把事推给书吏处理，自己落得清静。这就使得书吏有了操纵政务的可乘之机。

科举考试场景

另外，官员在处理政务、判决案件时必定要援引旧例。而记录旧例的案卷长期积累，数目众多，如果对案卷存放管理工作不熟悉，往往劳而无功，难以找到所需案卷，耽搁政务。书吏的作用便在这时显现出来了，官府案卷越积越多，主官对书吏的依赖也就越来越大，久而久之，书吏的权力就越来越大。更严重的是，各级书吏上下勾结，相互利用，狼狈为奸。他们利用职务之便，上下“活动”，左右逢源，打通各级关系从中得利，为所欲为。

其次，把持文档，作奸得利。书吏腐败以文书档案为牟利的工具和手段。他们费尽心机，要尽花样利用文档得利。由于文书档案制度的不健全以及贮存保管不善，很多档案残缺不全，于是书吏纷纷伪造档案充数，并从中谋取利益。有时书吏借管理档案的便利条件，藏匿旧档，或调换档案以假乱真，混淆是非，使档案的真伪无从查考。为了牟利，书吏常常受人之托帮人篡改档案，以收取报酬。长此以往，他们改文换字的功夫日渐成熟，如果主官不细心查看，根本无法发现破绽。这种现象在新旧官员职务变动、交接时最为严重，书吏常借此机会篡改档案用于勒索或者交易。

再次，玩忽职守，疏于管理。管理档案虽然是书吏求生牟利的本职工作，但是大多数书吏并不用心管理，他们工作中懒惰拖沓，玩忽职守，给后续的档案工作带来了很大的障碍。大量档案长期胡乱堆积，得不到及时、必要的整理。经过长时间的积累，面对数量庞大存放混乱的档案，即使书吏有整理之心，也无整理之力了。档案得不到妥善的存放管理，在需要、利用时就难以查阅到所需案卷，致使贻误政事，甚至造成很严重的后果。在这种情况下，官员往往会下令焚毁所藏“无用”档案。焚毁之后，有用档案的价值便再也无从发挥了。由于档案的长期疏于管理，加之档案数目众多，造成档案破损严重，或尘土堆积，或霉烂破损，或虫蚀鼠咬。另外，由于没有统一的文书档案处理制度，文档管理基本处于“各自为政”的局面。书吏为了能够长期把持文档，便把文档管理“秘密化”，创造一套管理方法，不会轻易传于他人。这样一来，主官要查阅档案必须经书吏之手，他们便达到了长期垄断的目的。

最后，焚毁档案，消灭罪证。清朝时期，档案库房频频失火，一方面，是因为书吏管理不善；另一方面，也有书吏为销毁徇私舞弊的证据而故意放火的情况。

吏治不修，危害百姓，势必危及封建政权的统治，在清初，已有不少官员针对当时的实际情况提出了尖锐的意见。所有这一切，都驱使康熙必须对地方吏治有所改革，“三藩之乱”的平定终于将康熙解放出来，他把主要精力集中到修明内政方面。

坚持不懈，整顿吏治惩贪腐

康熙多次表明了自己整顿吏治的意向和决心，定下了政策的基调。康熙二十七年（1688），他指出，官吏的贪腐与廉政和民生息息相关，康熙三十三年（1694）又指出，其执政以来，以国计民生为首要任务，官吏当清廉安民，对大学士等人说："当今凡事皆可缓图，唯吏治民生最难刻缓。"

整饬吏治最终要的就是建立相关制度，首先是充实和完善官吏的考核制度，清初继承了明制，对文职官员实行"京察""大计"等办法。"京察"考核的是在朝的京官和督抚，"大计"则考核的是外任官员。但在顺治帝、康熙之际，不但考核流于形式，而且时间也没有保证，还经常暂停。

康熙元年（1662），颁布谕令：内外官员三年一考。"京察"停止实施，以五年为期限，考察合格的继续留用，出色的升官，不及格的下调，不称职的直接革职。1664 年，御史张冲翼注意到考满结果一等优秀的官员非常多，无法显示差别，这条制度反而激发了官吏们的钻营之心。对此，康熙马上告谕吏部说："都察院近日内外文武各官，考满一等二等甚多，岂无一才力不及不称职者？此后各部直隶各省文武官员考满，将三年之内，某官所办某事，察明保奏。若考过一等二等官员，不能称职者，事发之日，将考核时具保之官，一并治罪。"

但是到了 1665 年，御史季振宜又发现考满制度形同虚设，这些官员是上有政策，下有对策。康熙二十三年（1684）后，康熙开始认真整顿过去的制度，严格考核官吏，到康熙晚期的三十多年里，大批不称职的官吏受到处理，有一千五百多人因"才力不及"和"浮躁"被降职调用，还有一千五百多人因"不谨"和"罢软无为"而被革职。此外因廉洁能干受到表彰的有七百多人，因贪腐被惩处的有五百多人，退休的多达二千六百多人。康熙按制度定期考察官吏，严格实行奖惩，对防止官吏腐败，提高官吏素质起到了积极作用。

其他制度方面，康熙也做了充实和调整。清代入仕有"正途"和"杂途"之分，正途是指由科举或进入国子监读书而做官，构成当时官员队伍的主体。在此之外，由捐纳、荫袭、吏胥迁秩而进入官场的，统称为杂途。杂途人员来源复杂，素质也参差不齐。

康熙认为要澄清吏治，就要重视选拔，必须对杂途人选作适当限制，于康熙十九年（1680）批注：非正途当选的官员，即使有保举，也不准参与吏部的考选。第二年又规定，捐纳、贡生不得与正途出身的官员同样考选。为了避免在考选中徇私舞弊，京官三品以上及总督、巡抚子弟规定不准考选。康熙还针对上级官员在推荐保举的请托、结党，指示吏部议定。此外，对任官回避制度以及对招徕民户、劝垦荒地、钱粮赋税、民刑盗案等一套传统考成办法，也有所完善与调整。

康熙深受儒家思想影响，坚信有治国的人，但没有固定不变的治国之道。他说："国家设立法度规定，并使其不断完善，上有益于国家，下有益于民生。朝廷内外大臣，竭心尽力，谨慎言行，忠实执行，才能避免各种弊端。"他多次苦口婆心对臣下说："我治理下的国家是否国泰民安，都在于诸位大臣是否清廉，让老百姓能够得偿所愿，满汉文武官员，都要崇尚廉洁，各尽职责，拒绝贪腐，才能让我安心任用。"就在康熙反复告诫官员时，徇私舞弊依然时有发生，显然，靠劝谕不可能对吏治的澄清发挥太大的作用。

康熙考察鞭策官员的办法还有引见、陛辞、出巡、密奏等。康熙对于委任的州县官员、题补武官、被参官员、保举人员等都亲自接见提问，并给予指示，发现庸才就给予罢免，相反就给予提升。康熙十年（1671）12月，通政使司官员面见康熙，康熙询问他："你是什么地方人？"任克傅跪答说是山东人。康熙又问："你曾经做过御史吗？"任克傅回答："臣任职期间，上疏三十二件事，弹劾过一总督、一侍郎，举报过科场弊端。"在他退出后，康熙对旁边侍臣们说："以前听说他很强干，现在看果然是这样。"

康熙二十年（1681）2月，康熙在乾清宫听政时，都察院左都御史折尔肯为一批内升外转御史引见，康熙问："御史中最贤能的是谁？"折尔肯回答说是汉军御史郭维藩、祝钟灵，另外还有两个人也不错，只是上任时间还短，对他们还不太了解。大臣徐元文等又告诉康熙，赵之鼎资历深厚，人也敦厚，谢兆昌才能品行都非常优秀。康熙接着问："品行不好的都有谁？"徐元文答："御史中没有太差的，只有唐朝彝一般。"康熙说："唐朝彝才能虽然一般，但是个敦厚本分的人。"又指名问道："蒋伊这人怎么样？"徐元文等肯定地说："他办事有才，而且工作勤勤恳恳。"康熙因早有了解，便说："朕听说此人到处拉关系，名声并不太好。”

对大臣们的议论，康熙并不偏信，总是细细品味，鉴别真伪。康熙二十五年（1686）12月，掌管宗庙祭祀的太常寺空缺两个寺丞职位，大臣明珠、学士葛思泰等不同意别人举荐的人选，向康熙举荐现任太常寺赞理郎的法山、华善二人，说他们对礼仪娴熟，品行兼优，请皇上召见。赞礼郎是太常寺中最低的官职，正九品，寺丞是佐贰主官寺卿的事务官，正六品，当时属正官。

这次题补是个不小的升迁，康熙很慎重，他仔细地问葛思泰，法山和华善工作了几年，回答说法山四年、华善两年。康熙反问，难道再没有比他们资历深厚的人了吗？表示这方面不太合乎要求。赞礼郎的主要任务是祭祀时指导皇帝行礼，所以康熙又问他们声音如何，并说声音好坏至关重要。葛思泰承认声音平常，但强调寺丞的职责在于引礼办事，这两个人办事稳重，可以重用。康熙又问到法山的出身，大臣勒德洪答说：“由乌林人笔帖式升赞礼郎”，也强调人品好，办事稳重。康熙又问他们与降调的原寺丞西宝相比谁更好时，葛思泰极力说：“这两个人比西宝更为合适，西宝虽然办事熟练，但为人狂妄。这两个人比西宝要好。”

康熙思虑再三，反复权衡之后，表示这两个人未必能用，又问：“其他资历较深的都有谁？”大臣们回答说是雅奇和张达。康熙指出，这个职位非常重要，必须要资历深厚，声音洪亮，礼仪娴熟的人才能补用。两天后，奉旨引见任太常寺读视官的张达和赞礼郎萨木哈。康熙问二人有几年的工作经历，葛思泰回答说：“张达十一年，萨木哈八年。”康熙又问：“张达为人怎么样？”葛思泰不加思索地说：“张达为人堪用。”康熙这才说：“这个职位就由张达补授。”这件事表明康熙考察任用官吏是很注重贤能的。

康熙要求任命的督、抚和各省其他文武大臣在离京赴任前，向他告别，称为陛辞。这是康熙考察官员的另一个有效措施。康熙十八年（1679）八月二十六日，山东巡抚施维翰陛辞，康熙问道：“有什么想说的？”施维翰说：“臣一介庸愚，蒙皇上特恩简拔，担当这样的重任，接到皇上的任命，唯有竭心尽力回报皇上圣恩。”康熙说：“总督、巡抚赴任，我都有谕旨，鼓励其尽心尽职，但到了地方上后，就很少有能遵行的了。”施维翰连忙说：“我做官时间也不短了，深知民间疾苦，到了地方上，决不会发生贪腐事件，如果我做了什么犯法的事，请皇上从重处罚！”“康熙接着说道：“近日山东兵丁鼓噪，要处理好。”施维翰答：“兵民都对朝廷忠心耿耿，只是因为巡抚、提督文武不和，才导致兵变，臣当与提督等同心协力，调剂兵民。”康熙欣然地说：“文武协和，自然地方安宁。”施维翰又说：“山东盗贼未清，连年灾荒，加上官吏贪污，臣当尽心尽力。”既而康熙又劝勉施维翰勤奋工作，体恤民生。

康熙二十四年（1685）二月十三日，漕运总督徐旭龄在乾清门陛辞，康熙召他到床前，徐旭龄对康熙的信任和重用深表感激，并虔诚地向康熙讨教治漕的方略，因为在康熙二十三年时，康熙刚刚南巡过。康熙叮嘱说：“源洁则流清，你身为大吏，以自身做表率，下面的官吏自然不敢作恶。”徐旭龄向康熙提出一套禁止陋规、节约不必要开支的方案，他说：“官员贪污，不外乎私匿钱粮，在山东的时候，我曾经严禁过，如今漕运陋规，巧立名色，不可枚举。如漕船过淮，例应盘验，乃经管官吏索贿，导致旗丁穷困，盗卖漕粮，造成国家的损失。臣到任后，会彻底清查。臣衙门并没有防守的责任，却配备了六千军士，应该裁员，减少开支。前任漕督是满官，奏本都用笔帖式翻译，臣是汉人，奏疏用汉字，设立的笔帖式也应裁撤。为官清廉，弊端也会减少，有利于地方的发展。”康熙鼓励说：“这些应该做的事情，等你到任以后，给我写一个详细的奏本，朕再一一批复，漕、河事务密不可分，对于此事的处理，你相机行事，对于所属官员，严加察访，取得真凭实据才能上告，做到杀一儆百！对于属下的难处，多多关心，让下属心甘情愿地为你做事。”同日，又召新任广东提督许贞到御座前，颁谕说：“你在江西战功卓著，朕特地嘉奖升任你为提督，最近听说广东盗贼滋事，你去了后要加紧剿匪，以安民生。”许贞答：“广东地方多有溪水，盗贼出没其中，最难捕治。臣现在正设法打造小船，或三里或五里安设水路哨兵，剿灭盗贼。”康熙颇为满意。

康熙坚信实践出真知，他经常能从官员的奏本中发现问题，并及时处理，这是整饬吏治，提高行政效率的有效办法。原任偏远巡抚韩世琦，奉命采办楠木，先是说四川酉阳土产楠木合乎要求，奏请让四川官员办理，等到他改任四川巡抚时，又说酉阳楠木因路远察看不便，请令湖广督抚就近察看。

康熙看到他所奏前后出入很大，便令吏部将其革职。康熙二十六年（1687）九月十五日，工部批准御史噶萨理的奏本，康熙看后说："凡官员处理事情，必须等到事情完成后，考察他做的事情是否有成效，才能议叙（给予嘉奖），现在串场河才开始修理，噶萨理等就提出议叙，很明显属于徇私，工部处理此事显然不当，要整顿一下了。"奏章是康熙了解官吏、了解下情的重要途径，因此康熙十分重视，他说："奏章关系国政，非常重要。"他要求奏章不要用轻浮修饰词语，不得超过三百字，太过火的还要"严加治罪"。康熙甚至能发现奏章中的错误字句，并加以改正，以此倡导求实务实的工作作风。

康熙还利用出巡的机会考察官吏，不仅有南巡，还有北巡和西巡。康熙二十三年（1684）九月，康熙第一次南巡体察民情，考察官吏，走到淮河沿岸的宿迁时，发现漕运总督邵甘上任以后，并没做什么好事，邵甘辩解说自己是满人，为大家所妒忌，康熙了解到邵甘的确是不作为，立即给予撤职处分。康熙二十八年（1689）正月初四至三月十九日，康熙第二次南巡，回京之后，据所掌握情况，任免一批高级官吏。如杭州副都统朱山没什么才能，而且岁数也大了，撤职；总漕马世济患病，才能平庸，不能胜任，做退休处理，总漕的官职空缺，由董讷补授；靳辅在河工工作中，表现不错，工作踏实，以前被革职过，现在官复原职；奉天府牧马头目吴达禅率领马厂的人驱马进入民田内作恶，给予处罚。康熙通过巡视了解地方上的实际情况，对做得有偏颇的事，也不断改正。

康熙在亲察过程中还经常把他发现的案例加以剖析，总结经验教训，从而有针对性地教育官吏，给众官吏打预防针。就在第二次南巡返京不久，康熙申饬地方官员：现在看到直隶各省文武百官，有很多不必要的铺张浪费，权力争斗，事务废弛。船只朽坏了也不修理，军事器械也不整理，数量多少，茫然不知。

总因为自己是文职官，就漫不经心，现在命各督抚、提督对所属官员严加整顿，如果仍然玩忽职守，要从重治罪。

康熙出巡视察时，除了面见各级官吏，了解政务情况，还非常注重察访实情与民众接触。康熙也注意到了解民情有时候也并不一定就能得到准确的信息，因为所了解的对象不同，所得到的结果也就不同。为了全面准确地把握世情，康熙曾对官职并不是很高的部院司官托付督查官员的重任，康熙希望有一批贴心之人帮助他执行监察官吏的责任，这个办法渐渐演变为一种密奏制度。

康熙认为允许密奏本身就是对官吏的一种约束，至此以后，很多文武大臣听说有密折，不知道里面说的是什么，内心相当害怕，万一被告的是自己怎么办？密折的来源是多方面的，有差遣到各地办事官员回来复命时，将所见所闻密报，有专门告钦差的专折密奏，因派出钦差等人有在外地为非作歹的，康熙四十一年（1702）十月，给督抚密奏并擒拿歹徒的权力，大臣、总督、巡抚、提督、总兵官都可以密奏。

密奏收到了一定的效果，康熙增加了一个掌握官员情况的渠道，有些通过公开途径无法弄清的问题，通过密奏迎刃而解。康熙五十年（1711），江南科场案被公开揭发后，发生督抚相互推卸责任的情况，江苏巡抚张伯行上疏参两江总督噶礼与考官串通作弊，买卖举人，索贿银两。噶礼则上疏弹劾张伯行诬陷，监毙人命等七十条罪状。

康熙接到这个互参案后就知情况非常复杂了，后来，康熙从苏州织造李煦和江宁织造曹寅的密折中，很快掌握了案件的内幕实情、江南群众对此案的态度以及互参之后张、噶二人的动态。经张鹏翮对此案的审查结果，拟定：将张伯行革职，噶礼降一级留用。康熙看了案宗时说："张伯行参噶礼索银五十万两，江南一省举人能有多少，即使都是买卖所得，也达不到这个数目，即使噶礼受贿五万，也要从重处理，噶礼本来就不是什么清廉之官，但在地方也还有用处。张鹏翮等审噶礼参张伯行，并没有审出一款。张伯行参噶礼又关系国家的言语，也没有审出结果，似乎是两面议和的结果，大臣互相参劾，怎么能不彻底审明白，而是用两

李 煦

面调停的方法草率完结。况且督抚参人之时，都是大张旗鼓的，言语中多是夸大其词，这种陋习，必须制止。”

此案察审非常艰难，让满洲大臣来审理，就会包庇满人，让汉人大臣来审理，就会包庇汉人。康熙认识到这一案件本身甚为复杂，从客观实际看，张、噶矛盾由陈鹏年挑起，噶礼作为满官功勋颇著，与群臣不和，很难保证审理的公正。最后，康熙批示：此案发回，由大学士九卿等开会研究。最后吏部尚书穆和伦等经过详细审理后证明：张伯行所参噶礼各款皆虚，噶礼参张伯行各款都是从前的旧案，但所参张伯行不能出洋等处属实，张伯行居官清正，天下之人无不尽知，但才能不如噶礼，噶礼虽然有才能，办事敏练，为官却不清廉。两人互参之案，属于私怨，是听信他人谣言所致，诚为可耻。”康熙从保全清官、平衡满汉关系着眼，给噶礼革职，张伯行革职留任的处分。

康熙五十五年（1716），康熙命李煦密查“风闻李陈常大改操守”的内情。李煦密奏说：“在李陈常居住的地方，经过秘密打听，李陈常家有好田四五千亩，房产数十处，又有三处当铺都有他的资金，李陈常出资开当铺，都是借用其他人的名字，瞒人耳目，表面上是清官，但是家道已经富足，的确是大改操守。”再经核查，李陈常还另立礼规，向盐商额外索取银三万二千两，李陈常表面乔装清廉，官至两淮巡盐御史，却暗中敲诈勒索，广置田产。康熙正是通过密奏查出了这个贪官。

康熙用密奏考察官吏，取得了许多积极的成果。康熙深知即使经常出巡，也实在无法深入准确地了解下面的情况，所以在许多场合，他还是力求健全制度，让吏部、都察院负起选拔与考核官吏的责任来。他号召言官，自今以后，凡事关国计民生，官吏贪污，当面直说，至于说得对不对，决定权在于朝廷。即使言语不当，也没有罪。即使是涉及皇子、诸王以及大臣官员，有所为贪虐不法，理应纠举之事，务必据实指参。康熙为了求得吏治的好转，动员起各种可能的办法，可谓用心良苦。

康熙认为科道官的设置并不能切实履行起他们应履行的责任，客观地说，对于权大势重的贪官，科道官想要取得切实的证据并不容易，但这些贪恶之官对政治构成了极坏的影响，为了加强对这些贪官的打击，康熙引用明朝的“风闻言事之例”，以推动对重大案例的查处。

但是因为“风闻言事”可以不必有真凭实据，时常会酿成冤假错案，对此康熙心中也清楚，康熙曾限制科道官的“风闻言事”。然而，无风闻言事客观上助长了贪官的大贪大恶之风，对政权的危害更大。康熙二十六年（1687）十一月二十日，康熙在乾清宫处理完政事，向大学士等宣布：“重新恢复‘风闻弹纠之例’。”

自此，科道官纠劾官吏便逐渐经常化和制度化。实践证明，允许“风闻言事”有利于集思广议，开阔视听，是考察高级官员的一种有效措施，对澄清吏治发挥了积极作用。但是这一制度在实践中也不免出现一些偏差。

康熙紧握大权，将对官员的任免权抓在手中，不允许都察院科道官参与人事，认为这是明末恶习，不能助长。他虽曾许诺“言有不当，言官亦不坐罪”，并基本实行，但也时常有言官因所奏“无凭据”而受到处罚。“风闻言事”中有些事就有待进一步查实，噶礼在康熙的眼中是好官，因此轻易地否定了蔡珍等的疏参，其后因无人敢再疏参噶礼，噶礼变得更加肆无忌惮。

扶清惩贪，双管齐下清吏治

康熙整饬吏治的过程中，费力最多也是最具特色的，要数他表彰扶植清官的措施。康熙认为加强纠察、惩处贪官固然重要，但毕竟属于消极的措施，因为即使惩办了贪官，危害已经造成，消除影响，平息民愤，也要花费很多的时间。积极的做法是培养扶植一批正直清廉的官吏，才能稳固政权的统治。陆陇其认为扶植清官不但可以稳定社会秩序，而且还可保证赋税的足额征收。

康熙二十年（1681）二月，康熙召见直隶巡抚于成龙，赐坐、赐茶，后说：“你是当今清官第一。”勉励他要始终如一，并赐食于御书房。过了几天，康熙对学士库勒纳等人说：“于成龙从外吏起家，以廉洁著称，历经升迁，时任巡抚，更加清廉，自始至终，一直没有改变。有亲戚朋友互相请托，都是严厉拒绝，绝对不答应。近年来，沙河所属人员和亲戚朋友的赠送，一概不予收取。”康熙派人赐给于成龙白金一千两、康熙亲乘鞍马一匹，还有一章御制诗，正在装帧，等以后再予颁赐，以示嘉奖。

康熙二十三年（1684）四月，于成龙病故，康熙因他清廉一生，加赠太子太保，谥清端，荫一子入国子监读书，并亲笔御书“高行清粹”四字为祠额。康熙力求通过扶植清廉官吏，克服“贪墨之风”。

明崇祯十二年（1639），于成龙参加乡试，省城太原考场考官公然行贿受贿，徇私舞弊。于成龙在考卷上痛陈时弊，直抒胸臆。结果正榜无名，勉强考取了个副榜贡生。副榜贡生相当于备取生，不算中举，但可以直接参加会试。会试之后，于成龙以父亲年老为借口，辞去做官的机会，回到来堡村。清顺治帝四年（1647）至清顺治帝八年（1651），于成龙到太原崇善寺开办的学校学习了四年，但在清顺治帝八年（1651）的乡试中，于成龙又落榜了，这年他已经三十五岁了。

清顺治帝十一年（1654），于成龙兄长于化龙病故，三子于廷元出生，全家生活的担子落在他的肩上。父亲于时煌年老多病，要人侍候汤药，继母李氏虽健，也已暮年。长子、次子上学，全家开支很大，家境非常贫困。于成龙为了养家糊口，供子上学，整日忙于家务，再也没有工夫参加科举考试了。

清顺治帝十五年（1658），父亲病故后，于成龙入国子监学习，结业后准备出仕。顺治帝十八年（1661），已四十四岁的于成龙，不顾亲朋的阻拦，抛妻别子，怀着“心此行决不以温饱为志，誓勿昧天理良心”的抱负，接受清政府委任，到遥远的边荒之地广西罗城为知县。罗城新隶于清统治下不到两年，由于局势未稳，两任知县一死一逃。于成龙到罗城时，这里遍地荒草，城内只有居民六家，茅屋数间，县衙也只是三间破茅房。他只得寄居于关帝庙中。在困境中，同来的五名仆从不久或死或逃，而他以坚强的意志，扶病理事，迈开仕宦生涯的第一步。于成龙在罗城采取“治乱世，用重典”的方法，在罗城为官三年之间，就使罗城摆脱混乱，得到治理，出现了百姓安居乐业的新气象。

于成龙的突出治行受到两广布政使金光祖的重视，罗城被评为全省治理的榜样。身为“治官之官”，于成龙始终把整顿吏治放在工作的首位。他根据自己的体会，制定了以“勤抚恤、慎刑法，绝贿赂，杜私派，严征收，崇节俭”为内容的《新民官自省六戒》作为地方官的行为准则。方法上，他举优劾贪，宽严并济，但凡他所到之处，“官吏望风改操”。康熙也称其“宽严并济，人所难学”。

对廉洁有为的人才，于成龙反对论资排辈，他对清政府死板的任官“考成”制提出异议，认为不利于吏治建设，造成“问其官则席不暇暖，问其职则整顿无心，势彼然也”，他经常上疏推荐人才。直隶通州知府于成龙（史称小于成龙）、江苏布政使丁思孔等都是较有作为的清廉官吏，都是由他举荐而受到康熙重用的。

于成龙是个大器晚成的人，直到四十五岁才被授以广西柳州罗城县知县，此后，他历任知县、知州、知府、道员等地方官，一直做到藩臬二司（按察使、布政使）、督抚大员，所到之处，皆有政绩。尤其是始终清廉自守，多行善政，深得人民爱戴。

于成龙并非清朝的进士，这样的出身能成为封疆大吏，可以说绝无仅有。康熙二十三年（1684）农历四月十八日，于成龙终于走到了人生的最后关头，终年六十八岁。于成龙去世时木箱中只有一套官服，别无余物，于成龙逝世后，南京男女老幼、商贩僧侣皆痛哭流涕。之后，于成龙的事迹逐渐在社会上被广泛流传。

康熙扶植廉洁，为社会树立了良好的榜样，清官逐渐形成一支较大的力量，接连出现了两江总督傅腊塔、直隶巡抚格尔古德、继傅腊塔之后的两江总督范承勋及闽浙总督王骘等一批清官。傅腊塔是满洲镶黄旗人，姓伊尔根觉罗氏，历任内阁中书、内阁侍读、御史、陕西布政使、副都御史、工部侍郎、吏部侍郎，后升任两江总督。

临行时，康熙叮嘱他："你上任后，要以于成龙为榜样就行了。"傅腊塔遵旨上任后，清弊政，斥贪墨，处理刑狱明察秋毫，康熙对他所采取的这些措施予以支持。曾经于成龙举荐的通州知州也叫于成龙，人称"小于成龙"，在补为江宁知府后，为官清廉，康熙亲赐他御书手卷一轴，并说："我的亲笔书字并非你现在的官职可以得到的，特赐于你，表彰你的清廉，开始容易，坚守难，务必以前总督于成龙的正直廉洁为榜样，有始有终，不辜负朕的所托。"小于成龙表示："自己出身微贱，蒙于成龙举荐和皇帝信任，有生之日，鞠躬尽瘁死而后已，以报圣恩。"康熙二十五年（1686），小于成龙被提升为直隶总督，他针对长期存在的严重盗匪问题，制订了一套周密可行的方案，得到康熙的支持和赞赏。第二年加太子少保，赐鞍马、银两等，特旨嘉奖，康熙三十九年（1700）小于成龙病逝，康熙赐谥号襄勤。

早在康熙二十三年（1684）于成龙去世的时候，康熙曾经问九卿、詹事、科道："现在还有几个像于成龙一样的清廉官？"大臣奏说："直隶巡抚格尔古德，部郎范承勋、苏赫，江南学道赵仑，扬州知府崔华，兖州知府张鹏翮，灵寿知县陆陇其。”再后来康熙又发现和培养了彭鹏、郭琇、陈瑸等。

康熙在扶植清官方面已有意识地把亲察与众臣荐举结合起来。康熙四十六年（1707），第六次南巡时让督抚举贤，督抚就举荐江宁按察使张伯行，康熙一见面就说：“到江南后，就听说你为官清廉，如果天下像你这样的清官多，老百姓就会说朕是明主，反之就会耻笑朕。”随后提升张伯行为福建巡抚，赐御“廉惠宣猷”四个字。

康熙后来又调他到江南，在江南，张伯行举报弹劾贪官，令贪墨者闻风而逃。江南科场案发生后，总督噶礼弹劾张伯行，康熙出面用“公为天下清官第一，责诸臣变乱是非”，为张伯行解围。康熙还说：“这样的清官，都不能保全，读书几十年为的是什么？让为官清廉的人怎么能安心呢？”张伯行曾一度被解职，结果造成百姓罢市，满城哭声，苏州等郡相继罢市，男女老少带着水果去看望张伯行，张伯行不接受，老百姓哭着说道：“你为官的时候，只饮吴江一杯水，如今卸任而去，我们的一片心意，不能再推却了。”等到康熙纠正了错判时，数万人欢呼雀跃，与此同时，全闽的老百姓也奔号呼吁，歌颂皇帝圣明。康熙看到扶植清官如此得民心，内心非常高兴。

康熙知道清官经常受到别人的排挤和诬陷，所以他非常注重切实地了解详情。在康熙第五次南巡时，江宁知府陈鹏年因力阻总督阿山增加钱粮赋税，被派主办龙潭行宫的差事。康熙的近侍按惯例索贿，陈鹏年不理，有人暗中在康熙床上放了蚯蚓粪来陷害负责接驾的陈鹏年。但是康熙早在织造府的时候就询问过织造的人：“你知道江宁有没有好官啊？”此人毫不犹豫地回答出陈鹏年的名字。

康熙再做调查后确认了陈鹏年的确是好官，识破了对陈鹏年的陷害。有一次，陈鹏年又被陷害下狱，江宁人痛哭罢市，包围制府，质问他为何弹劾陈鹏年，愿意与陈太守一起入狱。正在参加考试的学子焚毁考卷离开考场以示抗议。还有一次，陈鹏年谒见噶礼时没有下跪，噶礼怒道：“知府的生死都是我说了算，你个小官竟敢无理？”陈鹏年凛然回答：“如果我有罪，就算陛下宽恕，我的心也不会宽恕自己；如果我没罪，只要陛下安康，百姓安乐，自己的生死我不在乎。”说完从容不迫地走出去。

康熙得知张鹏翮为官清廉后，屡次迁升他为浙江巡抚、兵部侍郎、左都御史、两江总督、河道总督、吏部尚书等职。康熙晚年，有一位清官陈瑸，广东海康人，在康熙四十八年（1709）任四川提学道，康熙得知后就将陈瑸操守廉洁事迹向四川全省官吏公开表彰，陈瑸后任台厦道，曾将应得的白银三万两，全都用于公事，分毫未取。后又提升为巡抚，只带着行李就上任去了，同僚竟没有认出他就是新来上任的巡抚。

陈瑸认为，贪墨一分钱与贪墨千百万金没区别，贪腐的根源就是欲望无度，所以不义之财一分钱不能取，衣食住行都要俭朴。上任后，他雷厉风行，罢免贪官，取消劳民的杂役。康熙五十四年（1715）十一月面见皇上时，康熙在众臣面前感叹他是“苦行老僧”。随后调升福建巡抚。陈瑸于康熙五十七年（1718）十月病故，康熙给予很高的评价：“朕见到的清官也不少了，但像陈瑸这样的清官，实属罕见。”康熙追授他为礼部尚书，按照尚书的标准抚恤，荫一子进入国子监读书。

康熙不仅积极扶植清官，而且经常激励官吏们争当好官。他说：“人能做好官，不仅一身显荣，而且还能光宗耀祖，否则就是丧身辱亲，没有任何好处。”康熙将当好官、清官与个人和家族的荣辱连在一起。他在和山东省各级官员的一次谈话中说得更有意思：“你们做官，要以清廉为第一，做清官好处多啊，不但当时老百姓会拥护你，即使离任之后，百姓一想起你，给你建祠祈福，这才是盛事啊！从来百姓都是难以欺骗的，官员的是非，好与不好，人人有嘴，不是你们说了算的，你们要好自为之啊！”康熙在巡视陕西时，还说：“你们州县的官员不能贪墨地方的钱财，要心存良心啊。”可谓苦口婆心。

生性俭朴，勤政廉政是清官的共同特点。康熙注重法律规章的建设，同时更重视官吏们本身的品质，显然是有可取之处的。他长期致力于发现清官、扶植清官、奖励清官，都是力图以良吏来实现政治的清廉，巩固政权。

康熙在积极扶植廉洁官吏的同时，也很重视惩治恶吏。他说："推举好官，惩治恶官，这在百官之中，两者都不能少，如果只是奖励好官而不惩治恶官，好官自己知道努力，恶官不注意自己的品行，这样不行，只有严惩恶官，才能让大家警惕，相互勉励做个好官。"

康熙在肃清鳌拜以及他的党羽流毒之后，就把惩治贪官污吏作为与扶植清官同样重要的任务。在平定"三藩之乱"后，康熙发动了审理以宜昌阿、金儁贪污逆产案为突破口的严治侵蚀兵饷及入官财物等案件的运动。侍郎宜昌阿被派往广东查看尚之信家产，伙同广东巡抚金儁，侵蚀兵饷及入官财物，收受尚之信的商人沈上达贿赂的白银共八十九余万两及财帛等物，害怕沈上达事后告发，又将其谋害灭口。此案经过半年多的审理、讨论，于康熙二十三年（1684）五月十八日结案，宜昌阿、金儁以及相关人员郎中宋俄托、员外郎卓尔图、尚之璋、宁天祚、王瑜等应斩，王永祚绞刑，秋后处决。康熙清醒地认识到官僚队伍中贪污贿赂之风的盛行，为此他才决定重开"风闻言事"之例。

康熙发现官吏贪污多以苛索民财与隐匿公产的形式出现，便较早就注意清理与核查。康熙二十三年（1684），他派人清察各省钱粮，解决和防止督抚侵占、挪用库银，徇私舞弊。结果查出广西巡抚施天裔把康熙二十年（1681）、二十一年（1682）贮存的仓库银米用老百姓拖欠为由私自贪墨，加上他在山东为官二十多年，是个善于营私的人，最后被康熙革职。

康熙三十六年（1697），康熙第三次亲征噶尔丹西行时，发现山陕地区民生非常艰难，于是先以年老力衰、不能胜任为由，解除了陕西巡抚和按察使的职务。又将山西百姓极为痛恨的巡抚温保及布政使甘度革职，缉拿回京城，交给刑部处理。继任的新巡抚倭伦一上任就兴土木，请求建造龙亭，遭到康熙的严厉斥责。七月二十三日，康熙行至宁夏后，将甘肃巡抚郭洪革职问罪，康熙认为，"州县等地方小官徇私都是因为上面的大官的科派导致的，如果只是州县的小官徇私，危害也就止于州县，但是上下勾结，串通一气，你们这些封疆大吏徇私枉法，危害就大了，所以我不会容忍，你们好自为之"。康熙力图通过发现一案处理一案的办法，达到澄清吏治的目的。

有的官吏因为责任心差而出现失误，也被追究责任。康熙二十六年（1687）十月，商人杨国清等捐送给朝廷一批楠木，工部主管官员“日久未收”，事情败露，工部堂、司宫中阿兰泰和傅腊塔在位未久，傅腊塔居外任时颇优，也未留情，二人俱免调用，降级留任。

康熙二十六年（1687）十二月，侍郎额星格等只因在喂养蒙古官马的时候，把自己的马私同喂养，影响较坏，被刑部查处，额星格等被革职。另一个司官色黑臣因私折草料银两肥私，被处以绞监候。对此，康熙是这样说的：“你们的所作所为，朕越想越觉得可耻，鄙秽至极，此等贪利之人，也只能侥幸一时，富贵也不及子孙。”

康熙始终将整顿吏治放在重要地位上，从奖廉与惩贪两个方面着手，在惩治贪吏的过程中，有时原告一方是清官，被告一方是贪官，也有时原告与被告都是贪官，而且越大的贪官隐蔽得就越深，更善于蒙蔽视听，再加上清朝的政治体系中掺杂着满汉矛盾，康熙从长远利益出发，吸取历史上的经验和教训，在扶植清官与惩治贪官方面做了很多积极有益的工作，利国利民的卓越功绩不容抹杀。

洞若观火，驾驭并消灭党争

南北党争是清朝初年南方与北方士大夫的党派之争，可以说是明末东林党争的延续，清朝初年一直都还有明末党争的阴影，仍是“南北各亲其亲，各友其友”，如顺治帝时期冯诠与陈名夏的北党与南党之争，冯诠原是依附魏忠贤的阉党，而陈名夏是东林党之后。

清兵入关开始，满族作为文化比较落后的少数民族，内部也有矛盾和斗争，再加上面对广大汉族和其他各族人民的反抗，清政府除采取武装镇压的高压手段外，也不得不尽量推行吸收、利用广大汉族官、绅、士人共同合作的政策，以达到长治久安的目的，然而在清朝初期大量延用明朝旧官，明末党争的弊端在清朝执政的初期就很明显地反映出来了。

康熙时，党争与满洲贵族内部矛盾纠缠在一起，朋党主要有鳌拜党、明珠党、索额图党、皇子党等，康熙亲政后，相当长的时间中都处于索额图、明珠两大党派明争暗斗中。

索额图，满洲正黄旗人，康熙初期四大辅政之首索尼的第三子。索尼为大清国开国勋臣，康熙辅政大臣之首，索额图的侄女又是皇太子胤礽的生母，索额图很早就是康熙的亲信，并在策划擒拿鳌拜、清除鳌拜势力时立下了战功，由一等侍卫擢升大学士，后改任领侍卫内大臣，成为当朝大臣中最重要的实力派，直至发展成了“太子党”的头目。

明珠是满洲正黄旗人，出身门第虽然不高，但是个很有才能的人，由于出任兵部尚书时有出色的表现，深受康熙赞赏，与索额图同秉朝政。“撤藩”一事，明珠力排众议，主张“撤藩”，与康熙的本意相吻合，但同时也表现出他与索额图在处理重大事件时的分歧，矛盾也因此而生。明珠是皇长子胤禔的亲舅舅，惠妃那拉氏的亲哥哥，明珠帮助皇长子胤禔拉拢大学士余国柱等重臣，积极发展“长子党”的势力，成为“长子党”的核心人物，朝中官员大都划到这两个阵营中。

康熙对这两大党派人员的争斗心知肚明，他采取了不偏不倚的中立态度，一把尺子量到底，对两派的人均委以重任，有过错时也都重罚，使索额图、明珠两党在长时间内保持着微妙的平衡，任何一党都无法独大。两党为了巩固权力、扩大势力，不断向康熙讨好尽忠，康熙居高临下、游刃有余地掌握着火候。

康熙将索额图、明珠两党当作手中的棋子，不论怎样上蹿下跳，都无法逃脱康熙的掌控，而康熙自己置身事外，高高挂起，坐山观虎斗，却牢牢地掌控着两党的命运，天平出现失衡时，康熙就出手拨一下，保证天平始终保持着平衡，利用索额图与明珠两党之争，将自己的皇权变得更加稳固。

索额图、明珠都是有着杰出才干的人，二人深谙官场进退之道，理政经验非常丰富，两党也是人才济济。康熙明白两党都想在他面前表现立功，于是他结合个人能力，量才使用。而两党之中的人一旦担当重任，一方面想自己露脸，另一方面担心另一党人暗中作祟，都竭尽全力，千方百计将差事办得滴水不漏，以免给他人落下口实，充分调动了两党的积极性。

索额图以大清国重臣的身份签订了中俄《尼布楚条约》，解决了中俄边境问题。明珠主张"撤藩"，积极参与平定三藩叛乱以及战后恢复经济，坚决主张收复台湾，推荐施琅挂帅，收复台湾后建议建制驻守，体现了独到的眼光。索额图、明珠作为康熙的左膀右臂发挥了参谋和助手的作用，为康熙盛世的形成做出了卓越贡献。

康熙对两党之争有个底线，那就是绝对不能冒犯皇权，当发现明珠和胤禔图谋不轨，妄图废除皇太子的储君之位时，康熙果断出手，雷厉风行，革去明珠大学士职务，其同党余国柱、科尔坤、佛伦等均被革职。但康熙为了防止索额图一派独大，并没有要明珠的命，索额图等见明珠倒台，纷纷上书弹劾，参他危害太子、动摇国本，这引起了康熙的警觉。

康熙二十九年，康熙亲征噶尔丹，明珠参赞军务，康熙三十五年、三十六年，康熙两次亲征噶尔丹中，明珠都随从大军督运粮饷，戴罪立功。康熙这样做起到了三点作用：第一，打击了明珠一党，使他们的权柄风光不再；第二，明珠依然在朝，保留了牵制索额图的筹码；第三，敲山震虎，给了索额图党派一个警告。

康熙晚年，他发现索额图和太子胤礽迫不及待，紧密部署，想早日登基之时，康熙终于决定结束这场无休止的党争，康熙四十二年以"议论国事，结党妄行"的罪名将索额图交宗人府拘禁，不久后下令处死，索额图的同党大多被杀、拘禁或流放，同祖子孙都被革职，他的两个儿子格尔芬、阿尔吉善被处死，康熙以迅雷不及掩耳之势收拾了索额图一党，将一场可能发生的谋反消弭于无形。

康熙此时对太子仍未绝望，还希冀他能幡然悔过、痛改前非，处死索额图，首先可以防止一旦太子登基他重张权柄，挟私报复；其次康熙已垂垂老矣，他自己对党争深有体会，担心新皇登基后无法控制局面，因此永绝后患。

随着索、明两党退出历史舞台，腾出了位置，一大批新锐如张廷玉、佟国维等开始崭露头角，为大清朝培养了后续力量，不至于出现人才断档现象。昏庸的帝王惧怕党争，稍有不慎就会引火烧身，康熙却洞若观火，以高超的政治手腕和智慧驾驭和利用党争，最后分化消除党争，巩固了皇权，充分体现了一个政治家的高明。

康熙执政后，尽揽了全部八旗兵权，使皇权得到进一步的巩固和加强，矛盾得到基本解决，经过激烈的党争，雍正成功即位后设立军机处，将中央集权推到了最高峰。

生计问题，对旗务进行改革

八旗是清代满洲的社会生活军事组织形式，八旗制度是努尔哈赤于明万历二十九年（1601）正式创立。1601 年初建时仅三旗：黑旗、白旗、红旗，1615 年因“归服益广”将三旗设为八旗：原红旗分为正黄、镶黄二旗；原白旗分为正白、镶白、正蓝三旗；原黑旗分为正红、镶红、镶蓝三旗。合称八旗，统率满洲、蒙古、汉军。

在八旗成立之初，旗的名目上并无民族属性之分。在清太宗皇太极即位后，开始有蒙古二旗的记载。1635 年，后金在征服察哈尔部后，对众多的蒙古壮丁进行了一次大规模的重新整编，组建为若干蒙古牛录分属八旗。

汉军本为后金进入辽沈地区所获的汉人军民，在天命后期被以奴仆的形式分拨给诸贝勒、大臣等。皇太极即位后，以编组汉人牛录、开科取士等手段，提高他们的待遇，使他们脱离奴仆身份，成为拥有单独户口的旗籍之人。汉军单独编旗始于1631年，1637年分为二旗，旗色玄青，1639年再分为四旗，旗色为正青旗和黄、白、红镶青边。1642年汉四旗编组为若干汉军牛录分属八旗，正式成为八旗的组成部分。满洲、蒙古、汉军均由同一旗主管辖。

连年的战争，使这群战斗力极强的八旗子弟获得了不少利益。他们在统一女真各部落，以及同明朝统治者争夺天下的战争中，获得了上百万人口、牲畜、甲仗、兵器，以及大量的金银财宝。努尔哈赤当时仿照明朝的官职，对作战有功之臣分别授予不同的官衔，统兵辖民，并根据贡献的大小，赐予大量的人畜财帛，供其享用。不少官将还领受敕书，子孙后代永远袭职。这样，就使满洲的八旗子弟在进关之前就已形成了一个贵族阶层，享受着特殊待遇。

康熙扳倒鳌拜后，认为天下的权力就应该集中在皇帝一个人手中，这样才能将皇帝的意志贯彻全国，为此，康熙做了大量的工作。

康熙十六年（公元1677）康熙设立南书房，起初被认为是康熙为了与翰林院词臣们研讨学问、吟诗作画而设，因在乾清宫西南角特辟房舍，故名南书房。但南书房设立之初，康熙就规定“非崇班贵樏、上所亲信者不得入”，所以它完全是由皇帝严密控制的一个核心机要机构，随时承旨出诏行令，等到机会成熟后，康熙兵不血刃地架空了诸王、满族贵族和议政王大臣参与会议的权力，同时将外朝内阁的某些职能移归内廷，实施高度集权。

南书房一角

对于庞大的王公贵族，康熙也采取了一系列强有力的措施，限制满洲贵族的权力，剥夺各旗王公干预旗务的权力，破除“军功勋旧诸王”统兵征伐的传统，削弱议政王大臣会议的政治影响等。另外，康熙将用人之权、奖惩之权亲自控制，不许大臣干预，并设立密奏制度，以广泛体察下情。

第一，康熙逐步削弱下五旗诸王的一切特权，使八旗各级组织以及广大旗人都忠于皇权，为皇权服务，严禁诸王府商人和旗下的官员家人霸占河路、船只、垄断贸易。第二，严禁诸王以及旗下大臣勒索本旗所属在外任职的官员以及干预地方事务。第三，议处犯罪诸王，削藩，撤佐领。第四，更定宗亲王公袭爵法。第五，改革都统、副都统补授办法。

康熙从这五个方面抑制诸王的政治、经济特权，并借机会惩治，削弱他们在国家政治生活中的地位和影响，被削爵的王公、贝勒、贝子等，同时也削去议政和宗人府的职务，并撤销他们所属的佐领。虽然被削去的爵位一般由他们的子侄承袭，但是新王的地位和影响已经远远不能和其父辈相比，康熙这个政策取得的效果就是，宗室诸王中年龄幼小的居多，并且没什么军功。在崇尚武功的满族社会，没有任何的军功，或者虽然有军功但是又遭到压抑，并未获得表彰，那就很难崭露头角，也不会得到属下的信服和敬重。

康熙为了提高皇权，除借机惩办违法王公之外，还采取了扶植兄弟和皇子的政策，封以爵位，分给佐领，并令其参与议政，领兵出征，管理旗务等，进一步改变了开国诸王掌握用兵大权的传统。为了缓解旗人和民人之间的关系，康熙接受了小于成龙的建议，实行旗人、民户合编保甲的办法，严惩不法旗人，同时派遣八旗驻防全国各地。

八旗入关之初，生计决不是问题，八旗所有官兵按照规定分发房地、粮饷。康熙执政后，征战逐渐减少，旗人仍然只准从军应征，不许从事其他产业活动，所以除了每个月的工资就没有其他收入了，导致生计出了严重的问题，并且八旗内部产生了严重的贫富两极分化。

康熙三十四年（1695）五月，清政府有关司署经过调查，得知京师地区八旗兵丁无房舍者有七千余人，便在城外按各旗方位，每旗各造屋两千间，无屋兵丁，每名给两间，不许买卖，兵丁死后没收入官。随着八旗生计问题日益严重，内部贫富的分化，许多士兵陷入高利贷的罗网，月饷的一半以上要支付借款的利息，以致成年不得娶妻，死后没有葬地。

至于八旗奴仆，绝大多数处境更苦。有一次，他们曾聚集四五千人在皇城里请愿，其中八个胆大的，还冲破了侍卫的阻拦，闯进了御花园的第一道门，险些造成暴动事件。

康熙三十七年（1698）十一月，康熙对大学士说："现在满洲斗殴持刀杀人的事件屡有发生，可见习俗败薄，必使迁淳归厚才好。"为了解决八旗生计，除为穷苦兵丁建造房屋外，康熙采取了以下一些措施：提高满洲甲兵的月饷；将余丁归并，成立新佐领，使闲散人可以披甲当差，解决亡故军士葬地及贫困兵士妻室、住房问题；凡遇灾荒，赈济贫民，八旗甲兵一律沾恩，而且比较优厚；增加出征补助；设立官军，代清旧馈；对老年及出征伤残人员，给以临时补助；增派驻防，缓和京师地区八旗生计紧张状况；教导旗员，抵制奸商。

康熙四十九年（1710），某些八旗官兵将所支米不运家中，而是即行变卖，以图微利，清政府针对这种情况，决定以后户部计口支放，余者照时价给银。康熙的措施，在解决八旗生计暂时取得了一定效果，但没有从根本上解决问题。

早年的八旗制度使关外一隅的清朝迅速壮大，对用兵争天下是个很好的制度，但是到康熙执政时期天下安定，康熙在王朝过渡时期却没能很好地改进八旗制度，使得他们在打完天下后迅速衰落，没能跟上王朝建设的脚步，最直接的反应就是战斗力迅速下降。

百次出巡，以丰富治国之道

康熙一生中经常到各地去巡视，第一次出巡是在康熙十年（1671），这一年十八岁的康熙从北京出发，东巡盛京、吉林，告谒祖先陵墓后返回北京，此次出巡历时两个多月。不久“三藩之乱”爆发，在平叛的八年内，康熙没有时间和精力出巡，直到叛乱平息，撤除三藩后，他才继续出巡。

康熙二十年（1681）到康熙六十一年（1722）的四十二年中，康熙先后出巡一百二十九次，平均每年三次，基本一年当中有五个月的时间是在紫禁城外度过的，最著名的是他六次南巡，还有三次东巡，一次西巡。外加巡历畿甸、出塞蒙古，总计在百次以上。

1668 年底，年轻的康熙第一次萌生出巡的念头，由于对巡幸的意义阐释而产生的矛盾形成了内在紧张。1684 年 3 月底 4 月初，一场激烈的争论就此爆发，这场争论的主角是朝中两位大臣曹禾和王承祖，他们分别恳请康熙东巡山东。康熙立刻召集群臣讨论这两位大臣的建议，双方争执的核心点并不是皇帝巡幸山东理由是否充分，而是皇帝在泰山应该举行什么样的礼仪才合适，然而，对每位大臣讨论出很多更基本的问题关系重大，其中包含“东巡”的意义和要旨。

1684 年 4 月底，曹禾原来所倡导的将“东巡”泰山、举行封禅，视为王朝拓展与征服的凯旋之礼的建议在朝堂上饱受非议。与此同时，王承祖将“东巡”视为仁政下彻底非军事化活动的观点则完全胜出。的确，王承祖有效地利用了令人肃然起敬的慷慨陈词和儒家经世而贤明的统治理论击败了曹禾，为 1684 年康熙东（南）巡的启动构筑了理论框架。康熙将不举办曹禾最初建议的泰山封禅了。

1684 年 11 月 16 日，从北京启程十二天后，康熙到达泰山脚下的泰安州，中午时分，康熙开始了攀登他期盼已久的东岳。在接下来的几个小时内，他步行了四十里到达顶峰，之后他在三个不同的地方举行了祭祀，并且登高远眺，欣赏各处景观。晚上宿于山顶，早晨观日出。在下泰山之前，他又举行更多的祭祀，沿途所到之处挥毫题词。直到中午康熙才在侍卫的保护下到达泰安城北，在那里的一个专门供奉泰山之神的庙里，康熙再次进行了祭祀。

然而，当康熙期盼已久的巡幸开始以后，虽然正式的礼仪争论已经告一段落，但当 1684 年秋天康熙通过山东和江苏时，意识形态上的矛盾仍然尖锐，并导致进一步的讨论与谈判。一旦康熙接近和行经某些有重大象征意义和文化意义的地方，意识形态上的紧张对立极其尖锐和明显。

康熙渡过长江，与登泰山相比，在象征意义方面有过之而无不及。毕竟，这是历史上满族皇帝第一次踏上这个被称为“江南”的政治、经济、文化重地。1684 年 11 月 29 日康熙渡过长江，顺流而下，到达镇江府城西门，并于此地安帐停驻。在这里，康熙召见了二十一名江苏、浙江两省的高级官员，其中十一人是武官。

这次集会本可以在苏州城举行，因为这里不只是 1684 年南巡路程的最南端，而且也靠近浙江省城杭州，这批官员中至少有三分之一要从杭州起程到长江南岸迎接康熙。再一次见证清帝国的高度军事化和踏足江南的凯旋仪式。

与军事勇气和武备更加密切相关的各种活动接踵而至，康熙在苏州仅停留两天，然后迅速前往江宁（今南京），八旗驻防和绿营官兵在此接驾。第一天，康熙花费整整一天的时间来表示对已经灭亡的明朝足够的尊敬，他祭奠明朝开国皇帝朱元璋的陵寝，参观了明皇宫遗址。第二天，他在校场检阅了驻防八旗与绿营兵，在这里，省级军官和康熙内廷侍从、贴身侍卫一起表演了射箭。康熙本人也拿起弓箭，上马展示射术，从右边射出五发全中，从左边射出五发四中。

康熙在位多次出巡，建立了不朽的功绩。巩固了自己的权力，排除异己，统一了整个国家。第一，融合民族关系。康熙在出巡中对汉族知识分子十分关心。他曾经到山东曲阜孔庙中祭祀孔子，尊孔崇儒的举动使汉族知识分子感到亲切。笼络了汉族的知识分子，康熙还曾出巡抚慰蒙古的王公贵族。第二，考察民情吏治。康熙每到一个地方，都会考察当地百姓的生计，农业状况和民俗，同时考察当地的吏治情况，并根据考察的结果决定官员的去留升降。第三，围猎习武，训练军队。满族有狩猎的习俗，康熙在巡游的时候经常安排习武围猎活动，这样可以做到锻炼军队和大臣们的作战能力，曾经在一次出巡中，光围猎就多达二十七次。第四，巡视河防工程。康熙对全国河流的治理非常重视，他一生曾六次南巡，每次都把巡视的重点放在视察和监督河工的治理方面，康熙在位的时候，曾经修治过黄河、淮河、永定河等大河，取得了前无古人的成绩。第五，游览各地，祭奠祖宗陵寝。康熙经常拜谒祖先陵墓和去寺庙进香，他一生中曾经五次到过五台山进香和游览，因此，就有人传说康熙的父亲顺治帝是在五台山出家，康熙是去探访父亲的。

康熙通过出巡，下察民情，了解民间疾苦，对治理官吏，开创康熙盛世有着不可估量的作用，从康熙亲政时的“乱”，到康熙上百次出巡的“治”，似乎康熙只用了很短的时间解决了很多的难题，无论什么样的问题到了他的手中，总会有解决的办法，读万卷书不如行万里路。康熙既读了万卷书，又行了万里路，通过一次次的出巡，不断丰富着自己的治国之道。

CHAPTER

第十一章 11

各种利民措施

康熙在位的六十一年里，做了许多行之有效的关于民生的措施。他能够以民生为重，思百姓之苦，念百姓之危。他不仅自己身体力行，对于他的子孙也要求他们理性地对待政事，以社稷为重。鼓励垦荒，蠲免赋税，治理黄、淮，疏通漕运，康熙所做的一切对大清的发展有着非常重要的影响,为“康熙盛世”奠定了坚实的基础。

财政改革，力行节约身作则

顺治帝时期，顺治帝在战争持续进行的情况下，对财政采取某些应急措施，使经济状况有所好转。但明、清长达近半个世纪的战争和明末农民战争，加之明末统治阶级横征暴敛，社会经济遭受到极大的破坏。尽管顺治帝和大臣们想尽办法，社会经济和国家财政也没有得到根本改善，每年都是入不敷出。

康熙即位时，这种情况依然存在。康熙元年，左都御史魏裔介奏道："司农告匮，议及加派天下地亩五百余万两。"不得不仿照明朝加派之法，每顷加征银一两。总收入略有增加，还是支付不了浩大的军费开支和其他各项费用。年少的康熙感叹："人民还没有获得休养生息，在赋税之上又加赋税，让老百姓生活更加困苦，我心里不好受啊。"所以，康熙在位时期，大力整顿财政，采取一系列政策和措施，给农业生产带来了活力，为清朝当时经济的发展开辟了道路。

康熙六年（1667），十四岁的康熙对吏部各部门发出指示，其中写道："民为邦本，必使家给人足，安生乐业，方可称太平之世。"以后，他不断阐述这一基本思想，是康熙追求的治国目标。土地，是摆在康熙面前的一大难题，近京各州县的许多土地都被满洲贵族所圈占。这一圈地风潮持续了二十余年，到康熙五年，还发生圈换民地的事件，致使许多农民丧失土地，社会矛盾十分尖锐。

康熙八年，他亲政之始，便下达禁止圈地的命令，"朕缵承丕业，又安天下，满汉军民原无异视。比年以来，复将民间房地圈给旗下，以致民生失业，深为可悯。自后圈占民间房地永行停止，其今年所已圈者，悉令给还"。康熙这一措施颇得民心，社会也得到安定。

康熙在平定了以吴三桂为首的"三藩之乱"后，深知治理一个国家，兵战实为下策，只有以德化、以智略服众，才能让百姓诚心诚意地服从，方能建立稳定的统治。所以，他一方面推行“偃武修文”的措施，吸纳天下英才，希望将全国具有影响力的文人都招至庙堂之下，为朝廷所用。另一方面他采用攻心策略，让文武百官，尤其是从明朝归顺的降臣、降将进行对比，以明王朝的腐烂败坏、帝王昏庸，彰显清王朝的政治英明、君王贤能，然后通过官员及文人的传播，进一步消除时人的反清意识。

康熙二十九年（1690），内务府官员在康熙的授意下，把宫中每年的费用列成清单，发给诸王大臣察阅。同时又把前明建造的殿宇、亭台楼阁的名字，以及各宫殿配备的宫女仆妇人数都列出来，造成册子发给大臣，让他们清算这些宫殿在建造时花费了多少银两，以及前明宫中每年的耗费。

接受了任务的大臣们通过查阅前朝留下的账本，查得前明宫中每年需用银九十六万余两，这笔钱如今已被充作饷银，前明负责宫廷膳食的光禄寺，每年各项钱粮也要用银二十四万余两，如今只用三万多两；每年冬天，前明宫中要用上等木炭一千二百八十余万斤，现在只用一百多万斤，前明的后宫嫔妃之众，各殿宇每年花费在床帐被服、舆轿车子、花毯装饰等方面的费用，需要用银二万八千余两，直到清代，库房里还剩有前明宫人的绣鞋数十箱，上面遍饰珠宝，极为华丽。这些费用现在已经全部省了下来。

前明建造的殿宇共有七百八十六座，无论是基址还是围墙院落，所用的木料都是上等楠木，砖则是用山东临清专门烧制的贡砖，经水运运到京城，即使是宫殿里的排水沟，也是用整块的巨石修筑，排污水管的口径粗达数尺，为了防止生锈，全都是用生铜铸造。而康熙如果不是非修不可，不轻易修造房屋，所以宫殿的数目不及前明的十分之三，即使修造房屋，所用的材料也都是普通的砖头和松木，决不乱花钱。看到这些，大臣们自然认为前明骄淫坏法，导致人心瓦解，而本朝兴利除弊，清廉为治，遂使兆民归心，取代前朝是理所当然的事情。

康熙怕时日久了，人们容易遗忘，所以他也不忘巩固成果。康熙四十九年

（1710），在批复大学士呈上的奏折时，康熙又重提旧事：“前明的事情，你们听说的往往都是写在纸上的陈言。本朝曾经收用过万历时的太监，所以我对前朝的事情知道得很详细。过去的一日之费，就可抵如今的一年之用。如前朝宫中每年要用脂粉钱四十万两，衣食供应也要用银数百万两，这些花费到我父亲时都已革除了；另外，前朝宫中有宫女九千人，内监十万人，供应饭食都成问题，以至于每天都有人被饿死，如今宫中不过只有四五百人而已。”

康熙又下诏户部，训诫道：“国家的钱粮，理当节省，否则必导致经费不足。每年免征的银粮数额，以及河工的费用，都还有节省的余地。前明的光禄寺，每年供膳宫中就要一百万两银子的花费，如今只用十万两；前明的工部，每年建房要用二百万两银子，如今只用二三十万两。只有尽力减少开支，方有裨益。”

与天灾不断、兵戈扰攘的明末相比，老百姓的生活已经好了许多，民族意识和反抗意识也就此被遏抑，康熙一系列的政策和力行节俭、以身作则，大大地缓解了清朝初期的财政困难，为康熙盛世奠定了坚实的基础。康熙始终坚持国计民生，民为大的原则，深信只有老百姓手中有了钱，口袋鼓起来，国家的收入才能相应地增加。

鼓励垦荒，注重农业的发展

顺治帝时期基本上是一个战争时期，为了稳定社会秩序，加快经济复苏的脚步，顺治帝对于垦荒给予了很大的重视，先后颁布了一系列政策、法令。然而连年的战争，特别是清朝政府财政透支情况越来越严重，使得所颁布的政策、法令，往往无法兑现，从而严重地影响了垦荒的进程。顺治帝年间清朝政府垦田成效不大，究其原因，不外乎两点：一是社会环境不稳定，二是政策变动多。

康熙指出：“自古国家久安长治之模，莫不以足民为首务，必使田野开辟。

兴修水利

盖藏有余，而取之不尽其力，然后民气和乐。”康熙保护荒地开发，更快地促进流离失所的无地农民重新得到土地，重新劳动生产，就可以消除社会动荡的因素，令统治秩序得以稳固。从经济上看，则可以迅速扩大耕地面积，增加赋税收入。在康熙在位期间，全国耕地面积增加近一百四十万顷。

为此，康熙初年，康熙对垦荒政策做出了许多新的举措。将田分为新荒、积荒、极荒三等，并规定：新荒者，三年起科；积荒者，五年起科；极荒者，永不起科。这一新办法调动了垦荒者的积极性，解决了顺治帝时期出现的“科差太急”的矛盾。同时，康熙进一步制定了一般贡监生员、民人开垦荒地的奖励办法。康熙十三年，又定“招民开垦，酌量叙用之例”，规定“凡贡监生员、民人垦地三十顷以上至百顷以上者，奏进吏兵二部，试其文义通否、予以知县、县丞、守备、把总等官”。“贡监生员、民人垦地二十顷以上，试其文义通者以县丞用；不能通晓者，以把总用”。

同时，康熙非常重视整治河道和兴修水利等工程，而这对于扩大垦荒也具有重要意义，康熙自己就规划了黄河、永定河的修治。在地方上，不少省、府、县的官员也着手恢复和整修水渠沟渠，这种做法都有利于垦荒的进行。

清初的垦荒，尽管存在着上述种种弊端，但是广大农民还是得到了利益。在招垦的整个进程中，康熙重视解决贫苦农民缺少牛种等实际困难，鼓励垦辟各种闲荒土地，促进生产的发展。对于地主豪强的侵隐包揽活动，康熙也进行了限制，在奖励地主垦荒的同时，康熙一方面给予照顾，对于可能引起的有势之家“包揽荒地”的问题，使一般农民甚至中小地主更难领垦荒地的现实，也采取了相应的防范措施。为此，康熙花了很大的力气。

首先，终止圈地和投充，鼓励垦荒。停止圈地，放松“逃人法”。清初统治者的强行圈地，不仅激化了民族矛盾，也造成了生产的更加残破与社会秩序的动荡不安。顺治帝四年，清政府下令禁止圈地，但小规模圈地仍在进行。康熙即位之初，鳌拜集团又再度掀起大规模圈地。直到剪除鳌拜及其党羽之后，康熙七年（1668）又下令停止圈地，才使延续几十年之久的圈地基本停止。

“逃人”一直是清初社会比较严重的社会问题。为此，清朝初期制定了保护满洲贵族利益的逃人法。但“究治愈力，逃者愈多”，康熙认为：“若专恃严法禁止，全不体恤，逃者仍众，何益之有”，于是康熙逐步放宽了“逃人法”的贯彻，落后的农奴制开始向封建租佃制转变。康熙三十八年（1699）将专捕逃人的督捕衙门改为督捕司，并将督捕司由兵部改隶刑部，“终岁不劾一失察之官，不治一窝隐之罪”。“逃人法”已名存实亡，“逃人”问题大为减轻。

早在顺治帝初年，清政府就制定垦荒办法，鼓励逃民开垦荒田，发给印信执照，永准为业，三年后起科。但由于特殊的社会历史环境，使清初的垦荒收效不大，“行之二十余年而无效”。康熙执政后，通过一系列的手段，使政治形势逐步稳定，为进一步推行垦荒创造了有利的条件。清政府先后将起科年限放宽至四年、六年甚至十年，还对困难户贷给牛具籽种。康熙十年（1671），康熙又鼓励乡绅富户招民垦荒，规定：凡垦田二十顷以上，文授知县，武授守备。后来还把这种规定修改后扩大到地方官员，以垦地多少作为衡量地方官政绩的一个标准。

康熙八年（1669），清政府将一部分明代藩王的庄田一律免费交给原佃户耕种，永为世业，号“更名田”，共计十七八万顷之多。为使农村生产秩序稳定，康熙还将蠲免钱粮作为恢复经济经常性的重要措施。除水旱灾害例行全免之外，还往往一年蠲及几省，一省连蠲数年。康熙五十年（1711），又将全国各省分为三批，实行“轮蠲”，每三年轮免一次。这种措施，一直持续到雍正、乾隆时期。康熙四十九年（1710）时又规定：“凡遇蠲赋之年，免业主七分，佃户三分，著为令。”

大量无地、失地流民固定在了土地上，生产力得到了充分的运用，并转化为粮食。农民依靠耕种的土地得以维持较为低下的温饱水平，人口在这时开始大量繁衍，而人口的繁衍又促进土地的开垦，使得耕地面积得以进一步扩大。因为战争而流离的农民有了可以耕种的土地，一般的农民只要能够填饱肚子就不会主动参与极端的暴力事件，因此社会的秩序得到了稳定。

耕地的开垦带来了税收的增加，虽然康熙对土地税收方面实行大量的优惠措施，但是增加的大量土地还是在整体上增加了国库的财政收入，这部分收入不仅殷实了皇家的生活，对于各地的赈灾，对于继续进行局部的小战争也起着重要的作用。康熙奖励垦荒的政策使得清朝的国力逐渐变得强盛起来。

康熙出生于满汉文化冲突融合的早清，有着不同于之前帝王的开阔眼光和卓略胆识。他所处的那个时代，正是西方资本主义萌芽发展的时代，而中国，虽在明朝时出现了手工场的经济形式，资本主义有了一定的萌芽，但是康熙的一些经济措施还是在一定程度上遏制了这种经济萌芽的态势，使得中国没有搭上资本主义发展的顺风车，错失了资本原始积累的绝佳时机，不能不说是一个遗憾。

蠲免钱粮，薄赋轻徭赈灾荒

康熙注意推行轻徭薄赋的政策，以减轻农民的负担。他提出："修养民力乃治道第一义，何利当兴，何弊当革，俱宜从实详酌举行。民为邦本，修养宜先。"康熙努力减轻农民的徭役。康熙十年将浙江的故钞银摊入地亩，康熙十八年（1679），推行"均役""均田"政策，将差役摊入地亩，康熙三十五年，他依次把山东、浙江等省的班匠银摊入地亩。

康熙还特别反对大兴土木，他认为"兴作无益"，所以即使修京城的街道、御河及宫殿，都讲求实效，不求奢华，把省民力放在心上，使农民集中力量，投身于农业生产，为农业的恢复和发展创造了条件。自康熙二十九年起，直隶各省，乡绅名下田地，与民人一例同纳赋役，扩大了征收面，也减轻了小农的负担，与此同时，又降低了赋额。

为了进一步减轻人民负担，康熙不断严禁官吏扰民，反复制止官吏滥征私派，额外苛索。他一再告诫百官："累民之事，虽纤毫亦不可行。"他又禁止满洲贵族、京城官僚、显要之家派家丁到外省搜刮异物，扰害百姓。康熙常以自己为表率，每逢外出巡行，他总是力避扰民，力禁随从人员和地方官吏借机苛索百姓。

康熙认真整顿过去的制度，开始严格考核官吏，到康熙晚期的三十多年里，大批不称职的官吏及时受到处理。康熙按制度定期考察官吏，严格实行奖惩，防止官吏腐败，提高官吏素质。康熙在亲察过程中还经常把他发现的案例加以剖析，总结经验教训，从而有针对性地教育官吏，给众官吏打预防针。

另外，康熙注重倡导节俭，希望杜绝奢风能形成一种社会风气，他劝导百姓平时要注意节约，尤其是在丰收之年，更不要忘记备荒。康熙又十分关注制止官僚中的奢风，他把厉行节俭看成是培育官吏清廉的重要一环。康熙自身也很注重节俭，处处爱惜人力物力。他每次出巡时，对随从人员都提出严格要求，如不得践踏庄稼禾苗，如道路狭窄，就要求"扈从卫士鱼贯而行"。

康熙在民生方面所做的措施在当时产生了深远的影响，首先是土地方面，鼓励垦荒，将土地分归臣民使得土地与劳动力能够合理结合，调整了生产关系。农民有地可耕，从而有了生存的基础。另外，康熙临政后，为了更有力地调动地方官绅的垦荒积极性，对这一政策进行调整和深化，并实心推行。康熙二年（1663）严申对各级地方官吏劝垦工作，按顺治帝十五年颁行的奖惩条例，即"督抚一年内，开垦荒地二千顷至八千顷以上，道府开垦千顷至六千顷以上，卫所开垦五十顷至二百顷以上"进行考核。这些条例对康熙年间内地农业生产的恢复起到了积极作用。这些措施在当时对激发民众垦荒的积极性，无疑是非常有力的。

"更名田"的实施，使农民有了自己的田地，不再成为流民，不再滋生事端，赢得了民心，多少减轻了一部分农民的负担，变佃户为自耕农，提高了其地位与生产积极性，促进了农业的发展；反过来，农民种田取得收益后，积极缴纳赋税，使清政府的国库日益充实起来。总的来说，一方面促进了经济的恢复和发展，另一方面在一定程度上缓和了清朝前期尖锐的阶级矛盾和民族矛盾。此外，统治者积极提倡轻徭薄赋，休养民力。为使农村生产秩序稳定，康熙还将蠲免钱粮作为恢复经济的经常性重要措施，而且施行蠲免的范围不断扩大，不仅有地主、自耕农，还包括佃户。这就使这种经常性的蠲免在稳定社会与发展生产上均起到了不可忽视的促进作用。

而在民风上实行整顿，使得节俭务实作风盛行。特别是整顿吏治这方面，贪官污吏的盛行是各朝各代更相交替的重要原因，康熙充分意识到这一点，从而在吏治这方面做了很大调整，使得官吏的素质得到了很大的提高。康熙不仅是一位卓有作为的封建帝王，同时也是一位严于律己、躬行节俭的地主阶级杰出政治家。他念念不忘明朝诸君奢侈亡国的历史教训，以身作则，尚俭戒奢，力求把皇帝的个人生活消费，乃至整个国家的各项财政支出都控制在最低限度之内，这也正是他开创康乾盛世局面的一个不可忽略的重要因素。

由于康熙率先提倡尚俭戒奢，同时经常训戒监督民部、工部等理财部门注意节省开支，又在全国范围内惩治贪腐，提倡居官清廉，从而有效地抑制了清初官场中业已滋生蔓延的奢靡腐败之风，保持了康熙朝数十年间的政治清明。

康熙崇俭去奢的直接目的是节省财政开支，改善国家经济状况，在这方面所取得的成效更为明显。在他即位之初，因连年战乱经济破败，国家财政濒临崩溃状态，国库存银短缺，且每年亏缺四百万两。经数十年的治理，入不敷出的局面得到根本扭转。自康熙二十三年以后，国家始终有相当数量的积蓄。

清朝初期，经历了一系列的战争，社会经济凋零，农业人口锐减，土地大量荒芜，出现有可耕之地，却无可耕之民的状况，农业的恢复与发展已经成为压倒一切的事情，为此，康熙亲政后，大力蠲免钱粮，赈济百姓。

首先是灾免政策。灾免政策是清政府救灾的重要措施，中国幅员辽阔，水旱灾害几乎年年发生。发生了严重的自然灾害，如果没有完备的蠲免措施，就会导致灾区老百姓没饭吃，老百姓吃不饱饭，都要饿死了，那就会引发社会动荡，纵观历史，农民起义的多数都是因为老百姓吃不上饭造成的。

康熙认识得很清楚，只有让老百姓吃饱了，才不会闹事，有好日子了，谁不想安安稳稳地过日子，就算有人煽动也煽动不起来。在蠲免方面，首先，康熙沿用顺治帝年间定制的蠲免条例实行：灾八分至十分，免之十三；灾五分至七分，四分免一，地方灾害发生后，政府根据督抚核实的受灾程度，下令蠲免比例。其次，遇到严重的灾害情况下，康熙打破常例，灾十分、九分的，缴纳的钱粮全免，灾七分、八分的，免四分。最后，按照规定，一些不在灾情范围内的，康熙也酌情给予蠲免。

通过蠲免，广大农民身上的负担减轻了许多，避免大批农民出走，土地荒芜，使其得以休养生息。

由于赋税负担过重，农民既要完成当年税粮的缴纳，又要完成历年缓征的银米，难以支撑，越积越多，为此，康熙采取了蠲欠征新的办法，保证当年钱粮的按时征缴。清除掉农民身上的负债，就等同于搬开了压在农民身上的大山，使农民身上的负担减轻了许多。

其次是恩免政策。恩免政策就是在无灾无害的年份里，康熙对某些省份和地区蠲免赋税。康熙说，从吴三桂叛乱后，老百姓生活艰难，所以才要连年地蠲免钱粮，只有老百姓富裕了，天下才会太平。另外，康熙还经常进行普免，对一个省或者数个省免征全年的钱粮，或者全国蠲免钱粮。

康熙抓住了当时最突出的社会问题，实行一系列的蠲免政策，对农业生产的恢复与发展起到了积极的促进作用，起到了稳定民心的积极作用。康熙认为，如果遇到灾害不能很好地救助灾民，农业就会更加凋零，赋税征收就会更加难以保证，如果再加催讨，灾民不堪忍受，就会离家出走，土地荒芜。

康熙的蠲免政策不仅缓解了农民的压力，满族地主与汉族地主利益冲突不断的情况也有了很大的缓解，调动了汉族地主参政、议政的积极性，安抚了汉官中的不满情绪，有效地缓解了阶级矛盾和民族矛盾。同时，蠲免政策的实施促进了农业的发展，在以农业为主导的封建社会中，农业的发展促进了环境的稳定，带动起地区经济的复兴。

到康熙四十一年，国库存银达四千五百万两。节省下来的财力，主要被用于出师、治河、赈灾和税赋蠲免之上，其中以税赋蠲免尤为康熙所重视。他曾说道，由于倡行节俭，方能“以历年节省之储蓄，为濒岁涣解之恩膏。朕之益蠲屡行，而无国计不足之虑，亦特此经筹之有素也”。康熙在位期间，蠲免税赋数量之多为历史上所少见。

康熙四十八年前免除百姓钱粮计一亿余两。康熙五十年至康熙五十二年，三年间在全国十九省上分批通免全部地丁钱粮及旧欠，计三千二百多万两。正是在这种节省民力、藏富于民的政策推动之下，康熙中期以后社会经济出现了空前的繁荣，迎来了中国封建社会历史上第三个鼎盛时期，为康熙缔造盛世，提供了人心和财力的支持。

勤政爱民，尚节俭以惜财用

康熙从小受祖母孝庄皇太后的教诲，要做一个勤政爱民的好皇帝。他一生吃穿用度拒绝奢靡，对那些享乐、浮夸、讲排场的事毫无兴趣。他登基的第二年，一位统兵的将帅从前线派人给他送来一只极为罕见的黄色小鹦鹉，还专门用黄金打制了一个精致的鸟笼子。这位大帅满心要讨得小皇帝的欢心，却不料这漂亮的小鹦鹉，皇帝拒绝接受，不要也就罢了，他还遭到一通严厉的训斥，康熙那年刚刚九岁。

康熙贵为一国之尊，权力至高无上。但生活简朴无华，决不铺张奢靡。给百姓留下了丰盈的福祉，为官吏树立了崇高的榜样。作为一个皇帝，他每天的饮食却很简单。他说："朕每日进膳两次，此外不食别物。烟酒及槟榔等物，皆属不用。"

康熙奉行节俭、表率臣民的举措，在朝野上下产生了较大影响。王公大臣们纷纷效法，少用、不用金银器皿及金马镫等贵重物品，日常服用所需资费，也"较从前十分之内，已减九分矣"。康熙初年，高官贵族为亲属祭葬时，仍以焚化皮衣为时尚，至康熙朝中叶"其风已息"。

康熙非常节制个人的开支，同时又十分慷慨大方地提供国家的经费。只要是为了国家，哪怕花费千百万他也在所不惜。修缮公共建筑，保持江河管道的畅通、建桥、造船等，一切方便百姓、有利贸易的事情，他十分慷慨。因此不难断定，他不为个人妄费分文，完全是出于贤明的节约，以便把金钱用于帝国真正的需要之处。

康熙所处的历史环境，也不允许他高枕无忧。在位六十多年间，先有辅臣鳌拜专权，接着又有平定吴三桂叛乱的战争、统一台湾之役、与准噶尔部的长期战争以及诸皇子争夺储位之事等。在其继位初期，经济亟待恢复，漕运、治河等诸多关系国计民生的问题尚未解决。如此紧张、多事的客观形势，要求他必须慎言慎行，保持比较清醒的头脑，尽可能地克制自己的欲望。

避暑山庄

在宫中，康熙对各种花费严加限制，要求节俭，不许浪费。为宫中祭祀、典礼准备筵席的光禄寺，过去每年的开支要七十万两银子，经康熙逐渐压缩，降至每年七万两。管理少数民族事务的理藩院，每年用于赏赐及招待的费用为八十万两银子，经康熙锐意裁减不必要的开支，每年只需用银八万两。

修缮热河避暑山庄，一般一次要用两千两银子，但康熙五十六年的修缮工程，管事官员称需白银三千两。康熙帝闻后命详查，于是内务府拟将修缮之资压缩到两千两。康熙帝阅折后朱批："二千两银仍旧太多了！"此外，在康熙帝的敦促下，单是购买皇宫内外修建工程颜料的费用从康熙三十七年至康熙五十二年间，就节约白银十三万三千余两。

康熙五十大寿那一年，在京的一些大臣们合伙制作了一扇屏风给他祝寿。一扇屏风，要说也实在算不上什么太珍贵的东西，况且是自己的五十整寿，又是许多大臣们共同凑钱送的，但康熙仍然不改初衷，他只把屏风上大臣们所写的给自己祝寿的文章抄了下来留作纪念，屏风却原件退回。

出门在外，康熙也力行节约，不许为他修路，不许擅自建立行宫，已有行宫，不许施加彩绘。有地方官请示将当地行宫交地方管理，康熙担心如此一来会增加地方负担，下令今后不再修缮，任其损坏。他还下令不许当地官员搭建彩棚搞什么迎送仪式，不许为他的题字题词刻碑建碑亭，如有违反，被康熙知道了，一律痛加申斥，并严令禁止。

康熙帝不仅在宫中奉行节俭，在理政治国、处理国家财政问题时同样如此。毋庸讳言，节俭方针的实施必然要触动统治集团内部某些人的既得利益，使贪官污吏的不法行径受到一定程度的阻碍，从而引起部分官员的不满。在这种情形下，身受其"害"的人牢骚满腹，微言相谤，也就难以避免。所以，对康熙帝冠以"爱银皇帝"之名的"国人"，应主要是指那些受到节俭措施冲击的官员。

康熙勤政爱民，一生多有建树，奉行节俭是其各项重大方针、国策中不可或缺的一项。这种深谋远虑、戒骄戒躁的务实作风，对于追求奢侈的腐败官风，有一定的警诫作用，值得后人借鉴。

康熙一生爱民，善于体察百姓疾苦，喜民所喜，忧民所忧。可以说，康熙是中国历史上所有皇帝里出巡到百姓中了解民情、社会最多的皇帝，东至山东，西至陕西，北至塞外，南至江浙，京畿之地更是频繁巡视。但他巡视遵循的前提是不扰民，而且巡视期间，勤政的他时常批奏折至深夜。正是这种爱戴百姓的帝王风范，成就了康熙治国有方的一生。

作为康乾盛世的开创者，康熙称得上是中国古代为数不多的一位明君。他念念不忘明朝因奢侈亡国的历史教训，以身作则，尚俭戒奢，力求把皇帝的个人生活消费乃至整个国家的各项财政支出都控制在最低限度之内，是他开创康熙盛世一个不容忽视的因素。

唯才是用，选拔治河的人才

治河是贯穿康熙执政始终的一件大事，漕运与治河密切相连，康熙一生对其对其倾注了大量的精力，他在繁忙的政务中，时刻关注着黄淮的治理，在实践中不断地总结治理经验，在治河方面取得了显著的成绩。

“天下事，三大虞，一河二路三官吏”，元明清三朝定都在北京，与政治经济中心紧密相连的漕运大运河就在运输中发挥出巨大的作用，总管南北的大运河与蜿蜒东西的黄河交汇，黄河自青海流经我国西北的黄土高原，携带大量的泥沙奔泻下来，导致黄河倒灌入淮河，最终黄淮两河再一起涌入大运河。

清朝初期，河患频繁，清代从顺治帝初年到康熙十五年，黄河水患日趋严重，顺治帝十八年内，决口十五次，康熙元年至康熙十五年，决口四十六次。河患的日趋严重也导致了广大民众的生命财产和安全遭到威胁，农业生产遭到破坏，国家税收也因此受到影响。尤其是漕运关系着北京的命脉，康熙亲政之初就以治河为立国之本，把治理黄河当作治理朝政的纲领之一。

康熙将选拔治河人才放在了重要的位置上，他说：“河道关系重大，必得才能熟练之员，始能胜任厥职。”清军在入关以后，为了保证粮食的运输，设立了河道总督，是治理黄河的最高官员，河道总督管辖有军队，负责调遣人员，守汛和防险的工作。除河道总督之外，清政府还设立了漕运总督，漕运总督也有自己的军队。这样一来，清政府除八名地方总督之外，还有了两名专业性质的总督，一个管河，一个管粮，官正二品，怎么看都是个肥差。

康熙十六年（1677）二月，经过吏部商议，确立了唯才是用的基本政策，康熙十七年（1678），奉旨勘验河工的工部尚书冀如锡等检查核实，在任的河道总督王光裕上报正在抢修的项目，实际上并没有动工，上报已经完成的项目，质量极差，没有达标，经过考察，王光裕是个极不称职的河道总督，康熙立即将王光裕革职查办。经过慎重的选择，升任安徽巡抚靳辅为河道总督，并派遣礼部侍郎折尔肯和副都御史金侨一同前往审查河务。

靳辅，字紫垣，汗军镶黄旗人，顺治帝九年（1652），以官学生考授为国史院编修，担任过纂修顺治帝皇帝实录，1658 年任内阁中书，康熙初年调任内阁学士。在旗人中，学历也是很高的，他在担任安徽巡抚期间，政绩出色，但他也是从读书入仕途，水利方面并不是他的专业。

但是他办事踏实稳健，博采众长，知人善任。他担任安徽巡抚时，在邯郸县郊外的吕翁祠看到墙壁上有一首七言绝句：四十年中公与侯，虽然是梦也风流，我今落魄邯郸道，欲与先生借枕头。诗中抒发了作者怀才不遇之感，表达了不满，靳辅欣赏作者的豪情壮志，便派人去寻找，终于找到作者。此人是浙江钱塘人陈潢，人称奇士，天生酷爱天文地理，水利河渠的书，对于河道的治理见识独到，靳辅与陈潢结为知己。

康熙意识到靳辅的勤于政事与陈潢的业务精通相配合，必定有益于河务，于是授命靳辅为河道总督，陈潢为靳辅的幕宾，揭开了康熙选专业人士治理河道的序幕。康熙对靳辅寄予厚望，靳辅也感激皇帝的知遇之恩。

康熙十六年（1677）四月，靳辅赶赴宿迁河工署上任，他到清江浦时，正赶上黄河泛滥，河堤溃决，运河河道遭到阻塞，靳辅带着陈潢在黄淮堤坝上查看水情，并询问了当地的农夫等人，陈潢冒着生命危险，驾驶小船在黄河上独来独往，上下数百次拿到了河患的第一手资料。

随后，他们查阅历代治理黄河的资料，从中总结出经验和教训，主张明代潘季驯“筑堤束水，以水攻沙”的治河策略，把治沙作为治河的关键问题，靳辅批驳了只求保运不求治黄的错误理论，提出了统筹全局，“将河道运道一体，首尾合而治之”的指导方针，并将治河的相关事宜整理成《经理河工八疏》呈报康熙。

靳辅在《八疏》中提出了周密的计划，包括五项工程和三项保证措施，五项工程为：挑清江浦以下，历云梯关，至海口一带河身之土，以筑两岸之堤。堤高束水，刷沙，引导黄、淮入海的功能；挑洪泽湖下流，高家堰以西，至清口引水河二道，“令其分头冲洗，庶可以渐渐刷开”；加高帮阔七里墩、武家墩、高家堰、高良涧、至周家桥闸，残缺单薄堤工，构筑坦坡，他认为坦坡能缓和水的激怒，“水之来也，不过平漫而上，其退也，亦不过顺缩而下”；筑古沟一带堤工，堵塞黄河各出决口；闭通济闸坝，深挑河运，阻塞清水潭等决口，用来通漕运船。三项保证措施为：钱粮浩繁，必须先筹划，以备军需；裁减冗员河工，调派有真才实干的来共同工作；设立巡河官兵，经常维修保护堤坝。

靳辅提出工程需要用时两百多天，河工十二万三千人，他核算的经费需要二百一十四万八千两银子，并建议向直隶、河南、江南、浙江、山东、山西、湖北等省预征田赋十分之一，等到工程完工以后，利用黄河两岸涸出的田亩，让民间屯田，屯田不纳税，充作过去的征银。

这是一个伤筋动骨的大工程，也符合康熙一劳永逸的治河思想，但是清政府的财政情况实在不容乐观，“石人一只眼，挑动黄河天下反”的景象浮现在眼前，遭到朝中大臣的强烈反对，并提出先修紧要的地方，等日子好过了之后，再大修大治。康熙不同意大臣们的意见，认为河道关系重大，是不是能够缓修的问题，于是命靳辅等人继续论证，然后将具体事情详细奏报。

变害为利，持之以恒治黄淮

康熙十六年（1677）九月，靳辅奉旨反复论证，再三勘验，于同年的十二月再上《敬陈经理河工八疏》，对前一方案做了调整，将“挑浚黄河人夫，以侉车（独轮车）代替”，将工期调整到四百天，河工缩减到原来的四分之一，重点工程依然按照原方案。靳辅对康熙说：“急宜修筑，断难议缓。”个别工程还需要补充等。

康熙十七年（1678）的正月，在康熙的一再坚持下，议政王大臣同意了靳辅的方案，于是，靳辅、陈潢开始根据自己的理论，实施整治黄淮的方略，靳辅亲自监督施工，发现问题及时修改方案和补救。

靳辅治河之初，东南水患益深，漕道益浅，因此提出“河、运宜为一体”的治理方针，他说：“运道之阻塞，率由河道之变迁。向来议治河者，多尽力于漕艘经行之地，其他决口，以为无关运道而缓视之，以致河道日坏，运道因之日梗。”根据运河自清口至清水潭，长约二百三十里，因黄水内灌，河底淤高，居民每遭水患，运船也被阻梗。他从康熙十七年（1678）三月以后督集人夫，对这段运河进行挑浚，一年之内完工。又堵塞清水潭、大潭湾决口六及翟家坝至武家墩一带决口。对清口也进行了深浚。康熙十七年为筑江都漕堤，塞清水潭决口，靳辅到了现场观察。清水潭靠近高邮湖，他就在湖中离决口五六十丈的地方筑偃月形堤，筑成西堤一，长六百五十丈，又挑绕西越河一，长八百四十丈，原来工部尚书冀如锡估计这项工程需费五十七万，而靳辅仅费九万，第二年竣工。受到康熙帝的表彰，奏请新挑河名为“永安河”，新河堤名为“永安堤”。

清口是黄河与淮河交汇的地方，云梯关又是淮河、黄河入海的必经之路。靳辅治河的工程是，首开清口烂泥浅引河四道，疏浚清江浦至云梯关的河道，创筑束水堤一万八千余丈，塞王家冈、武家墩大决口十六处。靳辅的治河有个理论，即欲使下流得治，必治好上流。根据这个理论，为防止黄河下流决口，又提出在上流建减水坝。于是在萧、砀、宿迁、桃源、清河等县河南北两岸，共建筑了十三座，其坝东西宽十二丈，南北长十八丈六尺，中间建立矶心六座，两旁俱用石墙，土内密钉排桩，灌以浆灰，上铺石板，用铁锭相连。每座坝各有七个洞，每洞宽一丈八尺，总计可以泄水之处为十二丈六尺。涨水时可用以宣泄。

改变运口是靳辅治河的一项重要内容。从明朝以来由于黄河的内灌，潘季驯治河时就将南运口移至新庄闸。但是这个运口距黄、淮交汇处仅二百丈，黄水仍不断内灌，运河垫高，年年挑浚不已。加上黄、淮会合，潆洄激荡，重运出口，特别危险。靳辅任河督以后，在康熙十八年一月至四月间，从新庄闸西南开新河至太平坝，又从文华寺永济河头开新河经七里闸，转而西南，也至太平坝，皆至烂泥浅，移运口于烂泥浅之上。这个运口距黄、淮交汇之处仅十里，从此再无淤淀之患，即使重运过淮，扬帆直上，也如履平地。淮河为害由来已久，原因是黄河的变迁夺去了淮河入海的通路。这不仅影响淮河自身为害，也造成入淮诸水皆泛滥成灾。

康熙十五年的一场大水，翟家坝淮河决口形成九条支河，清口却涓滴不出。靳辅督工堵塞决口，包括原冲成的九河及高良涧、高家堰、武家墩大小决口三十四个。自周家闸经古沟、唐埂至翟家坝南筑三十二里之堤。康熙十八年（1679），大浚清口、烂泥浅、裴家场、帅家庄引河，使淮水全出清口，会黄东下。靳辅上疏报告了这项治河工程的完成，同时提出山阳、宝应、高邮、江都四州县积水诸湖，逐渐干涸，他要广招农民开垦，下以使无地农民有田可耕，上则可以征收的赋税充实国库，所谓“上下均利”，但引起了很大的争议。

北运口也经靳辅修治。康熙初，漕船到宿迁，由山东濮县南的董口北达。后董口淤塞，改为骆马湖。而漕船从七里闸出口，经骆马湖到窑湾，需走八十里。此段路程湖水浅，水面宽，夏秋则水涨，冬春则水涸，重运多受阻。靳辅主持在湖旁开浚一条皂河，长四十里，上接泇河，下达黄河，漕运从此不再受阻。这项工程刚提出时，清政府曾进行过讨论，工部尚书马喇等表示支持，左都御史魏象枢不大同意。康熙本人以关系漕运，也是同意的。

从康熙十七年起，靳辅就开始报告：湖河决口尽行闭合，治河工程逐渐取得进展。同时他还就治河工作本身做了不少改革，如裁减冗员，加强属员责任感，严格赏罚，改河夫为兵，划地分守，按时考核，等等。但是一边修治，一边仍有水患，从而引起越来越大的争论。

康熙帝在一次谈话中也问大学士们："修治决口，费如此多的钱粮，不久复决，此事如何？"被问者都乏良策，只说靳辅提出的期限未到，应当让他继续督修。到了康熙二十年五月，限期已到，问题仍然没有解决，靳辅上疏说："臣前请大修黄河，限三年水归故道。今限满而水犹未归，一应大工细册，尚未清造，请下部议处。"康熙帝当即下令给靳辅革职处分，但仍命他戴罪督修。这年七月黄河大涨，皂河淤淀，不能通舟。很多人主张仍由骆马湖，而靳辅坚持不可，亲自督工挑掘一丈多远，黄落清出，仍刷成河。随后又挑出张庄运口。

靳辅治河引起的空前大争论是在康熙二十一年。这年黄河在宿迁徐家湾决口塞住了，又决萧家渡，争论就开始了。当时有一位名叫崔维雅的人，曾在河南、浙江等地任府州县官多年，参与治河，颇有成效。他著《河防刍议》《两河治略》，对靳辅治河的一套办法多持否定态度。

恰值这年五月，康熙帝派户部尚书伊桑阿等勘察河工。崔维雅以候补布政使身份奏上所著书，要求取消靳辅建减水坝的方法，主张顺水之性，疏导与筑堤并举。康熙帝令他与伊桑阿等随行，到现场同靳辅商议。这一行人遍察各项工程，到了徐州，让崔、靳进行讨论。靳辅说："河道全局已成十之八九。萧家渡虽有决口，而海口大阔，下流疏通，腹心之害已除，决不应改变计划，破坏已取得的成功，酿成后患。"

这件大事，在地方上无法解决，伊桑阿等回到京城。十月，在一次廷议会上，工部尚书萨穆哈等提出萧家渡决口应令靳辅赔修。康熙帝认为，一是修河需要钱粮甚多，靳辅赔修不起；二是如果真的赔修，万一贻误漕运仍不好办，所以他没有听取这个意见。这位重视实际的皇帝谈了他的看法，他说先看崔维雅的奏疏，觉得他列的条款似乎可取，而再看靳辅的回奏，又知道崔维雅提出的办法难以实行。又询问在座诸大臣有何良策，大家一致提出靳辅治河多年，应当听听他本人的意见，请他进京商议。康熙帝同意了这个建议。

康熙三十一年（1692）七月二十六日以后，因发烧不止，靳辅请求退休，被批准。十一月，这位为治河而做出了巨大贡献的专家逝世于任所，终年六十岁。清政府按例给予祭葬。康熙三十五年，清政府批准江南人民的请求，在黄河岸边为靳辅建祠。靳辅死后，被追赠为工部尚书。

康熙四十六年，康熙帝南巡之后，在一次对吏部官员的谈话中，对靳辅的治河做了全面的评价。他说："康熙十四五年间，黄、淮交敝，海口渐淤，河事几于大坏，朕乃特命靳辅为河道总督。靳辅自受事以后，斟酌时宜，相度形势，兴建堤坝，广疏引河，排众议而不挠，竭精勤以自效，于是黄、淮故道次第修复，而漕运大通，其一切经理之法俱在，虽嗣后河臣互有损益，而规模措置不能易也。至于创开中河，以避黄河一百八十里波涛之险，因而漕挽安流，商民利济，其有功于运道民生，至远且大。朕每莅河干，遍加咨访，沿淮一路军民感颂靳辅治绩者众口如一，久而不衰。"康熙高度评价了靳辅的功劳和贡献，追封其为太子太保，予骑都尉世职。

持之以恒，从无定走向永定

于成龙（此于成龙为清代治河名臣，人称"小于成龙"）担任安徽按察使之后，康熙因为江南省下河诸州县淮安、扬州、高邮、宝应、兴化、盐城等水灾深重，敕议疏浚，派于成龙分理，仍听从河道总督靳辅节制。靳辅请于黄河上流筑堤束水，于成龙计划疏浚黄河入海口，疏浚下河水道。两个人在治河的策略上发生了分歧。康熙皇帝派遣尚书萨穆哈、学士穆称额前去调查了解，听取大家意见。二臣回朝奏言：“大家都说疏浚黄河入海口没有好处。”于是，康熙命令疏浚黄河入海口的方案暂缓动工。

靳辅仍然主张加筑高家堰大堤约束淮河水，并提议开中运河疏导和拦挡马河减水坝所泄出来的黄河水。康熙吩咐学士禅布把靳辅的上疏给于成龙看。于成龙竭力主张疏浚下河，不要加筑高家堰大堤，并且说中运河即使开挖也没有好处。

于成龙从湖广回到京师，康熙安排各位大臣一起在朝廷里辨别是非。靳辅说：“如果疏浚海口，害怕海水倒灌进内地。”于成龙说：“高家堰筑堤，纵使淮河、黄河上游的水不来下河地区，而秋雨经常会到，天长六合等几条河的水又往哪里流淌呢？所以下河的海口仍然应当疏浚。”康熙皇帝罢免了靳辅，让王新命代替靳辅出任河道总督。

等到靳辅所开的中运河的工程完成之后，康熙皇帝派遣学士开音布、侍郎马武阅视。二臣还朝上奏：“漕运总督穆天颜命令漕船退出中运河。”康熙责问穆天颜，穆天颜揭发了于成龙暗中用私人书信嘱咐自己不要附和靳辅的事实。康熙让大臣们在朝廷上商议处理办法。削除了于成龙“太子少保”的头衔，降职留任。

康熙二十九年，康熙令靳辅仍为河道总督，靳辅推辞不得，以衰弱之躯承担重任。遇上陕西西安、凤翔受灾，康熙命留江北漕粮二十万石，自黄河运蒲州。靳辅疏言水道只可至孟津，亲自去督运，皇上嘉奖了他。靳辅疏请将高家堰运料小河的河堤加高加宽，中运河加筑遥堤，并增建四闸，堵塞张庄旧运口，都是以前在这里治理时没有完成的工程。另外又疏请恢复水利专家陈潢的官职，并起用了几位能人。靳辅病情加重，再次上疏请求解任，皇帝命内大臣明珠往视，传谕调治。十一月，靳辅去世，赐祭葬，谥号为“文襄”。康熙三十五年，康熙批准江南士民的请求，建祠于清江浦。康熙四十六年，追赠靳辅为太子太保。

张鹏翮塑像

于成龙与靳辅在治河观点上的争论转化为派系斗争，结果致使治水奇才靳辅罢职五年，黄淮水患重新泛滥，再治起来更加困难。事实证明靳辅正确，康熙悔悟，重新起用靳辅；然而靳辅经受磨难身心疲惫，面对治河难题，心力交瘁。复杂的心态和超重的负担使他难以承受，到任不久年仅六十岁就去世了。

张鹏翮，号宽宇，清代四川遂宁黑柏沟人，康熙九年（1670）进士及第，历任礼部郎中，兖州、苏州知府，江南学政、浙江巡抚、河道总督、两江总督、刑部尚书、户部尚书、吏部尚书兼文华殿大学士等职。

张鹏翮作为学政官到任后，巡历江南各府、州，举行岁考、科考，以考试选拔童生进学为秀才，也对各等秀才如廪生、增生、附生进行考试甄别，确定参加乡试者（考举人者）的资格。江南各府、州、县设立学校，由教授、学正、教谕、训导等学官进行教学、管理。张鹏翮作为学政，要对上述学官进行考察，或举荐，或留任，或致仕、究革。当时江南科场考试屡有营私舞弊恶习，作为一省学政的张鹏翮铁面无私，“矢慎矢公，终其任，无一幸进者”。有的士子，得到京师权贵手写的“荐书”，想来走门路，但慑于张鹏翮的正气，终不敢呈交。张鹏翮离任后，江南士子怀念他的公正磊落、廉洁奉公，常常谈到他就有人感动得流下眼泪。

张鹏翮在江南学政三年任满，于康熙三十六年（1697）五月回京，改任都察院左都御史。当时，山西、陕西两省官员贪污案件相继被揭发出来，张鹏翮奉旨往陕西省处理地方官吏侵蚀挪用的案件。他秉公执法，逐项查清原委，必求证据确凿。对查有实据的贪官污吏，上自督抚布按，下至知州县令，均绳之以法，严惩不贷。康熙对他十分赏识，曾对大学士说："鹏翮住陕西，朕留心访察，果一介不取，天下廉吏，无出张鹏翮右者。"此后，张鹏翮又升迁为刑部尚书，出任两江总督。

清朝前期每年要通过大运河从富庶的江南调运数百万石粮米至北京，供朝廷开支，这就叫"漕运"。黄河的治理，关系到国计民生，康熙把"三藩""河务""漕运"视为国家头等大事。康熙三十九年（1700），河道总督于成龙病故，康熙任命张鹏翮为河道总督。张鹏翮主持治理黄河达十年之久。

当时的黄河，由开封附近的黄陵岗折向东南，至清口与淮河北合而东流入海。开封以下，地势平坦，土质松软，所以经常改道。由于黄河河床高于地面，于是整个豫东、皖北、鲁南、苏北常遭水灾。清口是黄河、淮河与大运河相汇的交叉口。黄强淮弱，造成淮河水倒灌，黄淮二水一起涌入运河，涌入洪泽湖，使得泥沙积垫，堤坝崩塌，漕运中断。

张鹏翮在1700年至1708年任河道总督期间，致力于对黄、淮、湖、河的综合治理。第一，疏浚黄河下游，拓辟海口。黄河下游云梯关附近有拦黄坝"巍然如山，中间一线，涓涓细流"，造成海口淤塞，河水旁泄入海，下流不通，上流溃决。张鹏翮实地勘察后，组织拆除拦黄坝，开阔加深河道，使河水畅流入海。拦黄坝便改名为大通口。第二，浚通清口。鉴于清口已日久淤塞，便于张福口开凿引河，使淮河水有出路。又引淮水入运河及黄河，并筑坝设闸调节水位，使"清水大半入黄，少半入运，一水两分，若有神助。"第三，全面治理黄河下游，开王家营减水坝，疏浚王家营引河，以泄黄河漫溢之水，堵塞睢宁县黄河南岸王家堂等处缺口；修筑归仁堤及武家墩至小黄庄一带临湖石工，以防河水倒灌入湖，修筑从清口起上至徐州下达海口各段黄河险工，并将两岸堤工加高培厚。秋汛未发之前竣工，河复故道。第四，修治运河。改造中运河，使旧中河上段与新中河下段合为一河，并培筑两岸堤工，修筑骆马湖口对岸竹络坝，同时将高宝运河西岸土石堤工一律增高培厚。从而漕运畅通，商民便利。

张鹏翮治理黄淮颇见成效，康熙帝称赞道："鹏翮得治河秘要。"并对大学士说："鹏翮自到河工，日乘马巡视堤岸，不惮劳苦。居官如鹏翮，还有什么可说的？"张鹏翮是继靳辅、陈潢之后，创造性地运用"束水攻沙"的成功者。他较科学地布置和实施了各项水利工程，使所有坝堤、引河从属于统一的目标，使之充分发挥其功能，促使借黄济运，借淮刷黄的设想成为现实，带来了黄、淮数十年的"安澜"和运河漕运的通畅。

张鹏翮按治河方案指挥数十万民工治河，历时八年，黄淮大治，漕运通达，下河连年大熟，人民安居乐业。他将治河经验写成《治河书》十卷，《中国水利史》列专章介绍，高度评价"这不仅于国计民生贡献巨大，而且就其科学水平，也居当时世界水利工程最先进行列"。

康熙四十七年（1708）十月，张鹏翮离开河工，先后任刑部、户部、吏部尚书，两次任会试正考官。康熙六十一年（1722）十二月，他被加太子太傅。雍正元年（1723）二月，授文华武英殿大学士，赐御书"嘉谟伟量"匾额。张鹏翮身任宰职，能"持大纲，去烦细"，时称贤相。自入仕至为相，前后五十余年，"名满天下"。

康熙的另一位治水总督陈鹏年任知县时，适逢清初"三藩之乱"平定不久，处于人口锐减，田园荒芜，水利失修状态，虽经前几任知县极力处置，但元气仍未恢复。明末清初，衢县有人口约十五万，经"三藩之乱"，只剩下四万多人。他到后，继续招回部分外流人口，安置外来垦殖荒地的移民。对有田无主、田赋不符的，每都设公正两人，每图分为十区，设区长两人，全面丈量土地，插签标号，编造清册。通过丈量土地，豁除虚数，由田主照常纳税，避免了有田无主、田赋不符之弊。对无主土地，租给移民耕种，使原来各大畈荒芜土地重新垦复。

陈鹏年重视水利建设，善解水利纠纷。千塘畈的石室堰渠道失修，他沿途调查，将灌渠受益田户，编为十甲，每甲设堰长四人，轮流管理。他每年对堰勘察一次，并废除堰长供应差役酒食的旧规。他疏通城濠，在小南门外建立分水闸，使石室堰水平时入濠，旱时开闸放水，灌溉东门外雄鸡畈农田，人称此闸为“陈公闸”。

杜泽有座五墅堰，历来分灌杜泽、白水两畈农田，后来杜泽人企图堵截流水，占为已有，白水人常为断水而与杜泽人发生争吵。陈鹏年就深入堰口调查，严惩为首策划者，两地各选堰长，共同管理，共同分享。

康熙先后任命靳辅、于成龙、张鹏翮、陈鹏年、赵世显等人相继治河，康熙从六次南巡中认识到，河的形状一年一个变化，指出治河之道要看什么地方最危险，最重要，要未雨绸缪，不能再顺着水流治河了。康熙在治理黄淮的实践中，认识到治河是一个长期的过程，经过他的坚持不懈的努力和后任河道总督陈鹏年的悉心经营，水灾终于得到缓解，变害为利，沿河“泥村水乡，捕鱼虾而度日者，今起高屋新宇，种谷米而有食矣”。

康熙在治河的过程中，树立正确而积极的战略思想，不仅要求防止水患，还要变害为利，既安定漕运，又保证民生，将治水当作立国之本。即使战事吃紧，也心系河运，稍有空闲就亲自视察，康熙治河的成功是胆识、毅力、勤政等诸多因素共同作用的结果。

CHAPTER

第十二章 12

晚年时期的康熙帝

康熙八岁即帝位，在位六十一年，是中国历史上在位时间最长的皇帝。多伦会盟打造坚实的北疆长城；击败沙俄侵略者，签订《尼布楚条约》，奠定中国版图；三次亲征噶尔丹，平定漠北；招抚郑克塽，统一台湾；进军西藏，打击民族分裂势力。康熙用一生的时间读书、学习，不仅精通四书五经，还涉猎西方文化，涉及数学、解剖学、测绘学等，编纂《康熙字典》等文字学巨著，给后世留下了许多文化瑰宝。他即位起，从“乱”到“治”，四十几年无战事，打造康熙盛世，无不体现着这位千古帝王的文治武功。

读书之道，博古通今铸盛世

康熙帝的言行事功表明，他有过人之处，他的言行之所以能大过人，因为他有大过人的思想，他的思想之所以能大过人，因为他不断地学习。“朝于斯，夕于斯”，终生学习，手不释卷。读书学习，这是康熙大帝养心、修身、治国、平天下的一件法宝。

康熙帝是一位读书学习型的皇帝。他的《庭训格言》即“康熙语录”，共二百四十六条，其中有四十一条讲读书学习，占总条数的六分之一，就是例证。康熙想到孔子说的话：“好仁不好学，其蔽也愚；好知不好学，其蔽也荡；好信不好学，其蔽也贼；好直不好学，其蔽也绞；好勇不好学，其蔽也乱；好刚不好学，其蔽也狂。”康熙读书之道，有四个阶段，四种境界，四点经验。

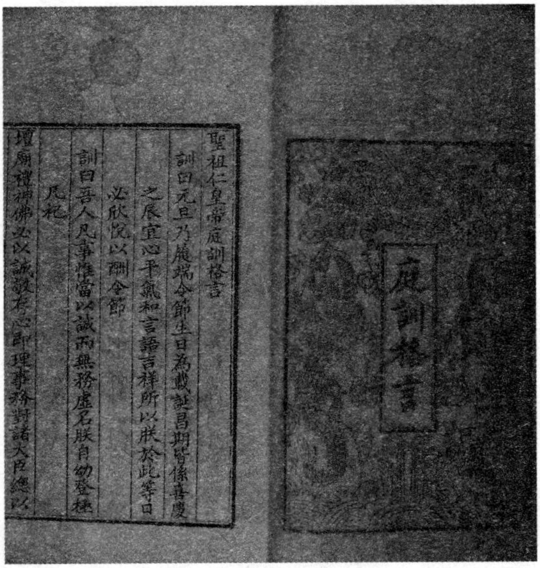

庭训格言

康熙帝的读书学习，从五岁开始，到他六十九岁故去，其间六十五年，经历了四个阶段：少年好学，中年苦学，盛年博学，老年通学。

少年好学，“好”是爱好、喜好，就是说康熙帝少年非常好学。《三字经》说：“子不学，非所宜。幼不学，老何为？”儿童少年学习，对人的一生来说是很重要的。康熙帝小时候，由祖母、苏麻喇姑、保姆教他满语、蒙语，由略通儒学的张、林二太监，教他汉语文的识字、句读。句读是很重要的。《三字经》说：“凡训蒙，须讲究，详训诂，明句读。”过去，小学启蒙学习，主要是两件事：一是识字，二是句读。那么，“句读”是什么意思呢？又为什么重要呢？古时候没有标点符号，要靠老师教给断句，就是教给句读。这样，既能识字，又会断句，就有了阅读的能力。

幼年玄烨在祖母孝庄太皇太后和皇父训教下，从五岁开始到书房读书，汉人师傅教他读“三百千”（《三字经》《百家姓》《千字文》），满洲师傅教他满语骑射。他有时读书痴迷，忘了玩耍，忘了寝食。祖母见他勤奋好学，打趣地说道：“你贵为天子，还要像生员科举赶考那样苦读吗？”少年玄烨勤奋好学、“朝于斯，夕于斯”。

史书记载：“粤自五龄，矢志读书。当是之时，鞠育深宫，不离阿保，非有左右丞弼，而好学孜孜，出于天性，早夜读诵，无间寒暑，至忘寝食。年十龄，益博综群书，潜心好古，背诵不遗。虽皇上天姿敏妙，一见辄记忆，而必百倍其功。反复乎简编，沉潜乎理义，使书与心契，无少乖违。故于古人文字，随举一篇，皆口诵如流，不遗一字。”这些话，既洋溢着赞美之词，也反映了康熙读书的实际情况。

康熙认为，一个人幼年所读的书，终身受益：“应须早学，勿失机会。朕七八岁所读之经书，至今五六十年，犹不遗忘。至于二十以外所读经书，数月不温，即至荒疏矣。然人或有幼年，遭逢坎坷，失于早学，则于盛年，尤当励志。盖幼而学者，如日出之光；壮而学者，如炳烛之光。虽学之迟者，亦犹贤乎始终不学者也！”他回忆少年好学时说：“逐日未理事前，五更即起诵读，日暮理事稍暇，复讲论琢磨，竟至过劳，痰中带血，亦未少辍。朕少年好学如此。”

中年苦学，“苦”是刻苦、艰苦的“苦”。康熙中年的读书学习非常勤奋刻苦，按照常规，循序渐进。《三字经》说：“为学者，必有初，小学终，至四书。”“四书”就是《大学》《中庸》《论语》《孟子》。在《孝经》通，

“四书”熟之后，开始读“六经”。

“六经”就是《诗》《书》《易》《礼》《春秋》《乐》。康熙说：“八龄践阼，辄以学、庸、训诂，询之左右，求得大意，而后愉快。日所读者，必使字字成诵，从来不肯自欺。及‘四子’之书，既已通贯，乃读《尚书》，于‘典谟’‘训诰’之中，体会古帝王孜孜求治之意，期见之施行。及读大《易》，观象玩占，实觉义理悦心，故乐此不疲耳。”康熙八岁继位后，读《大学》《中庸》，后来读《论语》《孟子》等，再读《尚书》《易经》。于“诗歌古辞，上薄风骚，下陵汉、魏、六朝，三唐以降，不足道也”。康熙读书，每篇新书，都要念一百二十遍，背一百二十遍，篇篇成诵，意思融通。

康熙九年（1670）十月，康熙十七岁，举行“经筵大典”，就是由讲官给皇帝讲解“四书”“五经”等。此后，每日大清早，康熙到乾清宫弘德殿，听讲官进讲，讲毕，到乾清宫听政，有时则先听政而后进讲，非特殊情况，从来不间断。

康熙十二年（1673）三月，因乾清宫楹柱损坏，遇雨渗漏，需要修葺，移驻瀛台，暂住几天，也不废讲。夏日酷暑，奏请停讲。他让讲官暂停数日，但师傅停讲，他不停学。康熙认为，学问之道，不可间断，无论寒暑，不可废学。他不满足于隔日进讲，命令大臣们“日侍讲读，阐发书旨，为学之功，庶可无间”。经筵改为每天举行，在平定“三藩之乱”的紧张时刻，也乘间隙，进讲经史。

康熙亲政后，每日早朝，御门听政，虽政务极为纷繁，但必定抽时读书，寒暑无间，乐此不疲。他说：“人心至灵，出入无响，一刻不亲书册，此心未免旁骛。朕在宫中，手不释卷，正为此也。”康熙读书有乐趣，也有习惯，坚持不懈，一以贯之。在南巡途中的行殿上，带着书卷，经常到深夜。他南巡御舟到南京燕子矶，读书至三更。南书房高士奇进言：“南巡以来，行殿读书写字，每至夜分，诚恐圣躬过劳，宜少自节养。”他仍然坚持博学群书，增长知识，修炼心性，思考治道。他在亲征噶尔丹时，晚上的时间，常常手不释卷，张诚等给他讲解几何学及其他自然科学知识。

盛年博学，“博”是博大、博览的“博”，康熙在盛年的读书学习能够博览众取。《礼记·大学》：“致知在格物。”读书的过程是格物致知的过程。格物致知的“格”就是推究、探索，“物”就是事物、东西，“致”就是使到、得到，“知”就是知识、智慧，总之就是推究事物，得到知识。

康熙二十二岁时，从康熙十四年（1675）四月二十三日开始，规定在讲官进讲之后，由他复讲一遍，以求阐明义理，有裨知识贯通。谕曰：“日讲原期有益身心，加进学问。今止讲官进讲，朕不复讲，则但循旧例，渐至日久将成故事，不唯于学问之道无益，亦非所以为法于后世。自后进讲时，讲官讲毕，朕仍复讲，如此互相讲论，方可有裨于实学。”

康熙读书：读书、讲论、体验、笃行，改变了以讲官进讲儒家经籍成规旧例，从而开创经筵大典的新局面。讲是重要的学习，自己明白了，不一定能讲明白。有些问题，不讲的时候以为已经研究明白了，但是一讲就发现还没有真正弄明白。非得真明白，才能讲明白。

康熙帝读书，除儒家经典外，也涉猎史部的《史记》《汉书》《资治通鉴》等，还遍读道、释、医、农以及诸子百家。他说：“至若史、汉以及诸子百家、内典、道书，莫不涉猎，触事犹能记忆。”康熙还读医书、药书、农书、地理书、治河书等，几乎是无书不读。同时学习西方的天文、数学、物理、化学、地理、医学、药学、测绘、语言、音乐、绘画、人体解剖等知识。康熙勤奋学习，使他成为当时学贯中西的学者。

康熙读书重点，一是经，二是史，读经与治史，互相参证，相辅相成，从“经”中“探求治天下之大道”，阐发义理；从“史”中了解世运升降、君臣得失、治国之道。法国耶稣会士白晋说：“康熙对通鉴纲目整部内容丰富的历史是如此精通，以至要指出一些他不能立刻回忆起来的史实是很困难的。”康熙将经、史、子、集融会贯通，汲取儒学的治道、历史的治鉴、诸子的智慧、文学的涵养，以及西学的科技，陶冶自己的素养，提升治国的能力。

老年通学，“通”是融通、贯通的“通”，康熙晚年的读书学习能够融会贯通。康熙在学习过程中，嗜学敏求，虚心倾听，寻绎玩味，启沃心路，是既通晓儒家的“帝王之学”，又熟悉历史的封建君主。

康熙强调：“书不贵多而贵精，学必由博而致约。”他读书学问，愈老愈纯，愈老愈通。他不像有的帝王那样，或为附庸风雅，或徒具虚名，或自我炫耀，或自欺欺人。在读书中，他体验了心灵乐趣与实用价值。康熙说：“圣人扶阳抑阴，防微杜渐，垂世立教之精心，朕皆反复探索，必心与理会，不使纤毫扞格。实觉义理悦心，故乐此不疲。”

康熙说：“朕闲暇时，与熊赐履讲论经史，有疑必问。”他问熊赐履读书切要之法。熊赐履答：“凡读书全要得古圣人立言之意。得立言意，中心默识，应事接物，方才得力。”“博学笃志，切问近思，为圣门求仁之方。”康熙指出读“圣贤之书”，要领会其立意，掌握其实质，并非死记纸上的字句。康熙说：“人君讲究学问，若不实心体认，徒应故事，讲官进讲之后，即置之度外，是务虚名，于心身何益？”

康熙帝的读书人生是很值得借鉴的。少年读书，重在培养兴趣，贵在养成习惯；青年读书，重在打下基础，贵在读懂扎实；盛年读书，重在博览群书，贵在提高素养；老年读书，重在回首人生，贵在融会贯通。所以，康熙读书，有普世意义。

康熙读书的四种境界：欣然、愤然、敬然、陶然。欣然境界，欣，是欣喜。康熙读书，有一种欣然的境界。玄烨小时候即以读书为乐。“皇上冲龄读书时，奉圣夫人（康熙保姆孙氏）爱护圣躬，恐勤诵过苦，乃匿所读书，冀得暂辍，皇上必索读之不少休。”

良心要实，学心要虚。读书学习，必要虚心。康熙说：“人心虚则所学进，盈则所学退。朕生性好问，虽极粗鄙之夫，彼亦有中理之言，朕于此等，决不遗弃，必搜其源而切记之。”有了虚心，才能用功。康熙常对大臣说：“朕在宫中，手不释卷。”“学问之道，宜无间断。”玄烨勤奋读书，常常至于深夜：“五龄以后，好学不倦，丙夜披阅，每至宵分！”他常深夜读书，直至天快亮。

祖母太皇太后担心他因读书累坏了身体，后来玄烨果真苦读累得吐血。

愤，是发愤。康熙读书，有一种愤然的境界。《论语·述而》：“不愤不启，不悱不发。”朱熹注释：“愤者，心求通而未得之意。”康熙深切地感到，自己不懂得，怎能定是非？于是，发愤读书学习。康熙说：“朕幼年习射，耆旧人教射者，断不以朕射为善。诸人皆称曰，‘善！’彼独以为否，故朕能骑射精熟。尔等甚不可被虚意承顺赞美之言所欺。诸凡学问，皆应以此，存心可也。”康熙读书的体会是，凡事可论贵贱老少，唯读书不问贵贱老少。读书一卷，则有一卷之益；读书一日，则有一日之益。此夫子所以发愤忘食，学如不及也。在“三藩之乱”，局势艰难，京师地震，官民惊恐，十分困难之际，康熙帝依旧坚持经筵进讲不可废误。

康熙认为：“凡人进德修业，事事从读书起。多读书，则嗜欲淡；嗜欲淡，则费用省；费用省，则营求少；营求少，则立品高。”

康熙读书，有一种敬然的境界。敬，是尊敬、恭敬。在《庭训格言》中，“敬”字出现四十一次。朱熹说：“为学之道，莫先于穷理。穷理之要，必在于读书。读书之法，莫贵于循序而致精。而致精之本，则又在于居敬而持志。”意思是说，学习重在穷理，穷理重在读书，读书重在精通，精通重在“居敬”，精髓在于一个“敬”字。

有了敬心，才会好学。向智者学，向长者学。康熙说：“人多强不知以为知，乃大非善事。是故，孔子云，‘知之为知之，不知为不知。’朕自幼即如此。每见高年人，必问其以往经历之事，而切记于心，决不自以为知，而不访于人也！”

康熙读书，有一种陶然的境界，陶，是和乐。《诗经·王风·君子阳阳》：“君子陶陶。”康熙说：“读书乐志。”如康熙二十四年（1685）三月，康熙在理政之余，将《资治通鉴》《资治通鉴纲目》《纲目大全》三部编年体史书，仔细通读，朱笔圈点，做出批注，达一百零七则。他在《序文》中说：“自元旦以至岁除，未尝有一日之间，即巡幸所至，亦必以卷帙自随。”康熙将读书学习看作是一种和悦的、快乐的事情，要读到愉悦，读到赏心，读到快乐，也读到幸福。

康熙读书贵恒久、贵思悟、贵知行、贵著述。康熙读书，既重恒，又重久。一个人，读点书并不难，难的是长久坚持；一个人，平时读书并不难，难的是动荡时静心坚持读书。所以，一个人读书的恒久，既表现为平时坚持，更表现为困难时坚持。康熙读书有毅力，善坚持。在平定“三藩之乱”时，局势紧张，不仅“每日军报三四百疏，手批口谕，发纵指示”，还坚持读书学习。

康熙学习之所以恒久，一以贯之，关键在毅力。他说：“朕自幼嗜书法，凡见古人墨迹，必临一过，所临之条幅、手卷将及万余，赏赐人者不下数千。天下有名庙宇禅林，无一处无朕御书匾额，约计其数亦有千余。”

康熙对书法颇下功夫，“听政之暇，无间寒暑，唯有读书写字而已”。他学明董其昌字体，翰林沈荃曾教他书法。他又向善于书法之人学习，用笔时轻重疏密，或疾或缓，各有体势，因而有异于寻常人的书法。他说：“学书需临古人法帖，宫中古法帖甚多，朕皆临阅。有李北海书华山寺碑，字极大，临摹虽难，朕不惮劳，必临摹而后已。朕性好此，久历年所，毫无间断也。”宫中古法帖甚多，他都赏阅临遍。在他五十初度后，曾向大臣们说：“朕自幼好临池，每日写千余字，从无间断，凡古名人之墨迹、石刻，无不细心临摹，积今三十余年，实亦性之所好。”白晋在给法王路易十四的奏报中说：“康熙写得一手漂亮的满文与汉文。”

康熙读书，既重思，又重悟。康熙说：“读书务求实学，若不询问、覆讲，则进益与否，何由得知？”因而经筵讲学，以皇帝听讲与亲讲相结合的方式进行。康熙十六年（1677）六月初五日，他亲自讲述，评论是：“讲论精微，义理融贯。”

康熙说：“凡看书不为书所愚始善。即如董子所云‘风不鸣条，雨不破块’，谓之升平世界。果使风不鸣条，则万物何以鼓动发生？雨不破块，则田亩如何耕作布种？以此观之，俱系粉饰空文而已。似此者，皆不可信以为真也。”

康熙读书，追问根底。他看到石鱼即鱼化石后，查阅《水经注》《酉阳杂俎》《池北偶谈》等书有关记载后，发问："其与鱼俱生耶，抑鱼之化？"是鱼与石同时生的，还是鱼化作石的呢？对潮汐现象，他到山海关、天津、钱塘江等处观察潮涨潮落，询问当地人，并问西洋传教士地中海的情况，还观察泉、井水位的变化，命人做记录，最后得出同先贤一致的结论："属月之盈昃，其理甚明。"

康熙引述朱熹的话："读书须读到不忍舍处，方是得书真味，若读之数过，略晓其义即厌之，欲别求书者，则是于此一卷书，犹未得趣也！"认为此言极是。他说："朕自幼亦尝发愤读书、看书，当其读某一经之时，固讲论而切记之。年来翻阅其中，复有宜详解者。朱子斯言，凡读书者，皆宜知之！"

朱熹的意思是，书必须读到废寝忘食、不愿意放下时，那才能体会到书中的真正滋味。如果书读了几遍，知道了大意，就放弃它，再去寻找别的书来读，那么，对于这本书来说，就没有得到它的旨趣。康熙说自己从小就发愤读书，刻苦学习。当读到某一经典时，就一定要读懂它，讲论它，把它牢牢记住。

康熙读书，既重知，又重行。他说："明理最是紧要，朕平日读书穷理，总是要讲求治道，见诸措施。故明理之后，必须实行。不行，徒空谈耳。"又说："读书得之虽多，讲论得之尤速，思虑得之最深，行事得之最实。"在生活方面，南巡的船，康熙试坐多种，后亲自参与设计、制作。在亲征噶尔丹的行军路上，运粮困难，"将士每日一餐，朕亦每日进膳一次"。

康熙读书，重视实验。在读书过程中，还演算题，搞测量，做试验，在北京城头占风、派人探测黄河源头、解剖冬熊了解胃中食物等，都像专家做学术研究一样。他读书不为表演，不务虚名，而是对书中义理真正有了兴趣，想作深层探讨。因此，他后来成为一位学术造诣很深的君主。

康熙在《通鉴纲目》满文译本序文中说："朝夕起居之时，循环披览，手未释卷，以是考前代君臣得失之故，世运升降之由，纪纲法度之所以立，人心风俗之所由纯。事关乎典常，言有裨于治体，靡不竟委穷源，详加论断，如是者有年矣。”康熙引述朱熹的话：“朱子云，读书之法，当循序而有常，致一而不懈，从容乎句读文义之间，而体验乎操守践履之实，然后，心静理明，渐见意味。不然，则虽广求博取，日诵五车，亦奚益于学哉！此言乃读书之至要也。人之读书，本欲存诸心、体诸身，而求实得于己也；如不然；将泛然读之，何用？凡读书人，皆宜奉此以为训也！”

康熙指出读书的方法，应当循序渐进，坚持不懈。从文字语义中，从容领会其真意；在德行操守方面，力行而体验。然后，做到心中平静，道理明晰，从而体味出妙旨。否则，即使博览群书，一天读书五车，于治学无益。

康熙在《御纂朱子全书序》中说：“朕读其书，察其理，非此不能知天人相与之奥，非此不能治万邦于衽席，非此不能仁心仁政施于天下，非此不能外内为一家。”因此，康熙崇尚理学的期待是：其一，为了“天人合一”；其二，为了统治万邦；其三，为了仁政治国；其四，为了“天下一家”。强调从思想文化方面巩固清王朝的一统天下。

康熙读书，既重编，又重著。康熙认为图书的功能是：“能令古今人隔千百年觌面共语，能使天下士隔千万里携手谈心，成人功名，佐人事业，开人识见，为人凭据。”所以，他一方面亲自组织、编纂了大量书籍，如《康熙字典》《古今图书集成》《律历渊源》等，既是古代典籍的整理，也是自身体验的总结，形成了在中国版本史上极有影响的书品精良、版式美观的“康版”；另一方面，他勤于笔耕，撰写了诗文集。学习与著述，就像春蚕，读书如吃桑，著述则如吐丝。

康熙所著文，由臣下整理成《康熙御制文集》一至四集，共一百七十六卷，武英殿版，陆续雕印。康熙五十年（1711）以前的著述，为一至三集，一百四十卷；康熙五十一年到康熙六十一年的著述为第四集，三十六卷。《康熙御制文集》中的大部分是他在世时亲自主持，由大学士张英与詹事府詹事高士奇等人协助完成的。第四集则是在他身后由雍正帝刊行的。

康熙《御制诗集》收录一千一百四十七首七言与五言诗及少量词，题材广泛，内容丰富，是他亲历活动的记录，可补正史之不足，具有重要的史料价值。康熙《几暇格物编》，共九十三篇文章。他喜爱读书，留心考察，潜心研究，勤于著述。当他出师、行猎或巡视各地时，注意到各地的方言习俗、山川物产、动物虫鱼、药材草木等的异同关系。如蝗虫滋生的规律、各地农作物像水稻、小麦、西瓜、葡萄等生产的情形。又因为他学过西洋的科学知识，他对自然界的若干现象也有所论述，例如他注意到黑龙江西部察哈延山“喷焰吐火，气息如煤”的奇特现象。他从瀚海的螺蚌壳推知远古蒙古大沙漠曾是水乡泽国。他也曾在一次打猎后，命人将一只冬眠熊解剖试验。这是他学习西方解剖学后的一次亲身实验。康熙探讨人体生理构造，命令西洋人把西文《人体解剖学》译成满文。但由于大臣反对，没有雕梓印行。

康熙晚年体弱多病，亲自口述，由皇子或侍从笔录，雍正帝继位后出版。这本《庭训格言》是以康熙一生体验为主，告诉后人一些有益的做人处事的道理。全书二万七千四百一十九个字，共二百四十六条，讲述养心、修身、齐家、治国、平天下的经验与道理。其中多是《清实录》与《圣训》所缺，具有重要价值。书中有六分之一条数是讲读书学习的。

康熙过分推崇儒家理学部分，作为文化遗产，或许今天已不适用，但他的读书之道，今天却仍可借鉴。康熙的读书经验，如读书四个阶段：少年好学、中年苦学、盛年博学、老年通学。四种境界：欣然境界、愤然境界、敬然境界、陶然境界。四点经验：贵恒久、贵思悟、贵知行、贵著述。对于今天的人来说，依然可以借鉴。

多子多孙，在位最长的皇帝

康熙八岁登基，十四岁亲临朝政，是中国历史上在位时间最长的皇帝，也是一个颇有作为的皇帝。而中国古代有作为的皇帝大多风流，康熙也不例外。康熙的陵墓里埋葬了四十八个后妃，这些还是被埋葬的，除此之外还有一些登记在册甚至没有记载的女人。让我们来看看康熙的妃子与他众多的皇子。

康熙有四个皇后：第一个是孝诚仁皇后，赫舍里氏（1654年2月3日—1674年6月6日），满洲正黄旗人，领侍卫内大臣噶布喇之女，世袭一等公索额图的亲侄女，辅政大臣索尼的孙女。生于顺治帝十年十二月十七日。康熙四年册封为皇后，时年十三岁。康熙八年生皇二子承祜，康熙十三年五月初三日生皇子胤礽后，因难产去世，享年二十二岁。葬清东陵之景陵。初谥“仁孝皇后”，雍正元年改谥“孝诚”。全部谥号为：孝诚恭肃正惠安和淑懿恪敏俪天襄圣仁皇后。康熙的第二个皇后是孝昭仁皇后，钮祜禄氏（1653—1678年3月18日），满洲镶黄旗人，辅政大臣一等公遏必隆之女。生于顺治帝十年。初为妃，康熙十六年八月册封为皇后，仅半年，于康熙十七年二月二十六日薨。葬清东陵之景陵。谥号：孝昭静淑明惠正和安裕端穆钦天顺圣仁皇后。康熙的第三位皇后是孝懿仁皇后，佟佳氏（？—1689年8月24日），满洲镶黄旗人，领侍卫内大臣佟国维之女，康熙帝生母孝康章皇后的嫡亲侄女，康熙的表姐妹。康熙十六年八月册封为贵妃，康熙二十年晋升为皇贵妃。康熙二十二年生皇八女。康熙二十八年七月初九日册为皇后，次日即去世。葬清东陵之景陵。初谥“孝懿皇后”，后雍正乾隆嘉庆累加谥，全部谥号：孝懿温诚端仁宪穆和恪慈惠奉天佐圣仁皇后。康熙的第四位皇后是孝恭仁皇后，乌雅氏（1660—1723年6月25日），满洲正黄旗人，护军参领威武之女。生于顺治帝十七年。康熙十七年十月三十日生皇四子胤禛，即雍正帝。康熙十八年封为德嫔，次年生皇六子胤祚，康熙二十年十二月二十日封为德妃，康熙二十一年生皇七女，康熙二十二年生皇九女温宪公主，康熙二十五年生皇十二女，康熙二十七年生皇十四子胤禵。康熙帝驾崩后，德妃被尊为仁寿皇太后，雍正元年五月二十三日丑刻薨，享年六十四岁。葬清东陵之景陵。谥号：孝恭宣惠温肃定裕慈纯钦穆赞天承圣仁皇后。

除四位皇后之外，康熙还有三个皇贵妃。康熙的第一个皇贵妃是敬敏皇贵妃，章佳氏（？—1699），满洲镶黄旗人，参领海宽之女。康熙二十五年生皇十三子胤祥，后又生二女，下嫁仓津、多尔济。康熙三十八年七月二十五日薨，追封敏妃。雍正初年，雍正帝由于胤祥的缘故，追封章佳氏为皇考敬敏皇贵妃，并祔葬景陵，开了清朝皇贵妃陪葬的先例，章佳氏是唯一一个陪葬康熙的妃子。康熙的第二个皇贵妃是敦怡皇贵妃（1683—1768），三品协领祜满之女，瓜尔佳氏。侍奉康熙时为和妃，清世宗雍正帝尊为皇考贵妃，清高宗乾隆尊为皇祖温惠皇贵太妃，乾隆三十三年薨，年八十六。康熙的第三位皇贵妃是悫惠皇贵妃（1668—1743），佟佳氏，孝懿仁皇后的妹妹。康熙三十九年册为贵妃，雍正时尊为皇考皇贵妃，乾隆时尊为皇祖寿琪皇贵太妃。乾隆八年薨，享年七十六岁，死后，谥为悫惠皇贵妃。

另外，康熙还有一个贵妃和十一个妃子。温僖贵妃，钮祜禄氏（？—1694），满洲镶黄旗人，孝昭仁皇后的妹妹，康熙二十年册为贵妃，三十三年十一月初三去世。

顺懿密妃，王氏，初为密嫔，后尊封为密妃，生育三子，胤禑、胤禄、胤祄，允祄八岁夭折；纯裕勤妃，陈氏，初为勤嫔，被雍正尊封为勤妃，生育一子，胤礼；惠妃，纳喇氏（？—1732），郎中索尔和之女，初为庶妃，康熙十六年册为惠嫔，康熙二十年封为惠妃，雍正十年四月初七日薨，生育二子，承庆、胤禔；荣妃，马佳氏（？—1727），员外郎盖山之女，康熙十六年册封为荣嫔，二十年为荣妃，雍正五年闰三月初六去世，生育五子一女，其中只有胤祉成人，一女下嫁乌尔衮；平妃，赫舍里氏（？—1696），孝诚仁皇后的妹妹，满洲正黄旗人，领侍卫内大臣承恩公噶布喇之女，幼年时待在宫中，康熙三十五年六月二十日卒，追封为平妃；宜妃，郭络罗氏（？—1733），满洲镶黄旗人，佐领三官保之女，康熙十六年册为宜嫔，康熙二十年为宜妃，雍正十一年八月二十五日薨，生育三子，胤祺、胤禟、胤禌；宣妃，博尔济吉特氏（？—1736），科尔沁达尔汗亲王和塔之女，顺治帝皇帝悼妃的侄女，康熙的表姐妹，康熙五十七年十二月册封为宣妃，乾隆元年八月初八薨；慧妃，博尔济吉特氏（？—1670），科尔沁三等公吉阿郁锡之女，幼年被选进宫，尚未册封，于康熙九年四月十二日薨，五月初九追封为慧妃；成妃，戴佳氏（？—1740），满洲镶黄旗人，司库卓奇之女，初进宫为嫔，康熙十九年生皇七子，康熙五十七年十二月册封为成妃，乾隆五年十月三十日薨；定妃（1661—1757），万琉哈氏，满洲正黄旗人，郎中拖尔弼之女，康熙在位时为嫔，雍正时尊为皇考定妃，后来随儿子履亲王胤祹住，轮到自己生日的时候，还会被迎进宫去祝贺，薨时九十七岁，她也是康熙诸妃中最长寿的；良妃（1665—1711），卫氏，内管领阿布鼐之女，本辛者库罪籍，入侍宫中，康熙二十年，生皇八子胤禩，三十九年十二月，册为良嫔，康熙四十三年册封为良妃，成为清朝历史上母家身份最低的妃子。

康熙的十位嫔：熙嫔（1670—1736）陈氏，陈玉卿之女，康熙九年，三月生，康熙四十三年生皇二十一子慎郡王胤禧，康熙六十一年十二月，被雍正皇帝尊为皇考贵人，乾隆元年尊为皇祖熙嫔，乾隆二年正月二十二薨；僖嫔，赫舍里氏（？—1702），赉山之女，康熙十六年八月二十二日册为僖嫔，康熙四十一年九月薨；端嫔，董氏，员外郎董达齐之女，康熙十年生皇二女，康熙十六年八月二十二日册为端嫔；静嫔，石氏（？—1758），石怀玉之女，康熙五十二年十一月二十八日生皇二十三子，康熙六十一年十二月被雍正帝尊为皇考贵人，乾隆元年被乾隆尊为皇祖静嫔，乾隆二十三年六月初八薨；安嫔，李氏，汉军正蓝旗，康熙十六年八月册封，雍正年间去世；敬嫔，王佳氏，康熙十六年八月册封，在雍正年间去世；襄嫔（？—1746），高氏，高廷秀之女，乾隆十一年六月二十八日薨，生育二子，胤禝、胤祎，一女，未成年即夭折；穆嫔，陈氏（？—1727），陈歧山之女，生育二子，皇三十四子（序齿）二十四子胤秘、皇三十五子胤禐；通嫔，纳喇氏（？—1744），监生常保素之女，康熙时为贵人，雍正二年，因其女婿有功，受到尊封，乾隆九年六月二十三日薨；谨嫔，色赫图氏（？—1739），员外郎多尔济之女，乾隆四年三月十六日薨，生育一子，胤祐。

康熙的五个贵人：郭贵人，郭络罗氏，宜妃的妹妹，满洲镶黄旗人；易贵人，易氏（？—1728），雍正六年四月卒；那贵人，乌拉那拉氏；布贵人，兆佳氏；贵人，袁氏，康熙二十八年五月二十七日生皇九女和硕悫靖公主。

康熙帝一生中共生养了三十五个儿子，其中爱新觉罗·承祜、爱新觉罗·承瑞、爱新觉罗·承庆、爱新觉罗·赛音察浑、爱新觉罗·长华、爱新觉罗·长生早年夭折，未计入排行。

长大的有 24 个：

皇二子胤礽，康熙十三年（1674）生。因系孝诚仁皇后所生，为嫡长子。康熙十四年，在他还是个一岁多的婴儿时，就被立为太子。但在康熙四十七年九月被废；康熙四十八年，复立；康熙五十一年十月，再废，受禁锢；雍正二年卒，追封理亲王，谥号密。

胤礽年少得志，享尽荣华，第二次的复立太子，并不是因为康熙对他又有了信心，而是当时的局势混乱不堪，需要一个挡箭牌，复立太子是再好不过的主意。再度被废之后，就被禁锢在咸安宫。雍正仍不放心，一方面封其为理郡王，另一方面命人在山西祁县郑家庄盖房驻兵，将胤礽移居幽禁。

皇三子胤祉，康熙十六年（1677）生。母荣妃马佳氏，胤祉博学多才，成为其父学术上的得力助手。康熙征噶尔丹时，胤祉领镶红旗大营。二十一岁，被封为诚郡王，次年，降为贝勒；三十二岁，晋诚亲王。雍正即皇位，命胤祉守护父亲的景陵，雍正八年，被夺爵、囚禁，十年后，去世。

皇四子胤禛，康熙十七年（1678）生。母孝恭仁皇后，养母孝懿仁皇后。康熙亲征葛尔丹时，胤禛奉命掌管正红旗大营，二十岁被封为贝勒，三十一岁，晋雍亲王。康熙六十一年十一月二十日登基，为清代入关第三帝，在位十三年，史称雍正皇帝。胤禛出生时他母亲的地位并不高，所以由佟佳氏抚养。因为不在母亲身边长大，导致与其母并不亲厚，甚至在即位时，其母也怀疑他抢了自己胞弟的皇位。

皇五子胤祺，康熙十八年（1679）生。母宜妃郭络罗氏，康熙认为此子心性甚善，为人敦厚。康熙征噶尔丹时，胤祺奉命领正黄旗大营，十九岁，被封为贝勒，三十岁，晋恒亲王。雍正十年（1732）死，谥号温。胤祺没有结党，也没有争储。雍正即位后，借故削其子的封爵。

皇六子胤祚，康熙十九年（1680）生，母孝恭仁皇后，康熙二十四年夭折，是雍正的早夭胞弟。

皇七子胤祐，康熙十九年（1680）生，母成妃戴佳氏。康熙夸他："心好，举止和蔼可亲。"康熙亲征噶尔丹时，命胤佑领镶黄旗大营，十八岁，被封为贝勒，二十九岁，晋淳郡王。

皇八子胤禩，康熙二十年（1681）生，母良妃卫氏，少时为胤禔母惠妃抚养，十七岁被封为贝勒，后署内务府总管事，因争储位被夺贝勒，并受拘禁。雍正即位，命其总理事务，晋封廉亲王，授理藩院尚书。雍正元年，命办理工部事务。雍正四年，雍正以其结党妄行等罪削其王爵，圈禁，并削宗籍，更名为阿其那。

皇九子胤禟，康熙二十二年（1683）生，宜妃郭络罗氏，六岁，被封为贝子。雍正即位后，命其出驻西宁。后以其违法肆行，与胤禩等结党营私为由，于雍正三年夺爵，幽禁。雍正四年，削宗籍，令改名塞思黑。

皇十子胤䄉，康熙二十二年（1683）生，温僖贵妃钮祜禄氏所生，康熙四十八年三月，封敦郡王，雍正二年四月，削爵、禁锢。乾隆十三年，清高宗即位，十一月，释之，乾隆二年二月，封辅国公。

皇十二子胤裪，康熙二十四年（1685）生，母定妃万琉哈氏，康熙四十八年，封贝子，署内务府总管事务，办理正白旗满洲、蒙古、汉军三旗事。雍正即位，晋封履郡王，乾隆即位，进封履亲王，乾隆二十八年卒。

皇十三子胤祥，康熙二十五年（1686）生，母敬敏皇贵妃章佳氏。康熙六十一年，雍正即位，封为怡亲王，命总理户部三库。雍正元年，总理户部。为人"敬谨廉洁"，雍正照例赐钱粮、官物，均辞而不受，雍正三年，复加封郡王，任王于诸子中指封。后总理京畿水利，多有建树，又办理西北两路军机，是雍正最知心、得其协助最多的兄弟。

皇十四子胤禵，康熙二十七年（1688）生，母孝恭仁皇后。与雍正、胤祚同母。但党附胤禩，与雍正对立。康熙四十八年，封贝子，康熙五十七年，任抚远大将军，征讨策妄阿拉布坦。雍正元年，晋为郡王；雍正三年，被降为贝子；雍正四年，革爵禁锢。乾隆即位时，命释放，封辅国公；乾隆十二年，晋贝勒。

皇十五子胤禑，康熙三十二年（1693）生，母顺懿密妃王氏。雍正四年，封贝勒，命守景陵；雍正八年，封愉郡王；雍正九年卒，谥号恪。

皇十七子胤礼，康熙三十六年（1697）生，母纯裕勤妃陈氏。雍正元年，封果郡王，管理理藩院事；雍正六年，晋亲王。乾隆即位，命总理事务，解宗令，管刑部，乾隆三年卒。

皇十八子胤衸，康熙四十年（1701）生，母顺懿密妃王氏，康熙四十七年，夭折。

皇十九子胤禝，康熙四十一年（1702）生，母襄嫔高氏。康熙四十三年，夭折。

皇二十子胤祎，康熙四十五年（1706）生，母襄嫔高氏。雍正四年，封贝子；雍正八年，晋贝勒。

皇二十一子胤禧，康熙五十年（1711）生，熙嫔陈氏生。立志向上，颇有文才。雍正八年，封贝子，晋贝勒。乾隆即位，晋慎郡王。

皇二十二子胤祜，康熙五十年（1711）生，母谨嫔色赫图氏。雍正八年，封贝子；雍正十二年，晋贝勒。乾隆八年死。

皇二十三子胤祁，康熙五十二年（1713）生，静嫔石氏生。雍正八年，封镇国公。雍正十三年，乾隆即位，晋贝勒，后降镇国公。乾隆四十五年，复封贝子，两年后，晋贝勒，乾隆四十九年加郡王衔。

皇二十四子胤祕，康熙五十五年（1716）生，母穆嫔陈氏。禀性忠厚平和，有学识。雍正十一年，胤秘十七岁，封諴亲王。

九子夺嫡，太子复立与再废

爱新觉罗·胤礽（1674年6月6日—1725年1月27日），乳名保成，康熙的第二子，母亲是仁孝皇后赫舍里氏，胤礽刚满周岁时即被确立为皇太子。

胤礽自幼即聪慧好学，文武兼备，不仅精通儒家经典、历代诗词，而且熟习满洲弓马骑射，长大后代皇帝祭祀，并数次监国，治绩不俗，在朝野内外颇具令名，这在一定程度上减轻了康熙的负担，对清朝极盛时期的来临可谓功不可没。

皇太子胤礽在康熙的影响下颇为欣赏西方文化与器物，与众传教士往来甚密。而且他谦和恭谨，结交贤才，康熙也对这个唯一的嫡出子又是皇位继承人的儿子相当重视与宠爱，却因教子失当、兼之康熙朝后期党争纷乱，致太子人格分裂，陷入无穷无尽的政治斗争之中，历经两立两废，终以幽死禁宫收场，被追封为和硕亲王。

康熙十四年（1675），康熙决定册立刚满周岁的胤礽为皇太子，六月初三日谕礼部："帝王绍基垂统，长治久安，必建立元储，懋隆国本，以绵宗社之祥，慰臣民之望。朕荷天眷，诞生嫡子，已及二龄。兹者钦承太皇太后、皇太后慈命，建储大典，宜即举行。今以嫡子胤礽为皇太子。尔部详察应行典礼，选择吉期具奏。"

册封吉日选定在当年十二月十三日，吉日前一天，即十二月十二日，康熙在亲自检视了祭祀用各项祝版后，册立皇太子，祭天地、太庙、社稷，及太子母后仁孝皇后。

十二月十三日，康熙入太和殿举行册立大典。康熙亲自检视御座前桌上放置的金质册、宝，落座后接受众人三跪九叩之礼。由于太子年幼，十分繁杂的程序有些许损益，皇帝派使臣在御杖前行三跪九叩礼，向皇帝谢恩，使者也向小太子叩头。之后，乳母抱着太子，跟随手捧册、宝的太监至皇帝前复命。最后，皇帝使臣把御杖送到皇帝宫中，向皇帝并报庆典完成。当日，康熙率诸王、贝勒、贝子、公、及内大臣、大学士、都统、尚书、精奇尼哈番、侍卫等，诣太皇太后、皇太后宫行礼。

皇帝公开册立皇储，在清朝历史上是第一次，也是唯一的一次。这件事情意义重大，于朝内外都产生了深远影响。从康熙十四年底康熙初立储君开始，他与皇太子胤礽之间长达近四十年的君储关系，从此拉开了序幕。

康熙三十七年三月，康熙第一次册封诸成年皇子，包括胤禔为多罗直郡王，胤祉为多罗诚郡王，胤禛、胤祺、胤祐、胤禩，俱为多罗贝勒。受封诸子参与国家政务，并分拨佐领，各有属下之人。分封皇子，相对削弱了太子的力量，对皇太子是一次考验。同时，诸年长皇子有权有势以后，加剧了与皇太子的矛盾，诸皇子及其党羽的共同打击目标是皇太子及皇太子党。于是，在皇帝与储君、诸皇子与皇太子之间的矛盾错综复杂，日益加剧。

康熙立胤礽为皇太子后，朝中就出现了拥护皇太子与反皇太子的两大政治势力。太子党首脑人物索额图，是康熙幼年首席辅政大臣索尼之子、仁孝皇后的叔父、皇太子的叔姥爷、大学士、领侍卫内大臣，曾经是康熙帝最信任的大臣之一。康熙二十八年他担任中俄议定边界谈判的中方首席代表，主张尼布楚、雅克萨两地当归清朝，签订中俄《尼布楚条约》。但他后来陷入了康熙帝与皇太子矛盾的旋涡。

康熙四十二年五月，康熙以索额图“议论国事，结党妄行”之罪，令宗人府将其拘禁，不久死于幽所。康熙又命逮捕索额图诸子，交其弟弟心裕、法保拘禁，并命：“若别生事端，心裕、法保当族诛！”大臣麻尔图、额库礼、温代、邵甘、佟宝等，也以党附索额图之罪，被禁锢，“诸臣同祖子孙在部院者，皆夺官。江潢以家有索额图私书，下刑部论死”。就是说，只要与索额图稍有牵连者，都受到株连。

对索额图如此严惩的原因，直到五年以后废太子时，康熙才做了明确解释："从前索额图助伊潜谋大事，朕悉知其情，将索额图处死。"到第二次废太子时，康熙帝更明确说皇太子问题根源在索额图："骄纵之渐，实由于此。索额图为本朝第一罪人也！"就是说索额图之罪在于结皇太子党，骄纵皇太子，图谋篡夺皇位。所以康熙帝严惩索额图，打击并削弱外戚势力，而给皇太子敲警钟。

康熙四十七年五月，康熙巡幸塞外，命太子、长子、十三、十四、十五、十六、十七、十八子随驾，促使康熙帝与皇太子矛盾激化：先是胤禔等皇子向康熙报告了太子的许多不良表现。比如说他暴戾不仁，恣行捶挞诸王、贝勒、大臣，乃至兵丁"鲜不遭其荼毒"，还有截留蒙古贡品，放纵奶妈的丈夫、内务府总管大臣凌普敲诈勒索属下等。种种不仁的表现，都令康熙非常不满。这些报告，有些是不实之词，但是康熙深信不疑。最重要的是，他不仅为太子的暴行所气恼，而且不满太子的越位处事。

九月十六日，康熙回到北京。命在皇帝养马的上驷院旁设毡帷，给胤礽居住。又命四子与长子共同看守。当天，康熙召集诸臣于午门内，宣谕拘执皇太子胤礽之事。康熙亲撰告祭文，于十八日告祭天地、太庙、社稷。将废皇太子幽禁咸安宫，二十四日，颁诏天下。

皇太子从康熙十四年初立，至康熙四十七年初废，长达三十三年之久。这时康熙帝五十五岁，皇太子三十五岁，为了培养太子，康熙帝可谓费尽苦心。废太子一事使康熙帝悲愤叠加，格外痛心，心力交瘁。

康熙已经进入老年，而接班人却变得渺茫。他哀求皇子们说："在同一时间里发生皇十八子死和废太子两件事，心伤不已，你们仰体朕心不要再生事了。"然而康熙帝的儿子太多，他在位时间又长，皇子们早已形成了几个利益攸关的政治集团。他们之间的争斗，不是争夺房子、银子、珠宝和土地，而是皇位。

巨大的诱惑，使这种争夺由表及里，由隐到显，由缓到急，由温到烈，势不能止。康熙帝废掉皇太子的举动不仅没有制止这种争夺，反而让一些皇子仿佛看到了希望，因而储位之争更为激烈。

康熙深恶皇子结党，内外勾结，上下串联，蓄谋大位。他说：“诸皇子有钻营为皇太子者，即国之贼，法所不容。”再立太子储位空缺，诸子纷争愈演愈烈，使康熙帝认识到有必要把这个缺位补上，以堵塞诸子争储之路。鉴于朝中保奏胤禩的势力大、呼声高，康熙帝考虑唯有用嫡长子抵制一途可行，道：“诸大臣保奏八阿哥，朕甚无奈，将不可册立之胤礽放出。”

康熙四十八年正月二十二日，因复立皇太子胤礽，康熙遣官告祭天地、宗庙、社稷。三月初十日，以大学士温达、李光地为正使，刑部尚书张廷玉、都察院左都御史穆和伦为副使持节，授胤礽册、宝，复立为皇太子；以礼部尚书富宁安为正使，礼部侍郎铁图为副使持节，授石氏册宝，复封为皇太子妃。

同日，分别晋胤祉、胤禛、胤祺为亲王，晋胤祐、胤䄉为郡王，胤禟、胤祹、胤祯，俱封为贝子，胤禩此前已复为贝勒。康熙试图以此促进皇太子与诸皇子以及诸子之间的团结。皇太子虽复立，但原有的君储矛盾并未解决，所以很快就又发生了严惩皇太子党的事件。这次抓的是步军统领托合齐。

皇帝与储君之间的矛盾，终于又发展到不可调和的地步，康熙决定再废皇太子。康熙五十一年九月三十日，康熙巡视塞外回京当天，即向诸皇子宣布：“皇太子胤礽自复立以来，狂疾未除，大失人心，祖宗弘业断不可托付此人。朕已奏闻皇太后，着将胤礽拘执看守。”康熙要求诸臣：“各当绝念，倾心向主，共享太平。后若有奏请皇太子已经改过从善、应当释放者，朕即诛之。”十一月十六日，将废皇太子事遣官告祭天地、太庙、社稷。

胤礽是为清代第一位也是唯一一位明立皇太子，他自幼即聪慧好学，开讲经筵、主持祭祀，紧序有秩，是康熙殷切期望的继承人，他不负众望，精通文韬武略，具有不俗的治国才能，这点即使是后来康熙帝对他失望透顶之时仍予以承认。

数次监国听政，多少减轻了康熙的负担，对清朝极盛时期的来临，胤礽功不可没。但长期的养尊处优及错综复杂的政治斗争最终使其人格分裂，贤德不再，而对高度集权的最高统治者来说，皇太子拥有的过多特权对其构成严重威胁。

君储、父子之间的悲剧不可避免。皇太子废而复立、继而再废，使得晚年的康熙帝心力交瘁，在第二次废太子后，虽然并非如他自己所说"毫不介意，谈笑处之"，但确实不像第一次时那么痛苦，因为他发现，立太子就难免有矛盾，不立可能更好，因为这样可以减少皇储争夺的内斗。自康熙朝后，雍正帝鉴于太子立废、皇子纷争的残酷性，因此另创秘密建储制度，此后沿用至咸丰朝。

文学瑰宝，编纂修《康熙字典》

陈廷敬（1639—1712），字子端，号说岩，晚号午亭山人，清代泽州（今山西省阳城县皇城村）人，入仕五十三年。顺治帝十五年（1658）进士，改为庶吉士。初名敬，因同科考取有同名者，故由朝廷给他加上"廷"字，改为廷敬。历任经筵讲官、工部尚书、户部尚书、吏部尚书等职，陈廷敬生平好学，诗、文、乐极备。他的诗风格"清雅醇厚"，很得康熙的赞赏，被康熙任命编修《康熙字典》。

陈廷敬

张玉书（1642—1711），字素存，号润甫，江苏丹徒（今江苏镇江）人。生于明思宗崇祯十五年，卒于清圣祖康熙五十年，年七十岁。是张九徵次子，长兄为张玉裁。他自幼刻苦读书，顺治帝十八年（1661）考取进士，精春秋三传，深通史学。历任翰林院编修、国子监司业、侍讲学士。康熙二十三年（1684）授刑部尚书，调兵部尚书。康熙二十九年拜文华殿大学士兼户部尚书。康熙三十五年（1696），随皇帝征噶尔丹叛乱，为太平宰相二十年。久任机务，直亮清勤，康熙倚以为重。康熙十八年（1679）主持修《明史》，先后出任《平定朔漠方略》《佩文韵府》（1704—1711）、《康熙字典》的总裁官。他数度勘视河工，支持靳辅主持治河工程，康熙四十九年（1710），告病辞官，仍慰留在朝，康熙五十年（1711），以七十岁高龄随康熙至热河，病死塞外，谥号文贞。著有《文贞集》十二卷，《清史列传》行于世。

康熙四十九年，康熙召集张玉书、陈廷敬等三十位学者，开始了《康熙字典》的编撰工作，在六年的时间里，他们对传统字书进行了大规模的集中整理，并于康熙五十五年完成编辑工作。

《康熙字典》是张玉书、陈廷敬等三十多位著名学者奉康熙圣旨编撰的一部具有深远影响的汉字辞书。该书的编撰工作始于康熙四十九年（1710），成书于康熙五十五年（1716），历时六年，因此书名为《康熙字典》。

《康熙字典》的编撰总纂官张玉书、陈廷敬主持，修纂官凌绍雯、史夔、周起渭、陈世儒、贾国维等合力完成。字典采用部首分类法，按笔画排列单字，字典全书分为十二集，以十二地支标识，每集又分为上、中、下三卷，并按韵母、声调以及音节分类排列韵母表及其对应汉字，共收录汉字四万七千零三十五个，为汉字研究的主要参考文献之一。《康熙字典》入选中国世界纪录协会中国收录汉字最多的古代字典，《康熙字典》也是中国第一部以字典命名的汉字辞书。

《康熙字典》依据明朝《字汇》《正字通》两书加以增订，对两书错误之处，还做过一番“辨疑订讹”的功夫。《康熙字典》收字相当丰富，在很长一个时期内是我国字数最多的一部字典。直到 1915 年《中华大字典》出版，达四万八千余字，才超过了它。它以二百一十四个部首分类，并注有反切注音、出处及参考等，差不多把每一个字的不同音切和不同意义都列举进去，可以供使用者检阅。除僻字僻义以外，它又差不多在每字每义下都举了例子，这些例子又几乎全都是引用了“始见”的古书。

《康熙字典》的版本非常多，有康熙内府刻本，也就是所说的武英殿版本。包括有两种纸本：开化纸和太史连纸两种。康熙内府刻本多是内廷赏赐用的，装订非常豪华，民间很少见到。此外还有道光七年的内府重刊本、其他木刻本，以及清末出现的石印本、铅印本、影印本。清末上海同文书局增篆石印本是发行量最大、最流行的一种版本。

《康熙字典》吸收了历代字书编纂的经验，全书共分为十二集，从子集到亥集，每集又分为上、中、下三卷，分别排列二百一十四个部首。总共收录了四万七千零三十五个字。内容引用了古代诗文以追溯字源，同时还注明了历代的用法以佐证其变迁。《康熙字典》问世后，社会影响巨大，它的文字、音义、书证被广泛引用，它的体例也成为后世出版字书的蓝本，作为中华文化的重要参考文献之一，具有极高的研究价值。

是非功过，辉煌的康熙盛世

古今中外的伟大人物，都有其杰出的过人之处和突出的历史贡献。康熙用他的才华与天赋，智慧与胆识，勤政与谦虚，好学与著述，顽强与坚韧，宽容与简约，克服重重艰难，完成了重大的使命，康熙的文治与武功，学养与行事，都令人称道。幼年登极，智取鳌拜，亲掌朝纲；他崇儒重道，治理中国；他奖励农桑，减免田赋；他重视治河，兴修水利；他重用汉族士人，缓和民族矛盾；他提倡学术，编纂群书；他勤奋好学，诗文书法颇有造诣；他坚定“撤藩”，消除割据，巩固中原统一；他重用施琅，统一台湾；他悉心筹划，挫败沙俄，签订中俄《尼布楚条约》；他善抚蒙古，巩固北部长城；他进兵安藏，加强对藏区的管理。康熙用他的文治武功开创了中国历史长河中的又一个盛世。

康熙之世有五种景象。康熙在位六十一年，他做了许多事情，在历史的天平上，康熙对中国历史和世界文明的发展，做出了重大的贡献，留给了后世宝贵的历史财富。

第一，他奠定了中国的版图。

在东南，统一台湾。明朝天启四年（1624），荷兰人侵占台湾，清顺治帝十八年（1661）十二月十三日，郑成功从荷兰人手中收复台湾，郑成功死后，他儿子郑经掌控了台湾政权，康熙二十二年（1683），康熙抓住郑经死后，其子郑克塽年幼、部属内讧、政局不稳的时机，以施琅为福建水师提督，剿抚并用，统一台湾，并设立台湾府，隶属于福建。台湾府下设三县——台湾县、凤山县、诸罗县，派总兵官一员、率官兵八千驻防台湾，加强了中央对台湾的管辖，推进了台湾经济文化的发展。

在东北，抵御外侵，缔结和约。在皇太极时期，黑龙江流域地区已经归属清朝政府，清军入关以后，俄国东进，侵入我国黑龙江流域，占领雅克萨、尼布楚、呼玛尔等城。康熙在统一台湾后，调派军队进行了两次雅克萨自卫反击战，并取得胜利。康熙二十八年（1689），同俄国在尼布楚签订了中俄《尼布楚条约》，条约规定：格尔必齐河、额尔古纳河以东至海，外兴安岭以南，整个黑龙江流域、乌苏里江流域包括库页岛的土地，归中国所有。这是中国历史上第一个同外国签订的平等条约，表明康熙独立自主外交政策，清朝加强了对黑龙江地区的管辖，奠定了黑龙江等行省的规模。

在正北，多伦会盟，统一蒙古。漠南蒙古问题在努尔哈赤和皇太极时期已经基本解决，康熙进一步解决了漠北蒙古、漠西蒙古的问题，从秦汉的匈奴到明朝的蒙古，两千年历史上的北疆难题，直到康熙时才算真正得到解决。康熙说：“昔秦兴土石之工，修筑长城。我朝施恩于喀尔喀，使之防备朔方，较长城更为坚固。”秦汉以来，长城是中原农耕民族用来防御北方游牧民族的屏障，康熙之后，将蒙古打造成中华各个民族防御外国南侵的坚固长城。

在西北，三次亲征，击败噶尔丹。康熙先后三次亲征，剿灭噶尔丹东犯势力，稳定了漠北喀尔喀蒙古的局面，也稳定了漠南蒙古的社会，有助于西藏的安定，更利于中原地区的社会安定。

在西南，进兵高原，安定西藏。清朝初期，顺治帝册封达赖喇嘛，西藏完全归属于清朝政府管辖。康熙又派兵平定西部蒙古势力对西藏的扰犯，册封班禅额尔德尼，任命西藏政务官员，在西藏驻军，设立驻藏大臣。

康熙朝国家一统、国力强盛，俄国的侵犯被击退。周边再没有出现动荡，也没有出现威胁，这是康熙治国功绩的体现，也是康熙盛世的表现。

第二，中华各族协和。在康熙的治理下，清代民族关系是中国皇朝史上最好的时期。在东北，打败俄国的侵略；解决并巩固了自辽河到黑龙江流域各民族的问题。中国自秦汉以来，匈奴一直是中央王朝北部的边患，明代的蒙古问题也始终没有彻底解决，1449 年与 1550 年，京师两次遭遇危机，明英宗甚至成为蒙古瓦剌部的俘虏。

清朝兴起后，对蒙古采取了完全不同于中原汉族皇帝的做法，也不同于金代女真皇帝的做法。漠南蒙古（内蒙古）、漠北喀尔喀蒙古（外蒙古）、漠西厄鲁特蒙古（西蒙古）先后对清政府俯首称臣。在康熙执政期间，清朝实现了中国皇朝史上多民族的协和。

康熙本身就是民族协和的例证，康熙的祖母孝庄太皇太后是蒙古族，父亲顺治帝皇帝是满族，母亲是汉族。所以，康熙身上有着汉族、满族、蒙古族血统，本身就是一个民族协和的象征。康熙执政时期国家一统、国力强盛，多民族协和在一个中华大家庭中，没有出现民族动荡、民族分裂，既是康熙治国的功绩，也是康熙盛世的另一个表现。

第三，中华文化传承。康熙在文化方面，有着巨大的贡献，他兴文重教，编纂典籍主持纂修了《康熙字典》《古今图书集成》《律历渊源》《全唐诗》《清文鉴》《皇舆全览图》等，总计六十余种，两万余卷。康熙先后兴建了畅春园、避暑山庄、木兰围场等，雍正帝、乾隆帝又大兴“三山五园”——香山静宜园、玉泉山静明园、万寿山清漪园（后改名颐和园）和圆明园等，将中国古典园林艺术推向高峰。康熙还引进西学，学习科技等。康熙执政时期，中华文化在交融中传承、在曲折中发展，也是康熙盛世的表现。

第四，经济恢复发展。康熙执政后，清除清军入关后圈占土地，跑马占田，任意圈夺的弊端，颁令停止圈地，鼓励垦荒，重视耕织，恢复生产。治理黄河、淮河、运河、永定河，并兴修水利，培育新的稻种，取得了很大的成绩。减免田赋，赈济灾荒，康熙四十八年（1709）十一月，户部库存银五千万两，康熙说“时当承平，五军旅之费，又无土木工程，朕每年经费，极其节省，此存库银两，并无别用，去年蠲免钱粮八百万两，所存尚多”，他强调藏富于民，减免天下钱粮，共达五百四十五次之多，其中普免全国钱粮三次，共计白银一点五亿两。社会经济经过战乱、灾荒后，开始恢复和发展。

第五，社会秩序安定。康熙 1683 年平定“三藩之乱”以后，社会矛盾、民族纠纷在康熙的治理下趋于平缓。在他执政的后四十年，中国社会由乱到治、由动到静，原有的社会冲突已经平息、原有的动乱能量已经释放殆尽，新的社会冲突、新的社会动乱的能量还没有积聚起来。从康熙二十年（1681）到康熙六十一年（1722），中原地区四十一年间，没有大的厮杀争战，没有大的社会动荡，也没有大的社会危机。

中国两千年皇朝史上，统一王朝皇帝在位四十年以上的有六位，他们是汉武帝、唐玄宗、明世宗、明神宗、清圣祖和清高宗。汉武帝时期有天汉民变、唐玄宗时期有安史之乱、明世宗嘉靖帝时期有庚戌之变、明神宗万历帝时期有萨尔浒之战、清高宗乾隆帝时期有王伦起义，只有康熙统治时期中原地区连续四十多年无战争。

康熙年间刑部、督察院、大理寺三法司会审，每年秋后问斩，全国十八个省，康熙十几年时，一年杀八十个人，后来每年杀四十多个人，再后来，一年杀二十多人，最后，一年杀十多个人。平均一个省，一年杀不到一个人，从一个侧面说明康熙年间社会比较稳定。

康熙多次四方出巡，三次东巡、六次南巡、六次西巡、六次北征，还四十八次去木兰秋弥、五十三次到避暑山庄，如果当时社会动荡，作为皇帝四方出巡是不可能的。康熙第五次南巡到山东时，民众扶老携幼，随舟拥道："夹岸黄童白叟，欢呼载道，感恩叩谢者，日有数十万。"康熙到江南，缙绅士民数十万人，夹岸跪迎，体现出当时社会的安定。

康熙执政的后四十年，中国是一个相对强、繁、兴的局面，是当时世界上强大的帝国，是比欧洲国家繁荣的帝国。

康熙既有功绩，也有缺憾。统一台湾后开放海禁，令远洋贸易得到发展，但是到了康熙五十五年（1716），他突然宣布禁止与南洋通商，这个决策大有失误。康熙晚年禁止天主教传布，切断了中国与世界文化的联系；禁止采矿，导致国家财政收入减少，使手工业材料发生短缺，影响到社会经济发展；限制新武器的试验、制造、配置，影响了军事力量的发展。

清朝开国后，太祖努尔哈赤、太宗皇太极和世祖福临在制度的制定上，存在严重缺失。康熙在位时间久、皇权威望高，他面对改革的这些问题缺乏创新。努尔哈赤建立八旗制度，皇太极完善，多尔衮又做了补充。八旗制度是打天下时的制度，坐天下时应该改革，出则为兵，入则为民，亦耕亦战。康熙为了解决满汉之间的文化冲突，采取许多措施，做了很多事情。弱化议政王大臣的权力，就是削弱满洲贵族权力的一个措施。康熙朝有过两起文字狱，皆因民族问题而起。

康熙在位六十一年，威望较高，有条件改革八旗制度，但他没有做，一直到清末，权力还是集中在上三旗几个人手中，说明康熙不是个改革家。另外，皇位继承制度没有章法，太子立了再废，废了再立，一直到他去世时，皇子们还在争夺皇位。雍正立储，写好了圣旨放在"正大光明"匾后边，独裁而又专制。到慈禧太后时，选皇储要在爱新觉罗和叶赫那拉交叉点上找，结果六岁的同治，四岁的光绪，三岁的宣统，加上一个寡妇慈禧，治理当时四万万五千万人民的大国家。

康熙精通数学、物理学、医学、化学、光学、测绘学、地图学，他的数学水平甚至达到了专家的程度。但是，他只是凭着个人兴趣在学，没有形成政治制度让全社会都来学。康熙在世时，与西方的法国等许多国家都有往来，对欧洲、美洲等都有所了解，但是，他的后代就不行了。道光甚至荒唐地问大臣，从大清国骑马到英国得走多长时间？他根本不知道，英国和大清国之间还隔着一个大西洋。

清朝在康熙之后，经历了雍正，到乾隆年间，已经积重难返。清太祖努尔哈赤既播下了康乾盛世的种子，也埋下了光宣衰世的基因。

康熙碰到了一个千载难逢的天时，处在西方大国崛起的两个高潮之间。西方大国第一个崛起的高潮是葡萄牙、西班牙、荷兰；第二个高潮是英国、美国、法国。康熙王朝的发展正好处在这两个高潮的夹缝中，康熙王朝的发展没有受到外国的干扰。

康熙统治时期周边的国家，东邻朝鲜，西邻哈萨克，南邻越南，越南国王是清朝皇帝册封的，北邻日本，当时日本尚未崛起，而俄国的彼得大帝又将主要精力放在西方，周边国家基本贫、弱、小，而康熙并不恃强凌弱，与邻国都能和睦相处。

康熙与大臣能够和气相处，君臣和谐，朝中基本没有朋党之争，他一生酷爱读书，他认为“圣人贤人”与“庸人俗人”的差异就在于读书。康熙的过人之处，在于有过人的思想，注重修身，不抽烟，不喝酒，讲究养身。他说，“天合、地合、人合、己合，就是要顺天应人，主动和天、地、人相适应，相融合”。以修身、齐家、治国、平天下。

清朝的近三百年间，欧美则因技术创新和工业革命而卓然崛起，最终改变了全球格局，最终清王朝黯然落幕。总体来说，康熙有功有过，有对有错，有成就也有缺憾，但他仍旧是中国历史上不可多得的一位有作为的帝王。

康熙在位六十一年，是中国有文字记载以来在位时间最长的皇帝，他开创了中国皇朝史上的一次盛世，留给后世许多宝贵的经验与教训。

君王与民众、官员与百姓、贵族与平民、地主与农民、业主与工匠、士绅与商人，他们在痛苦、磨难、战乱、灾荒之后，急切地需要一个统一的国家，太平的环境。康熙在既有机遇又有挑战的历史条件下，作为大清帝国这艘航船的舵手，在波涛汹涌的海洋上，经过半个世纪航行，从“乱世”到“治世”驶向康熙盛世的局面，给后世留下了珍贵的历史宝鉴。

清朝取代明朝并不是一个先进的社会制度代替了落后腐朽的社会制度，不过就是爱新觉罗的家天下取代了朱氏的家天下而已。是一个封建王朝取代了另一个封建王朝。

附录：康熙生平大事年表

1654 年：1 岁，5 月 4 日生于紫禁城景仁宫，姓爱新觉罗，名玄烨。

1658 年：5 岁，入书房读书，极勤奋。

1661 年：8 岁，父顺治帝死，玄烨即位，改年号为康熙，鳌拜等四大臣辅政。

1663 年：10 岁，生母佟佳氏死。

1665 年：12 岁，大婚，册立内大臣葛布喇之女赫舍里氏为皇后。

1667 年：14 岁，亲政。

1669 年：16 岁，实行“更名田”，智擒鳌拜。

1670 年：17 岁，颁布《圣谕十六条》，宣布以儒学治国。

1673 年：20 岁，吴三桂反于云南，“三藩之乱”爆发。

1677 年：24 岁，以安徽巡抚靳辅为河道总督，主持治理黄河。

1679 年：26 岁，清军攻克岳州，平叛战争取得决定性胜利。

1681 年：28 岁，清军进军云南，“三藩之乱”最后平定。

1683 年：30 岁，收复台湾。

1684 年：31 岁，设台湾府，辖台湾、凤山、诸罗三县，开海开矿。

1685 年：32 岁，第一次雅可萨之战。

1687 年：34 岁，孝庄太皇太后病逝，享年 75 岁。

1689 年：36 岁，中俄《尼布楚条约》签订。

1690 年：37 岁，清军打败葛尔丹于乌兰木通。

1691 年：38 岁，多论会盟，在蒙古实行盟旗制。

1696 年：43 岁，亲征噶尔丹，昭莫多之战。

1703 年：50 岁，治理淮、黄工程初步竣工。

1706 年：53 岁，《全唐诗》编成，《古今图书集成》初稿编成。

1708 年：55 岁，废太子。

1712 年：59 岁，宣布以后滋生人丁，“永不加赋”，取消新增人口的人头税，并最终演变成“摊丁入亩”制度。

1713 年：60 岁，册封班禅额尔德尼。

1714 年：61 岁，《律历渊源》修成。

1716 年：63 岁，《康熙字典》修成。

1717 年：64 岁，议定禁海政策及具体办法。

1718 年：65 岁，《康熙皇舆全览图》绘成。

1720 年：67 岁，护送六世达赖入藏，驱逐准葛尔军队。

1722 年：69 岁，12 月 20 日病逝于畅春园寝宫，享年 69 岁。